北京地区大学分校
（1978—1985）
口述史访谈录

张楠　孙晓鲲◎编著

人民日报出版社
北京

图书在版编目（CIP）数据

北京地区大学分校（1978—1985）口述史访谈录 / 张楠，孙晓鲲编著． —北京：人民日报出版社，2022.3

ISBN 978-7-5115-7281-3

Ⅰ．①北… Ⅱ．①张… ②孙… Ⅲ．①高等学校—校史—北京—1978—1985 Ⅳ．①G649.281

中国版本图书馆CIP数据核字（2022）第033932号

书 名：	北京地区大学分校（1978—1985）口述史访谈录
	BEIJINGDIQU DAXUEFENXIAO（1978—1985）
	KOUSHUSHI FANGTANLU
作 者：	张 楠 孙晓鲲
出 版 人：	刘华新
责任编辑：	袁兆英
封面设计：	中尚图
出版发行：	人民日报出版社
社 址：	北京金台西路2号
邮政编码：	100733
发行热线：	（010）65363528 65369512 65369509 65363531
邮购热线：	（010）65369530 65363527
编辑热线：	（010）65363251
网 址：	www.peopledailypress.com
经 销：	新华书店
印 刷：	天津中印联印务有限公司
开 本：	710mm × 1000mm 1/16
字 数：	253千字
印 张：	18.5
版次印次：	2022年3月第1版 2022年3月第1次印刷
书 号：	ISBN 978-7-5115-7281-3
定 价：	69.00元

序

对1978—1985年北京地区大学分校进行口述史研究，缘于《北京地区大学分校研究（1978—1985）》这项课题研究，前者既是后者的补充，也是后者的印证，如果将两者称作"姊妹篇"，也未尝不可。

2014年，在《北京地区大学分校研究（1978—1985）》开题答辩会上专家提出，改革开放初期北京地区大学分校的历史不长，但很重要。课题组仅针对文献开展研究，可能还是有些欠缺，建议课题组同时开展口述史研究，这样既可以丰富、补充史料，还可以抢救一些历史，内容也会很鲜活。由此，课题组根据专家的意见启动了1978—1985年北京地区大学分校的口述史研究。

本口述史研究确定了三组访谈对象，上级部门领导、分校领导和教师及毕业生，试图从这三个视角对北京地区大学分校的创办背景、演进过程、办学情况等方面进行探究，以补充、丰富和印证史料，并通过不同层面的个体经历映衬波澜壮阔的时代变迁，回溯独特生动的个体画卷，也为抢救这段历史做一点尝试。

拜访专家、制定研究访谈计划、准备必要的设备后，2014年完成对陈大白、庞文弟两位上级领导，王惠连、赵宗英两位分校领导及贡文清、诸天寅、牛志民和王常基四位分校教师的现场访谈；2015年完成对罗林、邱嗣法、孙煜三位分校领导，和一位分校老师魏庆芳的现场访谈；2017年完成对分校校友梁怡的现场访谈；2018年完成对分校领导张奇生，以及四位分校校友徐永利、王岗、陈志刚和王立亮的现场访谈。

被访谈的老领导、老教师和校友，当时年龄最大的是91岁，80岁以上的有8位，75岁以上的有11位，70岁以上的有12位，59～66岁的有6位。他们是这段历史的亲历者和见证者，本身就是宝贵的财富。他们对本次口述史研究倾注了极大热忱，给予了莫大支持。有的提前按访谈提纲做了书面准备，有的打好了腹稿出口成章，有的一边展示历史资料和实物一边讲述。令访谈者印象深刻和尤为感动的是，这些被访谈者，每个人都有着极其鲜明的个性特征，都对那段历史怀有一种特殊的感情，每个人的头脑都非同寻常的清楚，记忆力也都超乎想象的好。所有的这一切，对于口述史研究来说，弥足珍贵，又何其幸运。所有的这一切，也都被一一记述在每篇访谈最后的"访谈手记"中。

由于初次做口述史研究，加上没有专门的力量，2014年和2015年进行的现场访谈，动用了《北京地区大学分校研究（1978—1985）》课题组成员，以及学校党校办、离退休干部处、宣传部、档案校史馆等部门的十几个人的力量。他们都兼职做研究，主要利用周末和寒暑假做现场访谈。2016年和2017年主要进行访谈录音的文字录入。由于多数参与口述史研究人员的工作岗位发生变化，后期的文字整理和研究，有的是访谈者完成的，有的是后来参加口述史研究的人员完成的，为真实全面记录所有参与口述史研究人员，在访谈篇首的体例上列出了被访谈者、访谈者、文字整理三组人员。为力求访谈稿与被访谈者表述的内容尽可能相吻合，后期文字整理和研究过程中的沟通、考据、确认，也耗时不少。

原计划2019年出版该书，但是这年春季我得了严重的流感，三月余才痊愈，影响了出书的进度。9月份我把改过第二遍的书稿发给宋秦，请她再帮助解决其中需核准的若干问题。不料年底我又做了一次手术，再次耽搁了出书的进度，内心深感歉疚。

2020年，新冠肺炎在全球蔓延，我们的研究工作却未停歇。截至6月，我把全部书稿又看了一遍。需要考据、核准的内容，有的通过能查阅资料核准，有的直接联系被访谈者进行核定，有的请孙晓鲲、宋秦、王利荣想办法核实，查漏补缺和图片处理等工作一并交由孙晓鲲和宋秦共同推动。希望本书年内能够如愿付印。

在此，特别感谢北京联合大学党委书记韩宪洲、校长李学伟，以及时任校领导徐永利、卢振洋等对此项研究的关心与支持！感谢所有参与此项研究的人员，他们放弃了许多周末和寒暑假本该休息的时间来投入这项工作！感谢学校离退休工作处的王育红等同志，在联系老领导和老校友过程中，做了很多不可替代的工作！感谢学校宣传部的王维国和那日松等同志，在访谈现场的影像摄录中提供了全力支持！感谢学校档案校史馆的姜素兰和闫夒、张宇，图书馆的翟金忠、国际交流合作处的白琦等同志，在后期资料考证、补缺和照片查找中给予了热诚帮助！感谢宋秦、郭鹏在本书稿后期付印中做出的诸多努力！

最后，谨向接受我们访谈的所有老领导、老教师和校友致以崇高敬意和诚挚谢忱！

张　楠

2020年7月于巴库

目 录

北京的大学分校：北京高等教育史上的一个突破 ………… 1

历史唯一的选择 集体智慧的结晶 ………………………… 29

我记忆中的清华大学分校 …………………………………… 43

我到分校（联合大学）办教育 ……………………………… 54

肩负国家和人民的重托，竭力办好大学分校 …………… 63

北京师范大学分校创建奋斗发展的前前后后 …………… 76

北京邮电学院分院的那些事儿 …………………………… 93

我深爱的袖珍大学 ………………………………………… 116

大学分校与改革开放同行 ………………………………… 137

教师梦联大梦 ……………………………………………… 157

我们的第一家——旅游学院 ……………………………… 172

挺直我们的腰板 …………………………………………… 183

在北京第二外国语学院分院工作的那些年 …………… 203

我的幸福大学时光 ……………………………………………… 223

孜孜以求率性人生 ……………………………………………… 237

分校时光——难忘的大学生活 ………………………………… 250

北京大学第一分校的当年记忆 ………………………………… 263

我在清华二分校的求学岁月 …………………………………… 280

后　记 …………………………………………………………… 286

北京的大学分校：
北京高等教育史上的一个突破

时　　间：2014年9月12日

地　　点：北京联合大学办公楼三层会议室

被访谈者：陈大白（市政协原副主席、市委教育工委原书记）

访 谈 者：王文杰（北京联合大学党委办公室、校长办公室副主任，副研究员）

孙晓鲲（北京联合大学应用科技学院党委副书记，副研究员）

朱科蓉（北京联合大学应用文理学院国家级应用文科综合实验教学中心副主任，副研究员）

文字整理：孙晓鲲

陈大白，女，1955年9月参加工作，1952年6月加入中国共产党，1989年9月荣获"全国优秀党务工作者"称号。北京市政协原副主席、北京市教育工委原书记。

陈大白受邀参加北京地区大学分校口述史访谈

王文杰、孙晓鲲等（以下简称"访"）：陈书记您好！非常感谢您能在百忙之中接受我们课题组的访谈。首先向您介绍一下我们访谈的背景。2013年，由分管档案校史工作校领导张楠书记领衔，申报了北京市哲学社会科学规划办公室的重点课题——北京地区大学分校研究，把北京联合大学的前身——1978年建立的30多所大学分校的历史进行研究，包括经过多次调整进入北京联合大学的24所分校，也包括没有进来的和后来撤并的。我们的访谈内容主要涉及四个方面：一是创建大学分校的背景；二是大学分校的调整、整合；三是大学分校时期的教学情况；四是后勤保障。关于访谈对象，包括上级领导、分校领导小组成员、分校任课教师和毕业生。上级领导这部分，我们计划对您和庞文弟①局长做访谈。今天对您的访谈，主要想了解当时建立分校的背景、遇到的困难，还有调整、整合的过程。您当时在大学部工作，是大学分校办学的亲历者，您可能比较熟悉这段历史。

———————————

① 庞文弟，时任北京市高教局局长。

访谈者与陈大白开展大学分校口述史访谈交流

陈大白（以下简称"陈"）：我接到这个提纲之后，因为我还在小汤山疗养，就没有马上准备，是回来以后才开始准备的。我力图按照你们四个题目①的要求，根据资料给你们讲历史的事实。我觉得最好介绍点史实。

整个北京地区大学分校的成立，分三个阶段。谭元堃②同志有一篇文章里讲，大概分三个阶段。第一是创建阶段，第二是调整阶段，第三是联合阶段。

我觉得北京的大学分校是在一个特殊的历史条件下，为了满足当时人才

---

① 四个题目是指为访谈需要，课题组设计的访谈提纲。四个题目分别为：1.北京地区大学分校创建是北京高等教育史上的一次创举，对北京市经济建设做出了重要的贡献。作为大学分校创建的亲历者和见证者，可否请您介绍一下创建大学分校的一些背景？ 2.您认为创建大学分校面临哪些困难，最终是如何协调解决的？ 3.大学分校规划制定与调整的一些情况。4.关于大学分校调整合并前学校的状况、调整的过程和对调整的看法。

② 谭元堃（1924—1996），男，汉族，云南墨江人。1941年12月加入中国共产党。1946年毕业于西南联合大学经济学系。北京联合大学首任校长。历任北京市教育局副局长、中共北京市委大学工作部副部长、教育工作部副部长、北京市第九届人大常委会教育科技委员会主任等职。1978年起，在市委倡议领导下创办一批走读制的大学分校，随后又主持了大学分校的调整，创办了北京联合大学，对高等教育的改革与发展进行了有益的探索，取得了显著效果。张楠主编：《谭元堃文集》，北京出版社，2013年版，封二。

的迫切需求和广大学生迫切求学的愿望而产生的一种办学形式，在北京高等教育历史上是一个突破，创了一条新路。实际上，这也是解放思想的结果，是条改革新路。我们早就强调，这段历史在北京高教史上，是很精彩的一笔，非常值得记述。所以我们写高教史，对这一段比较重视，做过不少了解，也讨论过。对于高等教育发展来讲，这一段很重要，因为在办学过程中，采用、吸取了它的很多经验，也总结了它的不少教训。大学分校有成功的地方，也有不成功的地方。为研究这段历史，成立这样的课题组非常必要，很需要把这些史料保存下来。但当时经历这个事情的人，一个个地都去八宝山了，都走了。我在找相关材料的时候，打电话找了几个人，有的人已经年纪很大了，已经记不太清楚了。当时筹备小组①那几个人，现在只有黄宗煊一个人在，另外三个人都已经不在了。当时成立了筹备办公室，叫大学分校筹备办，就只有一个黄宗煊在。他电话里的声音已经很苍老了，而且记不太清了，说得非常简单。我们很有必要现在抢救一下这段历史，并研究一下它成功和不成功的地方。

访：您说得非常对，我们课题组研究这段历史，很重要的一个考虑就是抢救历史。

陈：那我就按你们的题目来说吧。第一个是创建大学分校的背景。我觉得背景包括当时全国的大背景和北京的背景。这一段建议你们看看《邓小平年谱》，1975到1997的上卷，中共中央文献研究室编的。你看我插着条的这些（陈书记手指着桌上一本文献——编者注），小平同志曾多次讲到大学招生的改革，就是恢复统一考试，扩大招生，先扩大招生，然后办大学分校，都有批示。天津办大学分校小平同志就有批示，要创点经验。后来扩大招生办大学分校的那个文件也是他批的。所以你们研究大学分校离不开小平同志

---

① 筹备小组，指大学分校筹备小组。主任为谭元堃，成员有王金瀚、黄宗煊、李茂林和赵英斌。参见陈大白：《忆北京联合大学的奠基人——谭元堃同志》，载《谭元堃文集》（张楠主编），北京出版社，2013年版，第261页。

当时这些批示。然后建议你们看一下《中华人民共和国教育大事记》，我现在手里用的是金铁宽同志编的这本，因为我觉得这本写得比较好。它把当时的恢复高考和扩大招生记述得很清楚，先扩招，因为扩招还不能解决问题，就办了大学分校，

北京的报告，[①]好像是1978年的9月20号提交了一个关于办大学分校和扩大招生的报告。这个报告引起教育部的重视，开了一次全国会议，同意了北京的报告，并建议几个重点省市，按照天津办大学分校的办法来招生。这都是历史背景。

据谭元堃同志说：北京办大学分校的报告得到了华国锋主席和中央教育部批准，这就态度明确了，是根据北京的报告开的会，希望全国有条件就办大学分校。我不知道这里面说的"华国锋主席批准"是口头还是文字，现在老谭也不在了，没法查。但大背景一定要了解。

我觉得这两本书你们可以很容易去图书馆找到。因为我经常用，所以这两本书不能给你们用。这一摞我都留给你们，希望你们用完了都还给我，因为我很需要。

我觉得需要研究一下全国的大背景和北京当时的背景。当时的情况大家都很熟悉，而且现在正在演《历史转折中的邓小平》电视剧，其中招生考试的篇幅很大，中间一连好几集都是这个，会更助于大家理解。1976年粉碎"四人帮"以后，十年"文革"、十年动乱结束了，当时国家面临的是"拨乱反正、整顿恢复"的繁重任务，小平同志当时任中共中央副主席，他就自告奋勇抓教育和科研。小平同志搞全国的拨乱反正，是从教育和科研入手的，这是他们拨乱反正的突破口。这其中最突出的有三点，第一是推翻了"两个估计"，第二是恢复了高考，第三是以北大、清华两校作为重点，亲

---

① 指北京市向国务院提交的《关于大学扩大招生问题的请示报告》。具体参见陈大白主编：《北京高等教育文献资料选编》，首都师范大学出版社，2008年版，第90页。

自指挥北大、清华的拨乱反正，这三点和我们的关系都非常大。小平同志抓教育的拨乱反正，先推翻了"两个估计"，恢复了高考，然后抓了两个点，就把整个的教育口的"拨乱反正"推开了，把蒋南翔调去当教育部长。这三点都影响比较大。

恢复高考对全国的影响是特别大的，当时我在北医附中当副校长，叫革委会副主任，然后是支部副书记。我们市委的人都下放了，都下放到家里附近的中学去工作，下放劳动以后收回来。我先在北医附中，之后在北航附中，1979年因参与刘仁①同志的追悼会又调回到机关。所以大学分校开始的酝酿、创建的那个阶段，我1979年回去才知道。开始我只能查资料。恢复高考以后，我在中学教书。"黄帅事件"以后，学生都不念书、不上课，课堂秩序没法维持，老师们气得都哭。欲教不能、欲罢不忍，说的就是这种场面。你看着这群孩子，要教没法教，学生心都没在这；但又不忍不教、不管孩子。后来恢复高考，"读书无用论"在学校里没了踪迹，所有孩子都回到课堂念书了。我当时在北医附中，给大家开家长会进行动员，因为家长的力量很重要。北医附中都是北医三院的子弟，北医子弟的家长们力量很大。然后我们就请把关教师全部开课，开大课、补课，学校和教师一起把孩子们都发动起来，结果第一年我们学校考上大学的就特别多。我觉得恢复高考太重要了，当时感触特别深。

恢复高考来源于这个会议，在1977年8月4日到8月8日，小平同志召开了一次科学和教育工作的座谈会。在这个会议上，大家强烈呼吁恢复高考，实际上当年的高考已经定了，但还是推荐招生，不是考试入学。所以最后，小平同志有一个讲话，说既然今年还有时间，那就坚决改。把原来写的招生报告收回来，根据大家的意见重写，招生涉及下乡的几百万青年，要想出一个

---

① 刘仁：中共八届中央候补委员、原华北局书记、北京市委第二书记。1973年10月26日不幸病逝，终年64岁。参见：《刘仁同志追悼会在京举行》，1979年2月22日《光明日报》，头版。

办法，既可以把优秀人才选拔上来，又不引起波动。从此，当时的教育部长——刘西尧同志就开始重新研究恢复高考招生的问题。这次会议把"两个估计"推翻，然后恢复了高考。我们这有一本纪事的送审稿、未定稿，还在修改中，但只能供你们参考，因为它修改的地方非常多。我们现在的稿子修改的地方比最初的还要多。这里写到了这次会议，这次会议邀请了30多位著名的科学家和教育工作者，北大、清华、农大都有人参加。北大校长是周培源①，沈克琦②是副校长，清华的是何东昌③和很有名的教授潘际銮④，农大的是副校长沈其益⑤。关于小平同志在最后讲的几个问题，你们也可以参考上面写的内容，大事记给你们提供了一个历史发展的线索。这上面提到很多关于分校的信息，后来我们去掉了一部分。这是8月8日的讲话，是小平同志第一次这样斩钉截铁而明确的回答。

8月18日教育部向小平同志提交了关于推迟招生和新生开学时间的请示报

---

① 周培源：1978 年 7 月—1981 年 3 月，任北京大学校长。参见北京大学官网北大概况 - 历任领导 - 历任校长 https://www.pku.edu.cn/old_principal.html

② 沈克琦：（1921 年 10 月 17 日—2015 年 2 月 17 日），江苏省常州市人，教授。1943 年 6 月毕业于昆明国立西南联合大学物理系，1949 年 1 月参加革命工作，1950 年 5 月加入共产党。1949 年 1 月至 1985 年 3 月在北京大学任助教、讲师、教授，1984 年任北京大学校务委员会副主任。1985 年 3 月至 1990 年 8 月到烟台大学兼任校长、校务委员会副主任。1990 年 8 月后回北京大学工作。因病医治无效，于 2015 年 2 月 17 日晚 22 时 45 分在北医三院逝世，享年 94 岁。资料来源：百度百科 https://baike.baidu.com/item/%E6%B2%88%E5%85%8B%E7%90%A6

③ 何东昌：男，浙江诸暨人。1977 年 5 月后，任清华大学党委副书记、副校长。1982 年起，任教育部党组副书记、部长、党组书记，国家教委党组书记、副主任，兼任国务院学位委员会主任委员。资料来源：百度百科 https://baike.baidu.com/item/%E6%B2%88%E5%85%8B%E7%90%A6

④ 潘际銮：男，1927 年 12 月 24 日生。中国科学院院士，著名焊接专家。1927 年生，江西瑞昌人。1944 年保送进入国立西南联合大学，1948 年清华大学机械系毕业，1953 年哈尔滨工业大学研究生毕业。现为中国科学院院士，南昌大学名誉校长，西南联大北京校友会会长，清华大学教授。资料来源：清华大学官网 https://www.tsinghua.edu.cn/info/1097/4387.htm

⑤ 沈其益（1909 年 12 月 17 日—2006 年 5 月 25 日）：湖南长沙人。植物病理学家，农业教育家，卓越的科技组织工作者。1956 年由国务院任命为北京农业大学副校长。资料来源：百度百科 https://baike.baidu.com/item/%E6%B2%88%E5%85%B6%E7%9B%8A

告，因为需要先通告全国推迟招生，再改招生办法，之后重新改一套办法，需要他在这个报告上批示同意。这个报告已经提到，从今年起，改变"文革"期间不考试的做法，恢复统一考试择优录取的办法。9月6日小平同志针对招生问题，致信华国锋、叶剑英、李先念、汪东兴同志，关注到北京最好的中学的高中毕业生。因为他看到一个调查报告，是一个关于中学生目前教育质量状况的调查报告。调查报告显示，北京最好中学的高中毕业生只有过去的初中一年级水平，特别是数学。这些年来孩子们没怎么念书，该上的课也没怎么上，也没好好学，所以至少80%的大学生，需要在社会上招考才能保证质量。直接上大学的这一批高中学生，可能质量不行，但也许积累了十年的知青们，质量会比较优秀，因为原来的基础打得比较好。当时遇到的很多问题，都和招生政治条件有关。咱们看电视剧都看到，9月19日邓小平就提到了教育战线的拨乱反正问题，他在里面说到招生的条件就是两条，我想想看。招生的条件政审主要看本人的政治表现，主要抓两条，第一是本人表现要好，第二是择优录取，他把原来的政审查三代全否了，一下就解决了争论许久的政审，政审条件的问题很快解决。小平同志善于快刀斩乱麻，对于很复杂的问题，他一下子提出一个办法，就可以简单解决，而且大家都认可。时间一步步抓得非常紧。10月3日小平同志审阅《教育部关于1977年高等学校招生工作的意见的请示报告》，建议华国锋同志开政治局会议讨论，恢复高考这件事上了政治局的议事日程。因为很急，就安排在10月5日。小平同志是3日批的，10月5日经过政治局讨论同意，10月12日国务院批准了这个招生意见，这时全国各地就都知道了，开始准备招生。为配合这个招生，10月13日小平同志审阅了人民日报的社论，社论标题是《搞好大学招生是全国人民的希望》。21日这个社论发表，相当于在全国公布了考试录取的消息。

北京在11月3日到5日开了北京市的招生工作会议，开始筹备招生。12月10日到12日举行了招生的统一文化考试，参加这次考试的人数是158900人，录取了9690人，这是新中国成立28年里前所未有的。因为录取人数比较多，考生被分散在195个考点的3600个考场。当年全北京市28所高校在全国招生14605人，77级学生于78年春天入学，这就是第一个77级。

这个考试结束以后，有人反映这次考试的数学题太容易，小平同志还亲自做了批示。北航有一位副教授来信，也反映考数学的题过易，于是小平同志做出批示。这个批示我也有所闻，请北京市协同教育部调查一下如何补救。我解释一下出现这种情况的原因。大学分校招生的时候是一股脑按300分以上取的，没有规定相应科目的基本及格分数。过去都是这样，相应的科目必须要高。当时分校一股脑录取300分以上的学生，录取学生的成绩很不整齐。有些人数学分数很低，但考试题目又容易，可见他的数学水平很差，学起来就会很吃力。有很大一部分学生会学习起来很吃力，其实相关课程应该规定条件，但当时并没有这样的规定

这是全国的大背景，之后就到了北京的录取。录取以后，各地就纷纷反映。当时300分是平均每科60分，即每科都在及格分以上。全国有很多这样的考生，各地都有考生迫切要求上大学。到了2月28号，教育部和国家计委有一个电报发给各省市，要求有条件的大学增招走读生，规定自1977届新生起，在普通高等学校实行招收走读生，增加高等学校招生名额，就是增招，当时叫增招走读生，所以北京又忙了一段，北京的各大学又补招了一些学生，但是数量有限。当时这份电报说，高等学校在完成1977年招生计划之外，可以根据本校条件增加招生名额，包括招生住读生和走读生，增招的走读生在校期间和毕业后的待遇与住读生相同，增招专业是通用和急需的专业，增招的学生从符合录取条件的考生中择优录取，招生工作要求在3月结束，新生于4月入学。据此，各省市、自治区挖掘潜力，共增招新生6.2万多人，除青海省外都招了走读生。这是第一次增招，北京增招有限，我没有查到这个材料，不知道招了多少。

3月18日，当时方毅副总理主管教育，他在全国科学大会上做报告的时候，强调高等学校试行走读生，走读制、旁听制、学分制等，要多种形式、

多种途径努力扩大招生数量，还强调要扩大招生数量，可见当时中央认为我们招的学生还不够。社会上还有一大批没招进来的考生，还在呼吁增招，这是全国的情况。这时北京增招以后留下来的，300分以上的还有16000人，其他省市都没有北京这么多，天津也是这样。但是这个时候，天津又开始试办出资扩大招生，办了6所大学分校。中央有一份关于天津的办分校的简报，报给了小平同志。他只有一句话批示："我看可以，让天津办，创点经验"。小平同志点头了，他觉得是个办法。与此同时，北京市是什么状况呢？北京市的学生，知道走读又增招了一部分，也听说天津办了大学分校。知青十分迫切回城，他们的消息也非常灵通，就开始向北京市委市政府上访、请愿、静坐。这就是7月、8月。连日的上访，连日的静坐，人数也越来越多。这些都是300分以上的考生，他们要求北京也扩大招生，因为天津是利用老大学的潜力、优势办的分校。按道理说北京的老大学的潜力比天津更富有潜力，所以大家提出来也是合理的。我觉得这批青年们很有头脑，他们也知道上面的消息。这时那里还叫市革委科教部，谭元堃同志是主管事业发展的副部长，也管高教。因为天天处理静坐，他们要天天接待静坐的学生。他听说以后，就组织到天津、上海、南京去学习，当时上海和南京也办了。天津当然非常明确，因为报刊都刊登宣传了。我不知道他带的谁，现在也问不出来。到了上海和南京，他一路就回来了，派黄宗煊同志到天津去。老先生现在声音都嘶哑了，说话磕磕绊绊的。老先生问黄宗煊谁跟他一起去，他说他是自己一个人去的。但是黄宗煊是老市委的，我们那时候是市委大学部的老联络员、地下党。他从事党的地下工作的时候，非常有活动能力，他还化妆成黄包车夫。这个人很有传奇色彩，能力特别强。他当高校研究员多年，对高校十分熟悉。到天津调查，他调查得特别好，汇报十分完善和详细。科教部都听他的汇报，当场就说，应该按天津办法办，找老大学来开会，让大家来支援。会大家异口同声，内部意见十分一致，都说要满足这些知青们上学的愿望。

　　然后经过市革委领导的同意，9月12日拿出了一个初步的方案。你们有这篇文章，就在老谭的这本书里[①]。9月12日向国务院报了北京市关于扩大招生问题的请示报告。这个请示报告讲得非常清楚，我认为是谭元堃同志起草的，我也介绍给你们，都在这本书里了。就是说我市大学招生考试五门课程总分在300分以上，即每门平均60分以上的共26000多人，占考生总数的30%。就招10000人，现在还剩16000人，所以迫切要求扩大招生名额，使更多优秀青年能有机会上大学学习，已成为当时社会上普遍关心的一件大事。这是第一条理由，从考生的迫切要求来说。第二条理由是北京市各条战线的技术人才严重不足，公交、建筑系统的技术人员平均只占职工总数的5.5%，农林财贸等系统比例更低，同"四个现代化"的需要差距很大。

报告提到9条：第一是人才的迫切需求。经过市委常委会讨论，仿照天津办法，实行大学办分校，扩大招生名额。初步设想，把总分在300分以上、体检和政审合格的考生，大概有16000人，都收进来。老谭当时的这个设想，比较粗略，不是最后落实的方案。他的意见就是组织现有基础的大学各办1～3所分校，大体办20所左右。结果大学积极性很高，报了36所就全批准了。第二个是校舍。腾出千人规模的中学10所左右，工业局和大工厂腾出能容500人以上的厂房10所左右，一共20所。当时设计的是20所分校。第三是办通用专业。第四就是学制当时定的是三年，没想办四年。最后一年结合实际，到对口的工业科研教学单位，一边实习一边学习，最后发本科毕业证书。第五是一律走读。第六是教师由大学负责。第七是主要采用电视教学。第八是利用大学的实验室，办实验中心。第九是经费由地方财政安排。这九条在谭元堃同志这本文集的72页，这报告就是他起草的，这是第一个上报的报告，还没有最后落实。

[①] 指《谭元堃文集》（张楠主编），北京出版社，2013年版。

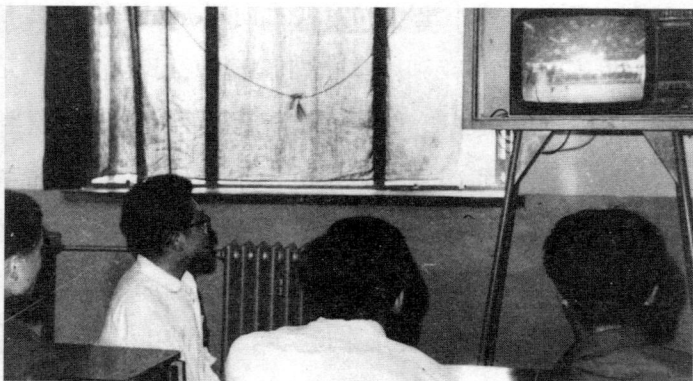

学生通过闭路电视听课

　　报告上报以后，教育部没有直接答复北京市。10月6日到13日，召开了一个高校扩大招生的座谈会。确定高等学校在完成今年国家下达的招生计划后，用天津的办法再扩大招收一部分新生。26日，国务院批准了教育部关于高等学校扩大招生问题的意见。12月4日教育部、国家计委联合发出1978年高等学校扩大招生计划，规定各地在国家计划之外扩大招生任务，列为地方计划，校舍、经费、设备等办学条件及基建投资都由地方解决，学制一般为二到三年，有条件的可以办一部分四年制。最后北京招了16000人，全国的26个省市自治区总共扩大招生107045人，其中北京有16000人，26个省市都扩大了，很多地方都办了大学分校，北京响应天津带了个头。教育部会上批准了北京扩大招生，没有再书面下达批示的文件，因此这次就直接批准了。这次会议以后，北京就开始具体筹办。上次我在学校参加座谈会的时候说了一下，当时北京市成立了一个筹办小组，一个办公室，组成人员是谭元堃同志自己点的，叫大学分校筹备组，成员有王金瀚，是原来教育局老的副局长，中小学校舍的事情都是由他办理的。黄宗煊同志打电话跟我说，他主要办了两件关于大学分校的事。第一是去天津调研，第二是筹办电视中心、电教中心、他带了几个人去香港，去定电教设备。他有一个小组，带了清华的一位副教授，还有邮电大学的一位副教授，特别懂行，随行的还有另外一个人，一共四个人去香港。当时市政府拨了200万美元，他们四个人去定货。200万美元采购电教设备，他们实际上花了170万，回来以后筹备成立了一个电教中心，为大学分校的教学服务。还有录像，电视教学也有录像中心，也可以录像后发放到各个大学。教室里都配备电视机和闭路电视，整个装了一套设备。他就干了这么两件事，别的都没管。第三个人是李茂林，他是管人事的，是原来高教局一直管人事的干部，给大学分校调干部就是他负责的，主要和市委组织部联系。第四个是赵英斌，是财务的一把好手，一直管财务，管大学分校所有的财务。当时他们说老谭调的精兵强将，他们四个人加上老谭，一共五个人着手关联大学分校，就两个月。这些人后来都成了局级，是老骨干。

还有就是筹备组，当时他们日夜奋战，三个月维持紧张工作。1979年2月3日开学，16000名学生就上课了。还有一点，在11月15日刘祖春同志，在关于贯彻市委扩大会议的一点意见的讲话里，他提到关于扩大招生的几个重大问题。11月9日市委常委会再次进行讨论通过了，就敲定下来最后的那个方案。这个方案你们那里也有一份，因为这都是老谭起草的，他开的这个大学的会，时间我不太确定，应该在常委会以后。11月15日开始，他召开市委各口办分校的区局和大学的负责同志开会，刘祖春同志和刘达同志做动员和布置，16日各个单位回去研究，22日来复会。到25日，落实了一个计划，就是你们这里的大表。在该表的计划当中，定下来的有36所。大家一致认为这是加速实现"四个现代化"的一项重要措施，市委已经决定并经华主席、党中央批准，一定要克服困难，千方百计把分校办好。最后落实办分校36所，16210人，包括综合大学1所、文科经济管理5所、外语4所、医科4所、师范3所、农科1所、工科18。具体安排要便于学生就近走读，远郊区学生1200人安排住校。关于校舍问题，各区腾出中小学15所，工业局腾出企业事业用房16所，还有3所供本校走读的学生使用，就基本确定了。

这是上报落实下来的，后来就按这个招生。当时说是12月1日，北京日报公布扩大招生的简章，12月3日到5日考生填报志愿，然后进行录取分配，12月下旬发出录取通知。年初是2月3日过完寒假开学。

刘祖春同志在讲话里说，他想介绍一下11月9日市委的讨论，说外语干部、医生、教师、经济管理人员这四种人员是当前最需要的，要集中力量培养，办四年制或五年制。房子不够，明年可以盖；外语教师不够，可以设法到国外去请，就聘外籍教师。实际上大学支援分校的当时就有四名外籍教师，是外语分院的。分校，当时叫分院。今年扩大招生16000人，明年要翻一番，后年还要增加。办分校不是权宜之计，而是一个长期工作，要大力办好走读的现代化大学分校。各院校一定要大力支持办分校，希望大家迎着困难上，为实现"四化"做出贡献。

市委答应得很爽快，这就是林乎加同志调来以后的事情。我要特别说明，我刚开始说向国务院报扩大招生的报告。那时候林乎加同志没有到北京，这个提法不准确。我看胡立汉写的那篇回忆老谭的文章，说北京扩大招生是林乎加同志提出的，实际上不是，10月9日中央决定调林乎加同志任中共北京市委书记，把吴德同志调走。北京向上报告要办大学分校，当时说是20所，是9月12日报的，所以决定办大学分校在前。在吴德同志做市委书记的时期，林乎加同志到任时候已经开始筹备了，但是天津的分校是林乎加在任，是他在天津做市委书记、市长的时候办的，你要说他发起的也对，但是这有点模糊，北京办的时候林乎加同志没有到任。

你们的第二个问题强调规划是对的，当时没有一个全面规划。林乎加同志更多考虑的是16000学生的强烈倡议，再加上家长乃至全社会都十分同情知青这十年的遭遇，觉得应该对他们更加公平。我们北京市自己的人力、物力、财力条件到底怎么样，林乎加同志刚刚到任，他并不了解。当时大家十分热情，觉得明年还要翻一番，房子还要给盖，而且还要外聘教师，大家劲头更足。可是开学以后的两个月就面临很多困难，所以谭元堃主管大学分校十分困难。他那几年是很难过很难过的，天天呼声不断，各种困难都找他，他相当于市委办大学分校的最高领导。他的自述里讲了，他最困难的时期，上边没人拍板，我觉得这确实是个很大的问题。因为办大学分校涉及到很多口，计委、建委、农委都是委，经委就是口，而且主管局很多，有的都是主管局办的，会出现调整的方案迟迟定不下来的情况，为什么？因为各个口意见老是不一致，上面得有人拍板。中间市委书记——段君毅同志干了一段，最后还是换了李锡铭同志，还是在李锡铭、陈希同的时期拍的板。谭元堃十分困难，当时上面没有人拍板，大事没人拿主意。当时做规划做了很多次，调整方案出了很多个，但迟迟不能定，因为意见不一致。最后都要定联合大学了，主管经济的副市长张彭，说纺织分院和建工建材不能下马。太需要人了，好不容易弄起来的摊子，撤了再成立太困难了，已经找了很多骨干教师，那真是懂行。张彭同志是彭真的大秘书，后来做了副市长，主管经济很多年。他坚持把这两个学校保留下来，最后成功了。我觉得他还是有点远见的。下马以后，出现了很多问题。下马比上马还难，上马的时候大家都热血沸腾，心气很高。下马的时候人员要处理，有能力的骨干教师自己就很容易找出路了，那剩下的人怎么办？他们都是老弱病残的，你全包下来了，给了那个分校，包袱就背起来了。当然还有一部分问题，比如职工安排等问题很难处理。所以我觉得办分校最困难的还不是上马，而是第二个阶段——调整阶段。

我刚才介绍了，刘祖春介绍的常委会讨论的情况，北京很快，11月15日就开始召开扩大招生会议，11月29日上交了一个情况报告，这个也说过了。12月14号，市革委会正式公布了成立的33所大学分校，公布了印章，有3所办在校内的没有公布。所以这个市政府在案的大学分校始终是33，不是36。真正叫大学分校的是33所。

访：您讲述的一些情况是史料中很难找到的，对我们的研究很有帮助。请您谈谈筹办大学分校过程中都遇到了哪些困难。

陈：提到筹办中的困难，成立大学分校是白手起家的，一切都要从头开始。

首先依靠老大学，这就要说动员高等学校。前面不是说刘祖春出面，刘达出面来动员吗？刘达同志为什么出面？当时有一个高等教育委员会的虚的机构——高等教育委员会。它的主任是刘达同志，刘达是清华大学的校长和党委书记。高等教育委员会[①]是主要的全国重点大学。在京的全国重点大学，大概有十所左右，他们的负责人参加的。成立这样一个机构是用来跟重点大学，就是双管院校直属的这些重点大学沟通，也由他们对"北京市的高等教育怎么办"这个问题参谋咨询。但由于人员变动等问题，它发挥的作用不是很大。当时由刘达同志出面动员，他在高校里很有威望。开学的时候刘达同志还针对大学分校的成立讲话，所以由他们动员。大学大力支持，当时没有想到，所以最后答应下来了，纷纷要办，一共有25所大学答应办分校。他们答应负责教学。教学的负责，一是派出教学领导干部，负责主持教务工作，后来都任命了一个教学副校长，是老大学的。分校的教学副校长和教务处长，都是老大学派的，全部教学工作是他们搞的，这样就保证了教学。当时经过讨论，确定了"四个一样"，即需要专业设置、教学计划、教材、教师都跟老大学一个样，这就保证了教学质量。那就要派教师，他们也负责跟老大学联系。二是派出1900多名专职教师承担分校的教学任务，其中讲师以上占60%。他们一般是在老校讲什么课，到这也讲什么课，所以比较顺，也比较省劲。还有一小部分过去的课，现在也让他来讲。三是为分校提供教材，有的还给了图书馆，分校的图书馆提供了一部分图书和资料。师大为了保证分校教学的需要，把原来准备给本校学生的教材先供应给分校，再给本校学生印。有的学校还动员高年级学生，把用过的教材借或送给分校学生。四是

---

① 《中共北京市委关于成立高等教育委员会的通知（1978年10月30日）》中说明了高等教育委员会由刘达、周林、郭影秋、贾震、苏谦益等同志组成，刘达同志任主任，周林、郭影秋、贾震同志任副主任。具体参见陈大白主编：《北京高等教育文献资料选编》，首都师范大学出版社，2008年，第107页。

为分校安排实验课。25所理工科学校的学生，多数实验都是在本校做的。可惜还是有一些实验没法做，本校没办法解决。后来北京市就自己开始建一个实验楼，在工大一分校建了一个8000平方米的实验楼，给分校各校做实验用，但也只能做基础课实验。

北航二分院78级学生在北航进行实习

很多大学都非常关心分校的工作，领导同志也到分校去看，当时分校同志说，本校是我们的强大靠山。缺人给人，缺书给书，缺实验条件安排实验，缺工作经验手把手传授。如果没有这些热情无私地扶持，分校是办不起来的。所以要解决困难，首先是要动员各个高校的支持，调动他们的积极性。教学的问题一经解决，办分校就有底了。

其次是校舍。各区的中小学和近郊区拨了15所，尽量选方便走读的地方，6个区一共拨了15所中小学。当时本来要求都是中学，有的地方实在是腾不出来，就腾个小学，相关业务局一共腾了工厂企业10处作为校舍，他们也克服了好多困难，4个城区一共腾了12所中小学，把270多个班的学生分散到其他学校去上学。小学学生动员转学十分困难，会给家长增添很多困难，因为有的会离家很远。区里东城区主管的领导都出面开家长会，说大学分校非常重要，你们的孩子长大也要上大学，你们要支持。他们动员家长，学校也积极动员，所以加起来共涉及到了40多所学校、1.3万多名学生和教师，他们都会有变动。时间紧、任务重，困难非常大，但是他们仍然都亲自动员，加上大家都非常配合，最后顺利完成。

腾房以后，他们把房子都修饰一新，刷上了漆，整理中小学的让他们把高年级的课桌椅捐出来，因为都是大学生，已经是成年人了，需要高年级的课桌椅，所以第一批分校学生坐的都是高中生的课桌椅。房管部门也动员几千名工人大会战，修房子，搞粉刷。领导干部到现场指挥，用了20多天就保质保量地完成任务。工厂腾房以后，得弄成合适的教室，所以还要改造。新修的教室都粉刷一新，全部装上了日光灯、电视机和广播线路。你说这个教学准备，一下子33所，校舍，16000人，你设想班级是多少个？一般大学30个人一个班，就出来了500多个班。

北京市机械局为北工大一分校提供的校舍

再次是吃饭问题即午餐问题。又动员市区的饮食服务部门，组织有关的饭铺，还动员好多公办单位提供。有些大院食堂是公办食堂，给包哪个分校的午餐，你们两家去谈多少钱就包好了；有的动员饭铺去包，这都是区里安排。还有些业务局给大学分校拨了一部分职工，总得有管后勤的，给他们拨了一些办公家具、车辆和一部分建筑材料，市科委给工大二分校争取了国家科委的经费投资，工大二分校是发展得很好的一所分校，最后就批准成为了计算机学院，是那时分校里最早批准的一所，当时特别急需计算机人才。他从一开始市科委，就管这个分校，争取到了国家科委给的经费投资。有些单位安排了精工实习，动员各方单位，几十个单位参加了33所大学的后勤工作，十分不易。最后一共拨了90000平方米校舍。

第四方面是领导干部的配备及基建。是委组织部、教育部和市经委、农办一块，农委也参加了，需要提出方案报市委常委会审批。当时一下子抽了一百名干部，加上本校派的教学副校长，就组成了领导小组。开始还没有叫党委，没有任校长，有领导小组组长、副组长，他们有分工，就开始筹办。拟出分校领导体制的规定，之后再度修改，经过实行以后有几次变化，并同时报了基建，开始基建。所以当时老谭马上就去申报基建，但是基建途中遇到很大困难。当时就说，没有钢材、水泥和木材。没有"三材"，怎么基建？林乎加同志当时一下就答应明年盖，招生明天翻一番，但很难落实。最卡脖子的是基建，因为基建跟不上，所以就一再下马调整，越压越少，卡在了基建。我们办教育，第一要为经济建设，要为"四个现代化"建设服务，这是我们培养人才的根本目的；第二，必须适应经济建设的发展，把"需要"和"可能"结合起来。当时考虑"需要"多，考虑"可能"少，对北京地区的人力、物力、财力估计不足，对困难估计不足。

这是分校创办遇到的困难、如何解决的一个大概论述。我这里有些材料，你们还可以再看。

访：筹办大学分校需要面对和解决这么多困难，接下来的规划和调整的难度一定是很大的。请您介绍介绍这方面的情况。

陈：关于规划的制定和调整的问题。分校在1979年2月3日开学，当天在首都体育馆举行开学典礼，一共16000名学生、500名教师参加，林乎加、刘达等同志都到会讲话，提出要发扬"抗大"精神、"抗大"作风，艰苦奋斗。当时大家情绪非常好，现场十分热烈，如果有录音录像就好了。2月8日正式上课。当时有16273名学生，教师有1304人，开学五周以后汇报，说秩序稳定，学习积极性高。这33所分校里面，应该是36所，23所跟本校差不多，有"三满意"，第一学生满意，第二家长满意，第三教师满意；有8所差一点，开课没开齐；有4所问题相当多，教师少、效果差，教师讲课效果也很差，学生意见很大。有的课只有看电视，没有辅导老师，也没有实验，家长反映不像大学的样子，大概有4所这样的学校，困难很大。

当时1304名教师里，有7名教授，13名副教授，老讲师101人。多数教师水平是比较高的，但是有的分校说农大分校是9个班，332名学生，只有1名外语辅导老师，数学辅导教师少批改作业一个小组看一份，让同学们传着看。化学每个辅导老师管三个班，学生见不着老师的面。实验课有24所应该开化学实验，只有19所可以到本校，有5所还不能解决。图书方面，多数分校没有图书馆和阅览室，学生意见很大。大家陆续反映办学的基本条件，比如校舍、实验室等，都存在不少困难。

办了两个月以后，开了一次大学党委书记会，是主管大学的25所学校党委书记会，高教局汇报了两个月以来的办分校的情况，既肯定了很多好的方面，也充分反映了分校的困难，估计以后很多困难还会陆续暴露出来，所以要充分的估计。这次就提出，必须要做全面规划，并进一步研究方针，包括办学方针和领导体制问题。会上很多大学党委书记呼吁，必须要制定全面规划，北大的书记周林同志就提出，必须从"需要"和"可能"出发，不能先从安排青年学生考虑；专业设置和发展规模，要从北京对人才的需求和基建的可能来考虑。周林的发言非常激烈和尖锐，他说到了点子上。当时办的33所大学基本没规划，是仓促上马。主要发言人是刘达和周林，他们概括了大家的意见，大家觉得走读大学的方向是对的，依靠大学面向北京，走读走教来培养人才也是对的。但是，分校目前问题很多，需要研究，他们建议北京市能不能办个综合性的大学，叫首都大学。其实联合大学的最早的发端，最早的发起意见，是分校办学两个月后，刘达和周林提出来的，说北京确实需要一个综合大学，干脆自己办。不要用大学分校了，就办一个综合性的大学，名字叫首都大学，包括理工农医、文科等，下设若干个分院。两个月就提出收缩规模，即现在的规模要适当收缩。你们说这规划怎么提出来的？为什么提出来？就是办学困难太多了。应该说在1979年初，基建的报告就一上再上，我给你们拿来一口袋材料，1979年材料里面高教局基建的紧急报告就很多，要125000平方米，1979年希望落实，最好是暑假前落实，不然暑假后新生没法入学。基建成了卡脖子的事。周林特别提出"需要"和"可能"都要考虑，特别是基建的可能，你们可以看看当时高教局为了基建做了多少努力。结果上得很不理想，所以两个月就提出要压缩，呼吁全面规划。

其实北京高教局和市委教育部老谭他们早就觉悟了，当时没有规划，这是不对的。老谭懂得这些办学的要领，哪能没有规划就上马？所以我一开始就说，当时是在一个特殊的历史条件下办起来的，要允许发生这种问题。当时说真的，市委和市革委都无从规划，当时是乱摊子一个，"文革"也才刚刚过去。

那个局面非常难办。谁能规划？老谭能规划吗？他能说出各个口需要多少人才吗？那些口还不正常呢，还没有"拨乱反正"呢，该上台的人还没有恢复工作，还有很多原来的干部，也许懂，也许不懂，没有规划的可能和时间，因此决定很仓促。但我觉得是特定历史条件下形成的，怪谁都不行，那个历史条件下只能这样。所以，只能先把大学分校成立起来，先解决这16000人，让他们先上学去，所以要用历史的眼光看问题，要考虑到当时的状况和现在的正常状态完全不同，这是很有必要的。

1979年3月26日老谭又代市委、市革委起草了一个情况报告，报告指出，当前要采取全面规划、适当调整、大力充实、逐步提高的方针。你看，这时1979年3月26日才开学不久，2月3日开学，3月26日他在这个报告上就提出第一全面规划、第二适当调整、第三大力充实、第四逐步提高，就要适当调整。几乎分校从诞生不久就开始规划和调整，所以就一个一个出方针。为什么？遇到了很多很多当时难以解决的困难。提出来在巩固现有成果的基础上稳步前进的方针，所以他实际上这时候已经认为市委常委，林乎加同志说的翻一番是不可能的了。第二年不是招生要翻一番吗？他认为已经不可能了。最后报告提出1979年秋天不再招生。他很敢说话，但是后来招了3000人，还是没按这个报告做，招了3000人，这个报告体现了老谭的思想。我后来琢磨，老谭很有勇气，他敢说真话，这体现了老谭要说真话的性格。他要在巩固现有成果的基础上，抓好三方面工作，第一就要抓规划，要根据北京现代化建设的需要和当前各方面的实际条件，就分校的分布、专业设置和招生规模做出全面的规划，进行必要的调整，力求做到培养人才契合需要，学生能够就近走读，同时照顾到大学的负担。第二抓教师队伍。要调进1000人左右，建立一个专兼结合的教师队伍。第三抓校舍建设，要用三年时间把大学分校校舍逐步建立起来，今年安排12.5万（平方米），老谭打报告的时候已经初步批准了12.5万（平方米），主要建一些教室、图书馆还有电视教学录像中心。1979年秋天实际招了1353人，不是3000人。

下面就是做规划，调整，继续解决办学的困难。在1979年5月21日，刘祖春同志，市委常委，市委教育部部长，就在一个报告里提出，承认一些当时的缺点。由于缺乏经验，又是在短时间内因陋就简、突击筹办的，在分校的布点、规模、专业设置、办学条件等方面，都需要认真研究、通盘筹划，逐步加以解决。从这时候开始，按老谭的说法进行规划调整，一共调研酝酿了4年。1979年，1980年，1981年到1982年确定了调整，才把分校压下来，把33所正式压下来是1982年实现的。这个中间方案把办学的规模一再压缩，大学分校办的数量也一再压缩。我从这个文件里给你们找出一些文件，你们可以自己核查，一共有5次，5个提法。

在这个过程里，第一次规划的提法在1979年10月24日，是关于大学分校当前情况和亟待解决的几个问题的请示报告。第一是规划问题。需保留24

所，这是第一次提出来，33所到24所，每年招生8000到10000人。第二次规划的提法在1980年3月6日，关于全面规划适当调整，进一步办好大学分校的意见。提出来保留23所，每年招生6000人，最大规模达到25000人。1980年9月26日，还是23所，总规模25000。23所是第二次提的。第三次数字是20所，1980年4月26日，市委召开大学分校工作会议，林乎加同志参加，是毛联珏主持的，当时的市委副书记，提出来大学分校全面规划合理布局，适当调整集中，保留20所。十年内在校生达到25000的规模，基建需要35万平方米。但是实际上基建进度非常非常慢，因为当时刚才既缺三材，也缺施工队伍，1979年答应的基建12.5万（平方米），只完成了17%。1980年上半年只完成当时应该完成任务的5.8%。完成任务特别困难，以这种进度怎么办？你很难维持。大概有几份报告里都是20所左右。1981年1月28日还有一个，也是20所左右，年招生6000人。这时报告已经提到，当时对于教育事业的客观规律和量力而行的原则，注意不够。教育事业的发展，必须受经济发展力量的制约，已经反思，这说得很对，问题就是这个。另外一个问题就是，当时头脑不冷静，对教育规律认识不够，没有按实事求是量力而行的原则办事。这是老谭在1981年的讲话里讲的。第四次是1981年3月，北京市在做完这个规划以后，有一个向中央的高等教育汇报提纲，这是调查研究以后的一次全面大调查，是对整个教育的大中小、成人教育全面调查以后的汇报提纲，提出保留18所，每年招5000人，最大规模20000人，需要建房20万平方米，教职工宿舍10万平方米，共30万平方米，分5年安排。办学经费市财政每年拨2000万，其实2000万现在看很小很小的数，北京市教委一年多少个亿，上百个亿，2000万算什么？但是当时很大。第五次是1981年4月29日，时间隔得不远，这次调整就提出12所，年招生3000人，规模15000人，基建12万平方米。所以就一再压制，后来也好几次提。1981年5月11日一个文件，1981年5月28日又一个文件，"六五"计划、高教"六五"计划里还是保留12所，年招生3500人，总规模14000人，1981到1985年需要基建12万平方米，年经费2000万元。1981年

6月，也是12所，后来也都是这样。1981年8月12所，到1982年5月23日，上市委常委会讨论了一次，关于大学分校调整和建设问题的请示报告，这次是最后拍板。老谭不是说几年没有人拍板吗？到1982年5月23日市委常委会讨论了大学分校调整和建设问题的请示报告，同意方案保留13所，总规模不超过12000人，市委常委会同意。最后加那一所就是刚才说的副市长张鹏坚持保留纺织建材分校，然后就按这个开始调整了。所以，酝酿、规划、调整、再酝酿，四年，最后拍板定下来13所。

访：我们在做《北京地区大学分校研究（1978—1985）》时，由于史料和水平所限，有些问题研究得还不够深入。您这次对大量史实的讲述，对我们前期研究给予了十分重要的补充，我们感到史料背后的艰辛更多，面对和需要克服的困难更大。再请您谈谈调整形成北京联合大学的情况。

陈：关于成立联合大学的问题，就到了最后一个阶段。调整以后的13所大学分校，仍然不具有独立办学的资格，它主要借用大学的名义，招生、毕业、学位、职称等一系列问题都不好办，连毕业证书都得发大学的跨上分校，需要注明是分校，比如北大分校发北大的毕业证，然后注明是分校。所以怎么办？争取合法，成为合法的有独立办学资格的大学就变成那时最迫切的任务。怎么让它合法呢？就要独立办学。所以，老谭的精力就转了，这13所大学分校合法化，也不能老挂在大学底下，大学也负担不起，必须有独立的学校。所以，在1982年11月16日市政府报国务院，关于在现有大学分校基础上建成6所高等学校的请示，当时的设想，有6所条件好、质量好，可以试着争取成为独立的学院。当时已经有了高等学校设置的条例，即满足基本办学条件具备、教师队伍具备、专业符合需要，还要经过教育部报批，当时不像现在这么完善，有一个高校设置委员会，还投票通过，事先也调查，但程序没这么完善，都是由教育部直接批。当时的6所就是：成立一所外语师范学院，第二旅游学院，第三机械学院，第四纺织学院，第五计算机学院，第六是八所分校组成的联合大学。当时是这样的方案，是五加一，5所是单独办学的，加1所联合大学。其余的8所，不是一共13所吗？有5所是独立办学，还有1所是8个学校分校组合的。

老谭三次到教育部去汇报，都是跟何东昌同志直接谈的，他们是老熟人，无所不谈，都是敞开谈的，三次都没有同意。何东昌同志十分坚决，他的理由就是，专科性的学院不是我们高等教育发展的方向，当时已经明确提出要办综合性大学，已经觉悟学习苏联把理工科分开，会造成很大的不好影响，会影响培养质量，这是不对的，所以一定要走综合大学这种路子，不能办单科性的学院。教育部拿准了这一条，十分坚持不再大量发展单科性学院，北京要办综合性的大学。最后报了半天，咱们都报批了，但只批准了计算机学院，和联合大学的通知同时下发，同时也批了联合大学的12所，审批同意成立计算机学院。还有一所信息工程当时没有参加联合大学，他们部里直接管，直接报批走后门，因为信息工程也是大发展。当然计算机人才需要的多，信息需要的多，但那也是比较广义的，不是原来很窄的单科性学院，它也是广义。所以三次汇报，教育部都非常坚决，所有的司都在，司长们都在，老谭去跟何东昌谈，一次不行，三次也不行，所以我们也觉悟了，这条路不能走，要是争取生存，只有走联合大学的路子。是这样的。但当时很多分校不理解，还闹了很多小事端，大字报也不少，找我们的也不少，来信、上访，发动人大代表提提案，什么都有，闹得很热闹，但是实际怎么说也不行，这是大势所趋。上面不批准，学院设置条件不具备，就不可能批准，我们也只能服从。北京的学校不能说独立就独立了，那上面招生权，毕业连证书都发不了，也没有学位。后来批准联合大学授予学士学位，就一下子都批准了，配套的都下达了。

这以后，1983年5月全国高教工作会议提出来要加速发展高等教育。当时说的80年代翻一番，五年翻半番，当时提出让北京做方案。国务院当时发了一个76号文件，发展途径，还提出来老校办分校，但是现在的老校办分校，都主张办在大学自己这，不办在北京那。老校的想法是，我要办分校，但是放在我自己这办。清华大学后来提出要办一所分校，但是他完全自己管。不交给地方，毕业生也不给地方分配。所以后来分校的办学方针不一样了。老校出力，地方要人，不一样。

北京按照翻半番做的规划，双管院校6.2万在校生扩展到9万，市属院校1万人扩展到1.5万，大学分校8000人扩到1.5万，（基建）要了15万平方米。当时就提出分校里的一部分报批，建成独立学院。这时候又加了几所，一共9所，原来报5所，现在打算报9所，包括轻工纺织学院增加了，外经外贸，中医中药，还有一个电子。大概又准备报9所报批独立学院，把原来的人、北、清、师四所大学分校成为四所独立的分校。但是这些后来都没有成为现实，还向教育部请示了。这个时候就已经是市委书记李锡铭、市长陈希同了，大学分校开工作会议，陈希同亲自讲话，充分肯定1984年5月3日到5日开的大学分校工作会议，陈希同的讲话充分肯定了大学分校的成绩。

1984年5月，市委教育部高教局报了市委，关于在大学分校基础上，成立北京联合大学的请示，是谭元堃同志起草的，在跟何东昌三次请示谈话以后下决心成立联合大学，并同时把联合大学的规划纲要、组织纲要都起草，市委教育部都讨论了。6月份人民政府正式起草了报教育部关于成立联合大学这个文。1985年，这是1984年6月份报的，过了半年1985年1月11日教育部回复北京市，答复北京市同意建立北京联合大学，1月15日、2月11日到2月12日就召开了联合大学工作会议，宣布联合大学成立，宣布任命谭元堃同志为校长，老谭做了工作报告。

联合大学的成立，就是这么一个过程，当时没有别的路可选，应该说是唯一的选择。现在是要保留原有的成果，保留我们的一个教育基地的唯一最佳的方案，你不能保留，否则你就活不下去。所以当时成立联合大学，我认为是唯一最佳的选择，起码能保留阵地，再发展，现在看来这条路子走对了。不然其他各省市，我们后来去了解，各省市的分校都纷纷撤了，很可惜那个基地都没有保留，有的并回老大学，省市自己保留不下来这块基地。所以我觉得如果没有当年1985年的审批，就没有现在的联合大学，就没有一个培养适合北京需要的急需人才的应用型的大学。你们办得很有特色，老大学不培养这些人才，只有我们能培养，非常合适，受社会欢迎、深得民心的这样一所大学，保留了这块基地。回过头来看，这是当时唯一的一条路，也是最佳选择，给北京市保留了这么大一块人才培养的基地，现在你们可以发展了。所以，谭元堃的时期，没条件发展，过了很多年以后才有条件建设，当时大家都没想到能发展成现在这种状态，我们大家都完全没有想到。

我觉得要历史地看联合大学的成立，要正确评价它。1985年3月6日市政府就宣布教育部批准建立计算机学院，时间差不多，1月份下的成立联合大学那个文，3月份也有，接着教育部就发了承认学士学位的文。我这里都有，你们可以看、可以查。3月18日市政府正式发出成立联合大学的通知。所以这个时候，成立的有一个会议纪要，谭元堃同志总结的就是三个阶段，创办、调整和联合。

我现在认为成立北京联合大学是当时形势下的一个最佳方案，也是唯一可行的方案。单科性的学校现在看来确实不是发展方向，难以得到批准，要么取消，并回老大学，要么成立联合大学。当时谭元堃同志总结了有四个"有利于"，大家可以看看他在成立会上的发言。当时成立联合大学的时候，是（分校）办学7年，培养了4届毕业生22000人，1966年，"文革"前所培养人才加上1977年之后，到1985年培养人才的总和，数量非常大，培养了很多急需人才。所以整个从大学分校到联合大学是得民心的，"多快好省"，是花钱少、收效大的一条路。正确不正确，缺点有多少，我觉得实践是检验真理的唯一标准。我们看实践，确实有好的一面，也有考虑不足的一面，但是事情就是这么发展的。你一定要有了全面规划再上马，简直完全不可能的，那这16000咱们就别招了。

访：大学分校的创办、调整和联合都深深地烙上了时代的印记。您还有什么补充的吗？

陈：我觉得历史就是历史，不能否定。还有一句话应该说的，在全市高校的大会上，曾经教育工委曾经表扬过大学分校的思想政治工作。当时是1985年，1985年不是学生老游行吗？不停游行、罢餐、贴大字报，还有罢课的，什么都有。这次讲话里说，联合大学所属十几个学院是原来各大学分校，大多数办学条件更差，有的连普通中学都不如，可是建校七年多的毕业学生已有四届，没有为学习、生活条件差而闹事的事情，靠的是校领导和广大干部教职工发扬了艰苦奋斗、穷干苦干的精神。穷干苦干的精神，影响学生形成一种体谅国家困难和比较能吃苦的好作风，联大的同志把它称作80年代的"抗大"作风。这使我们深刻认识到今后应该更积极的改善办学条件，也必须认真克服官僚主义，切实改进工作。但是非常重要的是发扬艰苦奋斗的好传统、养成吃苦耐劳的好作风，应该大加提倡。

访：非常感谢陈书记！您谈及的内容丰富、系统，有些内容是我们初次听到的，这对我们的口述研究具有很好的史学价值和学术价值。

陈：就是介绍点史实。

【访谈手记】和陈大白书记的访谈是在多方共同努力下促成的。考虑到陈书记所述口述内容的重要性，课题组所有核心成员均参加了访谈。在访谈过程中，我们感受到陈书记思路十分清晰，讲述的内容脉络缜密，对北京地区大学分校的创办、调整和联合的过程非常了解；我们体会到大学分校创办和后期联合的不易，倾注了方方面面的努力和心血。北京地区大学分校，作为一个新生事物，正如陈大白书记所讲：大学分校的创办是北京高等教育史上一次突破。

这次访谈，陈书记随身携带了一些文献资料。访谈中，陈书记还一边讲述一边拿起文献资料，指出某个重要文件或事件的出处，并多次提到一些资料供我们研究使用。陈书记的认真、严谨和对课题研究的支持，令我们十分敬佩和感动！

历史唯一的选择　集体智慧的结晶

时　　间：2014年8月21日

地　　点：北京市某小区

被访谈者：庞文弟

访 谈 者：孙晓鲲（北京联合大学应用科技学院党委副书记，副研究员）

　　　　　朱科蓉（北京联合大学应用文理学院国家级应用文科综合实验教学中心副主任，副研究员）

文字整理：孙晓鲲

　　庞文弟，男，1927年出生，汉族，河北清苑县人。1947年6月加入中国共产党。1949年清华大学土木工程专业肄业。历任中共北京市委组织部学校支部工作科干事、燕京大学党总支书记、市委高校党委组织部部长、市委大学科学工作部组长、中共北京市宣武区委书记处书记、清华大学基础课分党委书记等职。1979年至1988年任北京市高等教育局副局长、局长。1982年任北京市高等教育学会副会长、会长。1989年退居二线以后曾任北京市教育系统关心下一代委员会副会长，参加陈大白，廖叔俊、陆钦仪等老同志牵头编写北京普通高等教育志、北京普通高等教育史、北京高等教育丛书等工作。

庞文弟在家中接受访谈

　　孙晓鲲、朱科蓉（以下简称"访"）：庞老先生好！非常感谢您接受我们今天的访谈。北京地区大学分校这段历史非常珍贵，北京联合大学现在办学30多年，可以说没有大学分校就没有联合大学。北京地区大学分校为北京的经济建设做出了重要贡献，大学分校的毕业生活跃在北京市各条战线上，挥洒汗水、贡献才智。您作为当时高教局的领导，对于大学分校创建的背景、过程一定非常了解。今天特别想请您给我们介绍介绍当时大学分校创建时的一些情况。

　　庞文弟（以下简称"庞"）：先自我介绍一下，我在北平解放以后，调到了北京市委，在市委的哪个部门呢？当时叫市委组织部学校支部工作科。市委组织部学校支部工作科，这是一个什么机构呢？它管学校的党组织，后来改为高校党委、市委大学部[①]，改革开放以后，就叫大学工作部，市委教育部，是教育工委这个机构的前身。北京市的特点是一直重视高等学校的党的工作，所以从解放一开始就有这么一个管理学校党组织的机构，一直延续到现在。这也从一个侧面说明了，市委市政府一直对我们北京高等教育工作，

---

① 北京"党管高校"的机构适应形式任务的发展要求，经历了市委组织部学工委、学支科（即学校支部工作科）——中共北京市高校委员会（即高校党委）——北京市委大学科学工作部三个阶段。具体参见耿化敏：《"党管高校"视角下的中共北京市高等委员会研究》，载《中共党史研究》，2019年第5期，第120页。

对北京市的高等学校党的工作，都非常重视。

我在解放以后到"文革"以前的这一段时间，在市委机关这样一个管理教育的机关工作。"文革"期间，批斗以后，我被下放到农村劳动。70年代初，1971年到1979年这一段在清华大学工作，1979年5月调回北京市，当时高教局已经恢复，我担任高教局的副局长、局长，一直到1988年年底，1988年以后就退下来了。退下来以后就一直主要是做北京市高等教育学会的工作，关心下一代的工作。我的经历是这样。所以我这一辈子，都贡献给了咱们北京市的高等教育事业。

访：1979年5月您在北京市高教局做副局长这段时间，恰逢大学分校初创时期，请您介绍一些这方面的情况。

庞：好。现在专门说一说分校的情况。你们的访谈提纲提了四个问题，第一个问题就是创建分校的背景，还得从打倒"四人帮"、粉碎"四人帮"说起。1976年10月，一举粉碎了"四人帮"，挽救了国家，挽救了党，为改革开放创造了前提，这时候我还在清华。1978年7月，邓小平同志复出，当时酝酿了很久，呼声也是很高，最后小平同志还是复出了，恢复了原来的职务，他说他自告奋勇分管科教工作。所以他复出以后，首先抓的是科学教育这条战线。我们科学教育战线，首先突破了"四人帮"，突破过去"两个凡是"的牢笼，走上了改革开放的道路。

小平同志复出以后，大概8月份就召开了科学教育工作座谈会，邀请了几十位专家，按照小平同志的说法是请敢提意见、敢说真话、有真才实学的一些专家来座谈科学教育工作当中的问题，提意见和建议。这个座谈会解决了很多问题，主要解决了两个，一个是"两个估计"，17年教育战线是资产阶级专了无产阶级的政，学校都是资产阶级学校，这是"四人帮"炮制的一个估计。第二个估计就是在学校17年培养出来的学生和学校里面的教师，大多都是资产阶级世界观，是资产阶级知识分子。这两顶帽子，重重地压在了我们教育战线的同志们的头上，翻不过身来。小平同志在这个座谈会上明确指出，当时还是叫毛主席无产阶级革命路线，贯彻执行中央的路线方针政策。不能说是资产阶级学校，不能说是资产阶级专了无产阶级的政。

我们的知识分子还都是工人阶级的知识分子，是工人阶级的一部分，不是资产阶级知识分子，这样就把这么两顶帽子给摘掉了。这就使得知识分子彻底得到了解放，把压在头上的两顶帽子摘掉了。思想一旦解放，积极性就一下子迸发出来了。不知道你们看没看过近日热播的电视连续剧《历史转折中的邓小平》，这里面讲得很清楚，因为当时的复旦大学苏步青①、同济大学的李国豪②都是被批斗、被专政的、坐过监狱的人，到修复长江大桥还带着反革命的帽子。在那种情况之下，还要一心一意为国家、为人民做出贡献来。推翻了两个估计，这是一个重大贡献。

第二个就是恢复了高等学校的统一考试——高考。高考的情况可能你们也了解，解放以后，差不多是1949年以后，1950年开始就举办国家统一考试，这个办法还是适合我们国家的情况的，为我们国家选拔培养了大批的人才，17年的毕业生都是统一考试这么过来的。这是统一考试的历史，我不再说了。恢复了统一考试，你从电视里面看，大家是欣欣鼓舞，得到了解放，

---

① 苏步青（1902年9月23日—2003年3月17日），著名数学家，教育家。曾任中国科学院数学物理学学部委员，国务院学位委员会委员，全国人大教科文卫专门委员会副主任，中国对外友协上海分会会长，中国数学会名誉理事长，《数学年刊》主编，复旦大学名誉校长，复旦大学数学研究所所长，全国政协副主席等职。著有《微分几何学》《射影曲线概论》《一般空间微分几何学》《现代微分几何学概论》《射影曲面概论》等。参见《20世纪中华人物名字号辞典》，法律出版社，出版日期：2000-06

② 李国豪（1913年4月13日—2005年2月23日），中国桥梁和力学专家。广东梅县人。毕业于同济大学（1936）。赴德国留学（1938）。回国（1946）后曾在同济大学任教，任工学院院长。同济大学副校长、校长（1977）。中国科学院学部委员（1955）。早年专攻桥梁工程。曾在国际上首次提出《斜交各向异性板弯曲理论及其对于斜桥的应用》，为分析具有斜交构造异性特征的斜桥奠定了理论基础，被称为"李氏理论"。创造"桁梁挠曲扭转理论"，阐明了武汉长江大桥晃动的原因和机理，为设计建造大跨度桁梁桥提供了侧倾稳定性分析的理论基础。唐山地震（1976）后，提出新滦河大桥的抗震设计评价和改进方法。还为上海宝山钢铁工程解决大量基础桩的水平移位现象提供了科学依据。参见《世界科技名人辞典》，广东教育出版社，出版日期：2001-10

主要是解决了这么两个问题，这是1978年7、8月的时候。

然后就是1978年底，十一届三中全会，从思想路线、政治路线、工作重点各个方面，都彻底拨乱反正，恢复到正确路线，重点转移到经济建设上来，解放了大批干部，开创了我们改革开放新的时代，这是有划时代意义的一次会议，大家也都知道。就是在这么一个背景下，我们的分校建立起来了。

为什么建立分校呢？这时，知识分子得到了解放，广大的知识青年也得到了解放，恢复高考、统一考试。从北京教育战线来看，突出的一个矛盾是什么？就是社会上广大知识青年的强烈要求，要求什么？要求我们广开学路，扩大招生，为国家多出人才、快出人才。要求确实十分强烈，而且知识分子不是摘掉了这两个估计的帽子吗？虽然千疮百孔，自己身上也背着很多的创伤。但也强烈要求多做贡献和工作，为国家多培养人才，要求恢复高考和多培养人才。

在这样一个形势下，我们分校应运而生，部分破解了当时的这道难题，为我们国家培养人才、多出人才、出好人才做出了重要的贡献，满足社会广大知识青年的一个强烈要求。应该说分校是改革开放的产物，是十一届三中全会以后，历史大转变以后的产物，为我们国家培养人才这方面，创造性解决了问题。

当时北京市具体是这样子，是在这种情况下恢复了高考。恢复高考以后，在1977年底，举办了第一次统一考试，北京市一共录取了14605个学生。紧接着是第二次考试，在1978年的暑假。上次考试算是1977年的考试，大家强烈要求还要继续。第二次考试北京市报名了94000人，主要是上山下乡的知识青年，还有应届生，录取了17000人。录取了已经不少了，可是，还有70000多学生没有机会能够入学。这70000多学生里面，300分以上的16000人，当时考5门课程，就是说60分以上的还有16000人，你说考试没有达到300分的你不录取，这还有话可说，说你还不够格，还需要继续努力。可是300

分以上的，人家够格了，合乎你的要求了，这么多年，上山下乡，荒废了学业，现在恢复高考了，我强烈要求要学习，你不给我机会，这个说不下去。尽管有困难，但是党和国家应该想办法，满足这些知识青年的要求。所以，当时社会强烈呼吁，市委市政府也是千方百计想办法解决这个问题。大家目标一致，学生想学习，尽管教师自己也身负创伤，也想多为国家做贡献，把自己丢失的那些时间找回来。党和国家、市委市政府也愿意，觉得应该为我们的青年创造条件，为我们国家多培养人才多尽一份力。怎么样能够广开学路、能够多出人才，这是大家考虑的问题，大家都在想办法。

当时想了一个什么办法呢？"文革"期间已经受到了摧残，仅剩的现有十几所学校，能不能多招一些学生？刚才我说了广大的青年、干部愿意多招学生，但无奈自己深受了严重的创伤，"文革"期间学校是重灾区，我当时也在学校，深深感受到这一点，深受创伤。大灾之后，极需要休养生息，各方面都需要调整。老师自己荒废了学业，身体受到了摧残，心灵上、思想上受到了创伤，学业上、业务上都荒废了。那时候不许你搞业务，否则就挨抓。而且因为闭关锁国，很多外国知识被封锁了，人和人之间的关系需要调整，各方面的关系需要调整，教学秩序也需要整顿，房屋需要修缮。因为学校当时已经尽可能地多招了一些学生，如果再多招学生，确实有困难，现有的学校不足以支持。

那么你能不能再新办一些学校？能不能把一些中专校、条件好的学校升格为大学？能不能让一些"文革"当中或之前停止招生的学校，现在恢复招生？在这方面想了一点办法，但还是潜力有限，更重要的是缺乏资金。当时我们国家收入很少，尤其是北京市。当时国民经济已经到了边缘，国家和地方都没有钱，也很困难，因为办一所学校不是挂一个牌子就行了，也需要花很多很多钱。我去选址那天，我说有了钱不一定办好大学，但是没有钱肯定办不好大学。在这种情况下，怎么办？社会知识青年强烈要求，国家迫切需要，我们自己招生能力又有限，这是当时教育战线的一个突出矛盾。当时市委市政府每天的门前聚集了很多人，那时候还不太讲究秩序诉说需求，主要就是这个问题。

想来想去，后来听说天津的林乎加同志在天津创办了大学分校，大家觉得这是个办法。后来市委市政府就做出决定，即通过办分校，解决突出矛盾和问题，扩大招生。后来他从天津调到了北京，主持大学分校的创办。原来说是林乎加同志提出并且主持创办分校，后来，刚才说了我们编高教史，编这些丛书，查档案材料，查了大概是这么一个情况，北京市委市政府先提出来了，也参考了天津市的经验，提出给中央写报告，林乎加同志一来就支持创建了大学分校，这就是背景。

访：大学分校是在国家和北京经济恢复重建的背景下，在很短的时间内创办起来的，请您介绍一下当时面临哪些困难？又是怎样协调解决的？

庞：办学校也不是容易的一件事情，第一是教师，第二是设备，第三是校舍，第四是经费。这些都是硬件，至于办学思想、办学理念等，先不去说，在当时国家和地方都很困难的情况下，怎么解决这些问题呢？当时的市委市政府提出自力更生，就是挖掘地方的物力、财力，自筹资金，国家不是有困难吗？那就地方自己筹钱。第二，委托北京地区高等学校，依靠北京地区高等学校。尽管现在高等学校很困难，但是，能够依托的还是高等学校。第三，实行走读，刚才讲了办学校需要校舍，校舍很大一部分是住宿，解决吃住的问题，现在吃住的问题由学生自己想办法解决，就解决了一部分。采取这么三条方针来筹办分校。

人力、物力、财力这方面由地方解决。地方大概筹集了1200万元，现在听起来不算是一个数，即使咱们学校经费都是以亿计了。当时北京市筹集了1200万元、200万的美金。1200万元叫做开办费，200万元美金是电教设备的购置费，这是财力。

然后是房屋校舍。现盖，但是没有钱，也来不及。就由各个区有关的区和工业局来调拨一部分现有的房屋。什么房屋呢？中小学、技校、科研单位、工厂的厂房，就从现有的房屋当中，抽调这么一部分。现在你也看得出来，有中学，像师范学院。现在那个地方叫外馆中学。小学，过去东大桥的这个分校，是师大一分校还是几分校，是东大桥小学。还有原来的北京工业学院分院，是一所技校，都是从现有的房屋当中调集一部分。这是财力和物力，北京市解决了这些。学校帮着解决两个问题，一个是教师、教员。上课得有教员，教员从学校找，管理干部从学校和区县、局来帮助解决，地方解决一部分，学校解决一部分。学校帮助解决设备问题，试验设备和实习的问题。帮助解决部分管理干部问题，基本上全部解决教师的问题。学生走读。

当时，各个方面都很积极。当时虽然很困难，但学校和教师的积极性还都很高，都积极支持分校创办。刚一开始创办的时候，我还在清华大学的自动化系，当时我就知道，自动化系负责创办咱们的自动化分校——清华第一分校，在黄化门。在沙子口的叫机械分校——清华第二分校，当时学校党委书记刘达①同志，非常顾全大局，非常积极帮助我筹集教员，教员自己非常愿意来。我当时在自动化系清华一分校开课，好多骨干教师都来了，原来一位党委书记也调到清华一分校主持工作。不光调人，还尽可能多帮助开实验，而且后勤保障上清华也能够帮助解决。当时有的老师是专职调到分校来了，有的是兼职的。但不管兼职还是专职，都要往返在学校与分校之间，因为分校也没有宿舍，还得住在清华。往返需要有班车，班车也清华提供。

当时各方面积极性都很高。三个月就筹集了5万平方米的校舍、1600名教师和管理干部，还有1200名兼职教师，3个月就把36所分校建立起来了。我说现在讲到深圳速度，那么咱们的分校也是一种速度，三个月建成一个学校真的不容易。分校建立的困难和解决办法大概就是这样，也反映了当时群众各

① 刘达：（1911—1994），籍贯黑龙江肇源。1977 年 4 月至 1983 年 5 月出任清华大学校长兼党委书记（1977 年 4 月至 1978 年 6 月为革委会主任，1982 年 7 月不兼党委书记），1983年 5 月任清华大学名誉校长。具体参见：清华大学官网 https://www.tsinghua.edu.cn/xxgk/lrld1.htm。

个方面的精神面貌。

访：大学分校是为满足北京经济社会发展对人才的需求和青年接受高等教育的需求而创办起来的，在大学分校存续的几年间经过多次规划、调整，请您谈谈这方面的情况。

庞：学校办起来了，大家反应都非常强烈，热烈拥护，都认为解决了当时教育战线上的一个大问题，是改革开放以后出现的一个新事物，在北京高等教育史上是一件开创性的重大事件。但是也存在一些问题，受当时条件的限制，时间比较仓促，36所分校办得多了一点，摊子铺得太大，所以1978、1979年第一届和第二届招生招了近2万学生，到了第三年、第四年再招生的时候，几乎就没有办法招生了。为什么呢？因为当时积极性很高，所以校舍能招多少学生就招多少学生。但下一年怎么办呢？林乎加同志有个设想，准备第二年再建15万平方米校舍。建在什么地方都考虑好了，建在交通方便的地方，地铁出口就可以，准备第二年建15万平方米。当时我已经到高教局了，我知道这个事情。可是到了第二年，一平方米也没建起来，为什么呢？不是说大家不努力，不是说大家不想建，实在是没钱。你想在那么困难的情况下，筹集了那么多钱开办分校，那么继续建校，大家没有积极性？大家还是有积极性，大家还是愿意为发展教育事业贡献地方的一点力量，为国分忧、为党分忧，满足广大知识青年要求学习的愿望，但是实在是筹集不出钱来。所以到了第二年，本想按照计划还招1万多学生，我说没有这个可能，没有校舍。如果是教师还可以让他们多加重一点负担，多开一点课，实验室再挤一挤，但是校舍没有，没有地方上课，办学首先得有上课的地方。有的同志说咱们还是实行抗大的办法，搬个小马扎，坐在那，拿个木板，我说现在不是那个时代了，艰苦奋斗时期是可以那样做的，现在那样做不行。所以在第三年、第四年的时候，我说现在招多少学生，不根据自己的主观愿望决定。主要是根据一条，有多少教室，能够装多少学生，咱们就招多少学生。市委市政府也同意了。所以第三年、第四年，咱们就招了1000多，后来每年就招了

1000多学生。慢慢随着形势的好转，分校也多少有一点建设，由零逐步发展成为大规模的建设，又稳步发展。分校办起来以后遇到的第一个问题就是：上得太快，规模太大了。

第二个问题就是学科布局，院校布局不太合理。当时，上马很仓促，我们也没有那么多的人力、物力、财力，我就提出了"四个一样"。办分校不是依托老校吗？那么老校有什么专业，咱们就办什么专业。学制一样，专业设置一样，还有什么？反正"四个一样"。这就造成专业设置布局不太合理，重复。另外学制都是四年，不太能够适应北京市的需要。因为到现在为止也是这样，咱们需要本科学生，但是更需要大量职业技术型的学生，需要二年制、三年制的学生，但是没有，所以学制、专业设置也不太能够适应需要。

第三个问题是我自己感受比较深的，就是分校办的摊子太多太大了，可是还不能止步。36所学校各自还都要不断发展。专业你说不合理了，还要继续不断重复设置。当时我说，看起来这个学校有自我发展的要求，没有自我控制、自我调节的能力机制。看起来小而全，慢慢还会变成大而全。以后的日子，对高教局来说就更难过了。其实学校的日子也不好过，因为摊子铺得太大、专业设置过多以后，教学、学科优势很难发挥，规模效益也没有。后来我就想为什么会形成这么一种情况？为什么学校有自我发展的要求，没有自我控制、自我调节的能力机制？后来我想，这不怪学校的同志，还是跟咱们的机制制度有关。首先，咱们学校是分等级的，而且是按照行政的等级来划分的，当时办分校的时候我开玩笑，我说咱们三家都是一个等级——区县局级，高教局是区县局，联大是区县局，分校也是区县局。咱们的大学是按照行政等级的，有区县局一级的学校，有部级的学校。这个分等级感触很深，差别很大，看文件、经费划拨、干部提拔、基建安排、办公室、包括干部自己的级别，都受影响。处于不同级别，工资、待遇、汽车、办公室、看文件的情况都不一样，就刺激大家进步。其次，学校是按照学生的招生人数来给经费的，招多少学生给你多少经费，招的学生越多越好，而且民办学校靠招生规模来生存，招的少了，一会连饭都吃不上，是不是？再次，我觉得专业发展本身也有这个要求。比如，建了物理系，恐怕还需要建化学系，建了化学系恐怕还要建生物系，专业发展上有这个要求。所以在调整以前，大家认识不是太一致，有的主张尽快调整，36所学校这样下去不行，日子过不下去了。有的还主张再看一下。因为过去咱们历史上，大上大下、大起大落这种经验教训也有，这一次咱们不要轻易做大的调整。有的说再观望一段，非常犹豫。后来市委教育部就决定了，既然认识不太一致，情况不太明了，咱们就做调查研究。后来高教局比较主张要赶快做调整，市计委现在叫发改委，也主张积极做调整。为什么呢？因为他们的压力最大，是经费、校舍，各个方面的压力都比较大。高教局分校要向高教局要钱，高教局要向发改委、财政局要钱，财政局、发改委积极做了调整。他们说，你们要是调整了我们积极支持，我们再给你们多拨一点经费，把它调整好。我们当时也比较倾向要做这个调整。有些同志还有点犹豫观望，后来市委教育部就下决心到各个校区做调查，情况就是这样，有没有什么困难？调整了以后会出现什么问题？怎么解决？陈大白和李煌果同志后来也到你们学校去了，他们两位负责主持，高教局这边是李煌果同志，教工委那边就是陈大白同志牵头，做调查，调查了好多天。有的时候我也参加，有一次我到一个学校参加调查，那个学校的领导就跟我说，说小而全不要变成大而全，我看小而全一定会变成大而全。他就讲这个道理上是这样，不成大而全它也没有办法生存，不能够生存好。

后来我就明白了，我说这个学校一定要调整，指望36所分校自己按照你的统一规划来约束，看起来很难，就是刚才我说的机制上的这些问题。后来经过调查，大家意见比较一致了，所以就有了1982年的第一次调整，36所调到了18所，到了1985年，由18所又调整为12所。这次不光是调整了数量，还建立了统一的一个联合大学。这是一大飞跃。

建立联合大学，调整分校，我觉得，有的就不是完全得利的，是不是？这里面有个人利害，但是当时大家上上下下认识比较一致，为什么？经过了这么多年的实践，大家感觉到36所实在是不行，办不下去。我当时就跟市政府的领导同志说，办个大学，不是说挂上牌子就成大学了，要花好多好多钱。这时候大家思想认识比较一致了。

调整过程中，我的一个很深的体会是：当时我们主持学校工作的都是一些老同志，他们顾全大局。第一条大家有亲身体验，第二条大家顾全大局，不计较个人利害得失，这一条我是很感动的。第三条就是我们调整的具体的方案和政策措施，考虑得比较周到和细致。人的问题怎么解决，设备的问题怎么解决，怎么处置，由谁来负责，这些都有一些具体的规定和方法。在这种情况下，两次调整，就都比较稳妥，当然方案本身合情合理，政策措施具体周到，调整比较顺利，因为在那个形势下，不像现在这么安定团结，那时还有很多不稳定的因素。

讲到分校的调整和联合大学的建立，就要说到谭元堃同志，是你们的第一任校长。那次你们学校开座谈会[①]，我说老谭是分校的创造者、见证者，是联合大学的第一任校长。他在这方面建立了巨大的功绩。

访：是啊！我们在进行《谭元堃文集》编研时，深受谭校长人格魅力和担当精神的鼓舞。大学分校对北京联合大学来说是一个宝贵的财富，请您谈谈大学分校有哪些经验，值得联合大学更好地传承发扬下去？

庞：北京地区大学分校适应国家的需要，满足广大知识青年的升学的要求，自力更生、艰苦奋斗，为北京市的社会经济发展服务，走出一条自己的路，这些都是很宝贵的经验，值得一代一代联大人传承光大。

访：对联合大学的未来发展，您有何建议？

庞：现在联大发展很大了。不光是你们学校，其他地方学校都是有很大

---

① 指 2013 年 1 月北京联合大学召开的《谭元堃文集》编撰座谈会。

的发展，做出了很大的成绩。前几年，有一次，我到农学院去，我跟他们说，改革开放初期那几年的事情我说不清楚了，1955年、1956年时候的事情我记得比较清楚，当时全北京市经费收入，财政收入五六十个亿。高教局2011年，整个市属学校，经费，正常的经费1个多亿，基建费1个多亿。现在你们一个学校的经费，就比当时高教局，就比当时的全北京市市属学校的经费都要多，是不是？现在发展得很快、很好、很大，学校有什么问题我也说不清楚，我觉得联大有两个问题需要认真考虑，好好解决。

就是联大究竟要办成一个什么样的学校？这个一开始就提出来了，应该说从工委、高教局这里，当时还比较明确，老谭①当时也是这个想法，我们联合大学是建国以来北京市属的第一所综合性大学，理、工、经、法各科都有，是北京市属的第一所综合性大学。其他学校都是50年代遗留下来的办法，大部分都是专科的，像外国语学校、财经学校、财经学院等，而联合大学文学院、法学院、工学院都有，那么联合大学是办成像北大、清华那样的研究型的大学，还是一所培养应用技术人才的学校？我觉得需要联大的同志拿点主意，下定决心究竟怎么办。我远远地看，而且我眼也花了，有的时候有点不太坚定，有时候向这儿倾斜，有时候向那儿倾斜，有时候这样想有时候那样想，有时候看重这一边，有时候看重那一边，有时候是这种提法，有时候是那种提法。过去好像有这种，不知道现在定了没有，下定决心看准方向办学校。

电视里面说，小平同志复出以后，在小平同志120周年诞辰纪念大会上，习主席讲，最重要的就是看清大势，看清世界和中国的形势，究竟中国应该往什么方向走。学校恐怕也是这个问题，看清这个大势，坚定信心自己往哪个方向走，看准以后就坚持多少年，一定会有成效。过去已经有了很多成绩，如果坚定走下去，就会有更大的成效。

---

① 指北京联合大学首任校长谭元堃。

我感觉，不管个人、单位、地方，这个事情看准了以后，发展就会很快很顺利；要是看不准，走得不太对，总是这碰那碰、曲曲折折、不太顺利，要真是方向和道路都看清楚，发展就会很顺利很快，有的学校是几百年，像牛津、剑桥、哈佛这类大学，但有的一流院校用不着几百年，几十年就办成了。香港的科技大学、燕京大学、清华大学到现在才100年多一点。所以需要看清形势、找准方向，这还是很重要的。

我最近参加谭元堃文集的编撰的座谈会，谭元堃同志当时创办联合大学的时候就是这个思想，我们一定要把综合大学的优势发挥好。我猜北京联合大学这个名字是不是也有这个意思？要学习西南联合大学，走西南联合大学的路子，按照西南联合大学的办法来办，是不是这个意思？不知道。我过去就有这个印象，特别是参加座谈会以后，我感觉到这确实是联大同志需要研究和摸索的一个大问题。这个问题解决，就会办出自己的特色来。

访：庞老先生，您谈得非常好！再一次对您支持北京地区大学分校口述研究表示衷心的感谢！

庞：哈哈，希望对你们的研究有所帮助！

【访谈手记】1979年至1988年，庞文弟任北京市高教局副局长、局长。期间参与大学分校创办及调整的过程。庞局长既有高校工作经验，又长期领导北京市高等教育工作，对大学分校创办的背景、过程，以及高等教育发展均有深刻的认识和思考。这对我们的口述研究具有很好的史学价值和学术价值。

早有耳闻，庞老是一位十分威严的高教局局长。访谈当日见到庞老的第一印象，他是一位谦虚、热情、和蔼、和善的长者，我们原有的那种拘束感顿时消失，这为我们访谈营造了很好的氛围。整个访谈过程中，庞老语言表达准确、流畅，思路异常清晰，着实令我们敬佩。庞老居住的环境简单、整洁、井然，环顾家居摆设，又增加我们不少敬意。

我记忆中的清华大学分校

访谈时间： 2015年2月4日

访谈地点： 北京市某小区

被访谈者： 罗林

访 谈 者： 孙晓鲲（北京联合大学应用科技学院党委副书记，副研究员）

　　　　　　王利荣（北京联合大学自动化学院综合办主任）

文字整理： 王利荣

　　罗林，女，1924年3月出生，大学学历，中共党员，副研究员。抗日战争后期参加革命，曾任清华大学党委组织部副部长，1984年9月任清华大学分校副校长、校长，1985年3月至1989年9月任北京联合大学自动化工程学院院长，1991年12月离休。

罗林在家中接受访谈

孙晓鲲、王利荣（以下简称"访"）：罗校长好！感谢您接受我们课题组的访谈。现在请介绍一下您到清华大学分校工作的相关情况。

罗林（以下简称"罗"）：谭元堃来分校以后，他找我谈话，我一开始不知道干什么，一来就告诉我说，你挪个地方吧？我说让我到哪儿去？说新办了一个分校。我一听就愣了，心想我在清华干得挺好的，干吗让我挪地方？我当时有点不高兴。后来谭元堃跟我解释说要成立清华分校。开始组织的分校有两个，一个在沙子口，一个在黄化门①，调我的时候两个学校合并了。我是做组织工作的，不服从分配不好，应该服从分配。一开始我是不愿意去的，因为我在这里工作挺顺利挺好的，后来我说那就服从分配吧。我考大学的时候考的北航，在北航念了一年以后就去留苏，留苏回来以后我就到了中国科技大学。

访：就是说现在在合肥的中国科技大学？

罗：那时候还没有在合肥玉泉路那里办学。"文革"期间，高校都搬走了，科技大学就到了合肥。我在合肥待了两年，我老伴儿在清华，我们是同

① 1978年12月成立了清华大学一分校在黄化门、清华大学二分校在沙子口；1982年，市委、市政府对大学分校进行调整，两校合并为清华大学分校。参见熊家华主编：《北京联合大学志（1978—2000）》，北京，科学出版社，2006年7月版，第1462页

一个专业的，我就又调回来了。1984年正式到清华大学分校上班。当时那个校长叫何作涛，知道吧？何作涛①是中国科技大学的，他原来是教务长，我和他挺熟悉，"四清"的时候②，他是工作团团长，我是办公室主任，是他的下属。"文革"时，我们回来一块挨批斗，就这么熟悉的。后来就没什么联系了。我去分校以后就接替他的位置，他要退休了。分校刚成立的时候，没有干部，好多都是调去的，有部队的，有其他学校的，相当大一部分都是部队的。清华分校那个党委书记叫郭霖③，我和郭霖还合作了一段时间。我去了以后何作涛就退了。他现在90多岁了，比我大6岁，思维不是太清楚了。

一开始工作非常困难，办公室主任是复员军人，他也没办过学校，也不知道学校干什么事，也没有做学生工作，我就把张仲林调过去了。张仲林一开始做学生工作，后来是清华的团委书记。魏续臻也做过一段学生工作。另外黄化门那个地方，原是一个小学的校址，食堂就是一个小平房，特别小，学生吃饭都很困难。后来我就把清华后勤处的副处长调那里去了，叫刘胜能，听说过吧？这几个方面的人我都是从清华调过去的。

后来要解决基础课教师缺乏的问题，从清华调了几个基础课的教师，现

---

① 何作涛：男，1920年3月出生，河北蠡县人，中专学历，中共党员，讲师。抗日战争前期参加革命，曾任志愿军军官马列主义学校副校长、中国科技大学党委常委、教务处长等职，1980年11月至1982年8月调入清华一分校任副校长、党委副书记，1982年8月任清华分校校长、党委副书记，1985年12月离休。资料来源：参见熊家华主编：《北京联合大学志（1978—2000）》，北京，科学出版社，2006年7月版，第1589页。

② 四清运动是指1963年至1966年，中共中央在全国城乡开展的社会主义教育运动。运动的内容，一开始在农村中是"清工分，清账目，清仓库和清财物"，后期在城乡中表现为"清思想，清政治，清组织和清经济"。运动期间中央领导亲自坐镇，数百万干部下乡下厂，开展革命；在城市中是"反贪污行贿，反投机倒把，反铺张浪费，反分散主义"。广大工人和农民参与其中，积极响应。四清运动，大体分成：发动和试点、铺开和深入等几个阶段。资料来源：网上百度搜索。https://baike.so.com/doc/3424516-3604182.html

③ 郭霖：男，1925年1月出生，山西孝义县人，大专学历，中共党员，高级政工师。抗日战争前期参加革命，曾任人民解放军团政委、曾在国防部十一所政治部、国防科委兰字824部队大三线工作，1980年11月任清华二分校党委书记，1985年3月任自动化工程学院党委书记，1987年12月离休。参见熊家华主编：《北京联合大学志（1978—2000）》，北京，科学出版社，2006年7月版，第1589页。

在他们也退下来了，都回清华了，算是借调的。一开始，他们都不愿意把关系转到分校，因为在清华可以分房子，到分校分不了房子，解决不了他们的困难问题。所以都是借调。张仲林那时候，在清华有房子，住在西区21平方米的一个小屋里；魏续臻的房子大一点，非常困难。如果调动教师，没有房子住，中午吃饭也很困难，实验室也没有，差不多从零开始。没有办法，已经去了，去了就想办法解决问题吧。

借调教师，有的是暂时借调，有的叫兼职。在清华也有课，在分校也上课，兼职教师那时候不讲究要钱，现在什么都要钱，借调了那么多教师，有的我名字都记不清了。

教师一个是从清华借调，一个是从北航借调，我对北航也比较熟悉，我虽然在北航只待了一年，但是我非常熟悉，我和他们都有联系。我找了我的一个同学，我说你给我推荐一些老师，你自己也来，我就把王静华调去了。原来机械系主任是科技大学调去的，叫陈强[1]。

访：陈强老师后来也在自动化学院，是在那里退休的，我们认识陈强教授，他经常到学院交党费。

罗：是吗？他是科技大学的，是力学系的，和我一个系。当时还调去了两个副院长，一个是谭浩强，一个是裴珉[2]，裴珉在那儿管教学，谭浩强管科研。

我到分校时，我说必须有两个人一块干，我一个人怎么弄？我还没正式去的时候，我就找清华大学党委，把谭浩强调过去，后来把田淑清也调去了。田淑清和谭浩强他们是一块搞计算机的，就把这个计算中心搞起来了。

---

[1] 陈强：男，1938年10月出生，大学学历，中共党员，教授。参见熊家华主编：《北京联合大学志（1978—2000）》，北京，科学出版社，2006年7月版，第1590页。

[2] 裴珉：男，1934年12月出生，上海市人，大学学历，中共党员，教授。曾任技术员、教员。北京航空学院教师等，1985年1月调入清华分校任副校长，1985年3月至1992年8月任自动化工程学院副院长，1993年10月退休。参见熊家华主编：《北京联合大学志（1978—2000）》，北京，科学出版社，2006年7月版，第1589页。

我们的第一个实验室就是计算中心。计算中心的主任就是田淑清，他们把那个专业搞起来了，原来是没有这个专业。

访：您在用人或者是推荐人方面还挺有眼光的，这几位老师现在都是业务很强、很有影响的人。

罗：因为我在组织部工作，我都了解他们，这也是我的优势。裴珉现在还在美国的密歇根大学。此外还有专业老师，高林也是我调到分校去的。

访：2000年高林①校长是主管教学的校领导。

罗：他来分校那会儿是一个助教，他是70届的，留校了，在自动化系。郭霖退休后，我就把李月光②调去了，李月光是清华毕业的，北工大的组织部长，我亲自到那去，说想见识见识这个人。我没见过他，只听说过，见面谈了谈他就同意了，就把他调过来了。我和李月光合作了一段时间，挺好的，一直到我退休，直到现在我们还有联系，我们两个关系非常好。他后来不也是联合大学校长吗？这个人不错，挺好的。

访：您在清华做过组织工作，您刚才提到的这些老师、领导，从现在来

---

① 高林：男，1946年2月出生，北京人，大学学历，中共党员，教授，曾任北京联合大学自动化工程学院计算机系副主任、教务处处长、院长助理、副院长；1996年8月担任北京联合大学副校长，并先后兼任电子自动化工程学院、信息工程学院副院长。参见熊家华主编：《北京联合大学志（1978—2000）》，北京，科学出版社，2006年7月版，第1708页。

② 李月光：男，1938年12月出生，天津人，大学学历，中共党员，副研究员。曾担任北京工业大学党委副书记，北京联合大学自动化工程学院党委书记，代院长，1994年3月担任北京联合大学校长，1994年9月至1998年1月兼任电子自动化工程学院院长，1998年任市政协委员。参见熊家华主编：《北京联合大学志（1978—2000）》，北京，科学出版社，2006年7月版，第1707页。

看，在联合大学发展的都是很好的，谭浩强[①]教授知名度很高，在业界影响很大；高林、李月光，都任过校领导；魏续臻老师[②]也是学术研究的前辈，您当时从清华等高校调进不少优秀人才啊！

罗：还有司机，他的真名叫石果复，我们叫他大师。那个司机，也是从清华调去的。他开始是在清华的一个小店卖猪肉的。他爸爸是厨师，先把他爸爸调过去了，刘胜能把石果复也调去了当厨师，为了加强这一块工作，把菜搞得好一些，给学生吃得好一点。分校当时什么都没有，连厨师都得从清华调去的。

访：清华大学当时对分校的建设给予了很大的支持啊！

罗：非常支持。一开始还挂钩的，一年之后他们就不管了，原来有一个秘书长，后来他说他不管了，就放手了。那时，我们有困难就找他们，找清华领导。

访：所以从教师的使用和调出、干部的配备上，清华给予了很大的支持。

罗：一开始主要是对人员的支持。先解决干部问题、教师问题，然后是实验室。最早建的是计算机中心，计算机中心是田淑清[③]搞的，田淑清在那里

① 谭浩强：男，1934 年 11 月出生，广东台山县人，大学学历，中共党员，教授。1958 年清华大学自动控制系毕业。学生时代曾担任清华大学学生会主席、北京市学联副主席、全国学联执行委员，北京市人大代表。从 70 年代末开始，投入计算机教育，曾任清华大学绵阳分校党委常委、清华大学分校副校长、北京联合大学自动化工程学院副院长。曾任全国高等院校计算机基础教育研究会会长、教育部全国计算机应用技术证书（NIT）考试委员会主任委员，教育部全国计算机等级考试委员会副主任，是在中国大陆知名的计算机教育专家。参见熊家华主编：《北京联合大学志（1978—2000）》，北京，科学出版社，2006 年 7 月版，第 1589 页。
② 魏续臻：男，1946 年 9 月出生，山东聊城东阿人，大学学历，中共党员，教授，曾担任自动化工程学院学生处长，兼党委宣传部长，1994 年 9 月担任电子自动化工程学院党委副书记。参见熊家华主编：《北京联合大学志（1978—2000）》，北京，科学出版社，2006 年 7 月版，第 1707 页。
③ 田淑清：女，1934 年 11 月出生，大学学历，中共党员，教授。参见熊家华主编：《北京联合大学志（1978—2000）》，北京，科学出版社，2006 年 7 月版，第 1590 页。

干到退休，现在他的关系还在那里。

访：在联合大学？

罗：对，正式调过去了。一开始都是借调，都不愿意调走。后来做了好多工作，我专门为他们开会。有一次，刚刚盖了房子，他们在清华也没有分好房子，谭浩强住个小平房，现在也是，没有分给他好房。田淑清有房子，但是很小，我专门为清华调去的这些人开了一个会。我说咱们调去是为了工作，不要抢福利。清华去了那么多人，分房子你们先占了，这叫什么事？这就是我开会的目的。

访：就是做做思想工作。

罗：对。所以后来他们都没有申请房子。高林申请了，高林没有房子。张仲林有一个21平方米的，当时我们也没有给他。我说你房子小也是有吧？人也不多，就三口人，三口人21平方米也不错，当时就是这样的。

访：当时教师、干部为分校做了很多奉献。

罗：对。

访：大家从清华调过来是支持分校的工作，到了分校之后不让大家申请住房，也是为了支持分校的工作，这种精神非常难得，您专门开会做这方面的思想工作，也很不容易。您当时说了分房子原则的问题，凡是有家属在清华工作的，就不再享受分房的待遇。您是怎么定的这个原则呢？那房子主要是分给谁呢？

罗：凡是有一口子在清华的不给分。凡是有房子的，都不给分。有一个叫什么名字了？技术科的，我就分给他了，他没有房子。他原来在清华也没有房子，就分给他了。魏续臻他爱人是在清华，也没有给分房，因为在清华能分房。我一家一家去看，记不清了，看都住得怎么样，应该不应该分给他，因为房子少，你不这么仔细做工作，将来不就闹好多矛盾吗？你分给他了不分给你，那不就闹矛盾了吗？

访：听您这么介绍，我们能够感觉到，当时清华分校的风气应该是非常好的。

罗： 我觉得还是不错的，考那个学校还挺不容易的。分校第一届毕业生非常好，现在有一个学生和我都有联系。他是学计算机的，现在在微软工作，还当个"小头儿"。那时候留校，想留他在学校，他不太愿意搞教学，觉得在这没有前途。这么一个小学校的一个计算中心能搞出什么东西来？他就想调走。他来找我，我说那里比这里好，那你就走吧，你不愿意搞教学，咱们这里搞实验条件也差，就把他放走了，直到现在他还念我的这点好处。

访： 那一届的毕业生质量非常好。

罗： 对，那届有的是上山下乡的，那些孩子们都非常好。他们也懂得珍惜学习的机会，用不着督促他们。他们毕业以后都有工作，毕业分配以前各单位都到学校去定人去。那时候大学生少。

访： 您在清华分校的时候，主要是主管哪方面工作？

罗： 全面工作。我们实行的是校长负责制。党委书记只管党的工作，政治思想工作，我是全面管的。所以我配备干部，连后勤的都请去了。

访： 分校基础课的教材当时是沿用清华的，还是分校根据自己的情况又进行了改变呢？

罗： 也参考了清华他们的，那时候裴珉具体管这事，我就没有管了，科研没有多少，就是有一个计算机中心。后来有一个电子实验室、物理实验室，搞了几个实验室，比较简陋。当时就是那个条件，后来就开始盖房子了，盖了一个教学楼。

访： 也是在黄化门那个校址吗？

罗： 对，就在那里扩建了一下。有了教学楼以后，教室、实验室都好弄了。那时候我们的食堂就是一个小破房子，连个落脚的地方都没有。我吃饭都是带饭，带一顿中午饭，早饭吃了以后，很早就吃饭，吃了以后坐班车。那时候开班车，坐班车去上班，中午自己带饭。那时候的饭盒我现在都留着呢。

清华大学分校黄化门校址

访：一会儿我们拍一下，留个纪念，拍一下您当年的物件，您那小饭盒，挺有纪念意义的。

罗林向访谈者展示分校时期使用过的小饭盒

罗：对，那时候我老伴帮我弄的。他在清华上班，时间比我多。清华不是上班制，有课去，没课在家备课，有科研、有工作的就到那去，没有科研的就在家里备课，都是这样。所以，这些家务事，都是我老伴办的。

访：您爱人很好地支持了您的工作，很不容易。

罗：是。那时候刘胜能开班车，刘胜能知道吧？大石你熟悉吧？石果复就住在我家的旁边。

访：在分校工作期间，您觉得很有成就感的是什么？为分校解决了哪些问题？

罗：如果说成绩的话，我觉得是师资队伍建设，还有基础课建设，基础课的教师比较强。数学、物理教师都是从清华调去的，数理化，这几门课，还有外语课教师，从清华调去的。基础课我觉得就在那时就打下了一点基础。

访：因为您打的基础好，才为大学分校，包括清华分校未来的发展累积了很多宝贵的资源。

罗：当时那个时候，好像有过评比，评比学生的水平，有过一次评比，我们这儿是比较好的。

访：当时在师资队伍、课程建设方面您一定倾注了很多的精力。

罗：我那时候基本上是不分上下班时间的。清华调去的这些人，经常是来找我商量事，他们找我或是我找他们。我那个时候，今天做完了以后，明天做什么，头天晚上都想好、准备好，就养成了一个习惯——记日记。在清华没这个习惯，清华没有那么累。在分校我不是得糖尿病了吗？压力大，压力非常大。我1988年查出来糖尿病。那时候，一个是吃饭、生活非常没有规律，另外压力特别大，心理和实际压力都大，1988年得了糖尿病。后来我跟他们说，我要不到分校去的话，不会得糖尿病的，我在清华多轻松，组织部就很轻松，人员也熟悉，没有什么压力。到分校去不行，压力大，晚上老是有人来找我聊工作。

访：清华分校与1978年建立的其他大学分校一样，领导、教职员工都为培养人才付出了很多心血。罗校长，您还有什么补充的吗？

罗：强调一点，办大学最关键的就是教师。房子、楼盖得再大，实验室建得再好，你教师水平不行，教学态度不负责任，这个学校没法办，所以关键的关键还是教师！

访：谢谢您，罗校长！

罗林（右）与访谈者交流

【访谈手记】1978年12月成立了清华大学一分校和清华大学二分校。1982年，市委、市政府对大学分校进行调整，将两校合并为清华大学分校。1983年清华分校承办机电学院，机电学院与清华分校为两块牌子一个办学实体。1985年3月更名为"北京联合大学自动化工程学院"，成为组建北京联合大学的12所学院之一。1986年4月，市委、市政府决定不再使用清华大学分校的名称，市高教局收回了清华大学分校的印章。1994年9月，根据市委、市政府的决定，自动化工程学院与电子工程学院合并，成立北京联合大学电子自动化工程学院。①

罗校长给我们的第一印象是干净利落，家里收拾得一尘不染，物品摆放整齐，墙上挂着许多老照片，给人的感觉十分温馨。印象特别深的是罗校长当年在分校时期的日记本，一个厚厚的大日记本，里边的文字整齐，纸张有些泛黄，岁月的痕迹一览无余。在整个采访过程中，罗校长思维清晰，精神饱满，对当年分校的事情和人物记忆犹新。谈到分校艰苦奋斗的历程，罗校长表现出的坚韧与以苦为乐的革命精神令我们十分感动！

---

① 参见熊家华主编：《北京联合大学志（1978—2000）》，北京，科学出版社，2006年7月版，第1462～1463页

我到分校（联合大学）办教育

访谈时间： 2015年2月3日上午

访谈地点： 北京市某小区

被访谈者： 邱嗣法

访 谈 者： 孙晓鲲（北京联合大学应用科技学院党委副书记，副研究员）

王利荣（北京联合大学自动化学院综合办主任）

文字整理： 宋秦（北京联合大学档案校史馆副馆长）

邱嗣法，男，1928年1月出生，浙江省鄞县人，副教授。曾担任中国人民大学技术学教研室副主任；北京工商管理专科学校工艺教研室主任；北京工业大学四系水处理专业政治指导员，基础部力学教研室副主任、兼党总支副书记、兼教务处副处长，基础部党总支副书记、副主任、主任。1984年9月调任北京工业学院分院党委书记；1986年任北京联合大学纺织工程学院党委书记兼院长，后任院长。1994年7月退休。2018年1月逝世。

邱嗣法在家中接受访谈

　　孙晓鲲（以下简称"访"）：邱院长您好！我们正在做关于北京地区大学分校的研究，想请您介绍一下当时您所在的大学分校的情况。您是如何来到北京工业学院分院的呢？

　　邱嗣法（以下简称"邱"）：我来北京联合大学以前，在北京工业大学（以下简称"北工大"），主要工作在基础部，兼教务处的副处长工作。教工委有位领导在北工大蹲点抓整党，工作有接触，他就熟悉了解我了。这是让领导了解你的一个思路和条件。第二个，是一分院①的杨光世②院长，他曾在青岛国棉六厂工作，我曾带着人民大学的学生到青岛国棉六厂实习，我们认识。后来他从青岛国棉六厂调到北京，从北京市纺织局调到分校去工作。他们原来的党委书记调到别的单位去了，他那里缺个书记，希望我去，找了教工委。还有一个情况，当时北京搞纺织的人不是太多，我过去学过纺织。在人民大学教纺织，人民大学工业经济系有一个纺织班，就把我调到北京工业学院分院了。

---

① 指北京工业学院（现为北京理工大学）第一分院，创建于 1978 年 12 月，当时确定为主要面向北京市纺织行业服务的市属高等工科院校。1982 年 12 月，更名为北京工业学院分院。参见熊家华主编：《北京联合大学志（1978—2000）》，第 835 页。

② 杨光世，毕业于上海诚学纺织专科学校，高级工程师。曾担任北京化纤机械厂分厂主任，北京第二印染厂厂长兼总工程师，中瑞合营劳动布厂负责人，1981 年 5 月任北京工业学院一分院负责人，1983 年 11 月任院长，1991 年退休。参见熊家华主编：《北京联合大学志（1978—2000）》，第 952 页。

我去了以后，被任命为党委书记。熟悉情况以后，最主要的一个工作就是整党。整党完就是改选，改选完就开党代会，准备党代会改选。改选完以后，杨光世差不多到年纪了，他退下去后，我就变成了院长兼书记。我主要管院里的工作，学院的教学、政治一把抓，还有一位副院长管后勤总务工作，就是这么个情况。

访：分校当时面临着什么样的困难呢？

邱：分校是"文化大革命"结束以后新成立的，很困难，最早的困难就是师资力量比较薄弱。另外教师的生活条件比较差，没有住房，有的三居室或者两居室分开，一居室给这个住，另外一居给另外一个老师住，也没有房源，这是一个情况。困难到什么地步呢？原来我们这个学校，是纺织局管的，行政关系隶属于纺织局，教育教学管理隶属于高教局。原来的院长想，纺织局要分房的话分一点，因为行政归你管。同时教育系统又管着你，你也可分一点。其实到后来都分不着。纺织局说你这不是我的，是高教系统的。高教系统说你这学校人事关系不在我这里，所以我不能给你学校分房子，所以很伤脑筋。本来院长想两边都占一点，其实都占不上。经过这一次以后，纺织局的房子没有分给我们，高教局的房子也没有分给我们。我办的第一件比较重要的事情，就是把行政关系从纺织系统转到高教系统，这样高教局以后盖了房子分给学校几十套房子，教工都会比较满意。住房分房是一件大事，对不对？解决住房问题，切身利益关系。

另外，因为"文化大革命"欠账太多，评职称也比较麻烦。年轻的想要上来，老的还有欠债。以前没评职称的觉得自己应该有了，要评职称。年轻的觉得我也应该评了，比较难办，要弄好。就只能让老的照顾一点，年轻的也照顾一点，两边都要照顾，年轻的工作不错，表现很好、进步很快，照顾；老的过去没有评，现在也得评点。

还有就是评工资，这也是比较难的，因为好多年不涨工资了，差距比较大，那你给谁涨、不给谁涨？都要照顾好。那个时候比较多的问题是工资、职称、住房，主要解决欠债问题，真正教学的比较少了。

当然教学也得管，但是首先要解决这些问题，就是说要调动积极性。领导也关心这些职工的切身利益，解决好这个事情就好办了。

师资队伍建设是一个很大的问题。师资队伍建设，招的都是年轻的，职称比较低，然后是助教、讲师，要慢慢提上去，按照标准来评职称。学校师资队伍中，从外面调一些水平高一点的进来，里面再培养一点，联合大学自己也办进修，让年轻留校的人进修，比如三年培养年轻的教师。

还要引进一点教师。教师怎么引进呢？外地有高水平的，有教授、副教授，就有个户口问题。北京市还是不错的，属于骨干，的确需要的，就给你支持，给你几个外地进京户口。从内部讲，纺织系统也调一点有水平有学历的进来。这样把师资队伍培养起来。

访：您在做院长或者书记的时候，办了许多大事，像刚才您说的，师资队伍，教师住房、职称、工资等，这都是大事情。请您重点谈一谈办学的情况。

邱：学校在政治思想、学生教育上也比较注意。首先，每个班配备好的班主任，有个班主任或是辅导员，每一个班都有一个。中层干部也要去管学生的事，也兼一个班主任，这样把学生工作都能抓起来。配备的班主任，都是比较认真、工作比较好的，大多都是党员，这样抓学生思想工作。

在教师里面，也抓教书育人，每学期、每学年都要评一下教书育人哪个老师比较好，表扬表扬，树立标杆，引导大家教书和育人。学校要抓这个，每年大概要评一次，这样教师把学生的政治思想也抓起来。学生的党团工作很重要，要有一个组织带，就是党团组织。

访：办学条件比较艰苦，当时也都克服了。教学方面，北京工业学院支持了一些教师，从纺织局也调来一些教师，基本教学可以开展了。除教学之外，当时在科研方面有什么举措吗？

邱：当时就把教学搞好就行了，没有搞什么科研的任务，我在的时候没有搞科研，都是把教学办好，教学是第一位的。日常生活和教研、教学是第一位的，没有搞什么科研。以后搞科研的人才都是经济方面的，纺织技术方面没有开展过。

访：北京工业学院对办一分院的支持，除了派专业教师之外，还做了哪些工作？

邱：北京工业学院对我们的支持，一个是技术和教师，数学、物理、外语这些教师都是他们派的，帮助我们开课。教务开始是本校管的，教务处副处长是本校管的。我们到工业学院调人，把他们的系主任——肖春林调到我们这当副院长了，管教学方面。工业学院的领导还不错，支援人、调人。

老师的工资学校发，是由北京市高教局、高教系统直接发的。分院的财务是独立的，跟工业学院没有关系。北京工业学院主要是教学、师资、教学管理上支持，也配备了一个副院长。

访：教材是用当时和北京工业学院一样的教材吗？

邱：教材不一样，教材不用他们的。我们根据学生的实际情况，选用了一些合适的教材。

访：当时的办学校址是现在商务学院的地址吗？

邱：不是，用的是原北京印染厂技工学校的一栋前临马路的三层小楼。后来纺织工业局批了30亩地，就在现在的商务学院，但建设很困难，没有指标，没有指标就不能开工，就又等了两三年。后来开工了，但又没有钱，困难重重，就到纺织部去，借纺织部的钱凑起来开始建。我们的院长跟纺织部教育司的司长还比较熟悉。为什么呢？因为中间有个李昭[①]，他和杨光世比较熟悉，从而认识纺织部教育司的领导。有这样的关系，才从纺织部借的钱。

技工学校办学，条件比较简陋。学生和老师开始吃饭都到京棉一厂、二厂、三厂的食堂吃饭，因为都是纺织系统的，打通了关系，厂子都在学校边

---

① 李昭，时任北京市纺织工业局党组书记，兼任北京工业学院一分院领导小组组长。

上方便。我调过去的时候也是在那里吃饭，吃了两三年还是几年。后来有了地没建起来时，我们建了个两层小楼的临时建筑，冬天临时找个小锅炉，里面生炉子火着得不好，办公室大家都穿着棉袄，那是一个艰苦的过程。

访：您在的那几年毕业生就业的情况怎么样？

邱：开始，我们招多少学生都听纺织局的，征求他们的意见。学生毕业以后他们包干，毕业生都有工作，这个没有问题。你要多少人我给你培养，一个萝卜一个坑。学生都给纺织局了，毕业多少他们全都要，不存在就业难的问题。质量没人管，反正他们包干，但我们自己要认真提高质量。

学生在毛纺厂实习

访：那时纺织局作为用人单位，参与咱们学院教学计划或者人才培养方案制定的过程吗？

邱：有征求他们意见，但他们参与的不是很多。

访：北京工业学院一分院在建院之初，只有一个专业，后来并入新组建的北京联合大学，更名为纺织工程学院，它的专业设置非常紧密地结合了北京市的需要，学院在这方面都做了哪些工作？

邱：专业方面一开始跟纺织局结合比较密切，他们需要什么样的人，我们就怎么培养，需要多少人也都征求纺织局的意见。但是后来纺织专业出现了什么问题呢？学生不爱学，纺织工作太辛苦，劳动强度比较大。所以每年招进来的人，自愿报考纺织的比较少，都是转专业来的，而不是自愿来的。当然他得服从转专业，要不然没有学上。后来我们决定改专业，改什么专业呢？纺织不行，就改成商务学院。为什么后来改商务学院？就是因为学纺织的学生比较少，纺织工业发展后来也不行了，那就干脆把学校也改了，这会儿我已经退休了。

访：那从成立联合大学之后，到1992年之前，专业设置也是学院可以自己确定的吗？

邱：自己定的。商务学院本来就技术比较多，纺织、棉纺、毛纺等，专业对口比较多。另外有一个管理，还有一个财经，有这么几个专业[1]，没有其他的。后来就不行了，学纺织的学生越来越少，第一志愿报考的少了。然后我们想干脆换成别的专业，就这样了。换专业的时候我不在，我在的时候还比较稳定。1997年，学院开了几个座谈会，做了调查后，报到北京市改成商务学院，市里也批准了，因为专业对口。

访：还有一个问题，您是1984年到工业学院一分院的，但是在1985年初，北京联合大学就正式组建了。在这个过渡期，北京工业学院一分院原来是一个独立的学院，现在成立了联合大学，一分院的有关领导如何看待并入联合大学的问题？您作为院长、书记在这个过渡期是怎么做工作的？

邱：这个事情是这样的，上面不是说要联合起来吗？联合大学成立的时候是这么说的：联合大学是虚的，实权还在各个分校，所以对下面影响不了。用人、中层干部、任命、调钱都是学校自己管的，联合大学不怎么管，名义上是联合大学管，但是行政、党务什么都是自己管，对大家影响不大。教委、高教局开会，联合大学去，我们也去，都一样，一个口子就下来了。

---

[1] 北京工业学院一分院成立之初只设置机械工程专业，1980年，根据北京市纺织工业发展的需要，专业调整为毛纺、棉纺、机织和机械4个专业。参见熊家华主编：《北京联合大学志（1978—2000）》，第836页。

　　什么时候影响比较大呢？后来联合大学把这个权收回去了，下面分校没有权了，但你进人、用人什么的，这个时候就会转折比较大。各学院也没有办法，上面要改变就改变了。这一段，大家没有那么大意见，就会比较顺利。因为我们原来就是纺织系统，一直是纺织系统管，学校相对独立。联合大学只是名义上统一管理，实际上还是自己来管。联合大学不怎么管下面我们的事，都是我们自己管、自己办学。包括毕业分配、招生、经费，都自己独立，联合大学没干涉。

　　一直到李煌果①当联合大学校长。他本来是北京市高教局的，他说我当校长可以去，但是，联合大学必须要有实权，不能他管他的、我管我的，他把权力一级一级地收紧了，就是联合大学管了。怎么变化收紧的我不太清楚，下面就有些意见，个别反应比较大，说没有必要多一个层级，高教局通过联合大学，再到我们这里来。这是后来碰到的问题。

　　访：还有最后一个问题，请您对联合大学办学提点希望。

　　邱：不怎么好说，现在离开岗位好多年了，以前和联合大学比较密切的就是党的关系在联合大学。我在的时候，联合大学主要召开交流会，这个学院介绍、那个学院介绍，别的不管。像最早谭元堃校长自己讲的一样，联合大学只有虚的名头，那么多学校不行，得成立一个总的，所以他也不怎么管，就管管比较大的。后来就一步一步收权，具体抓的时候，有的愿意、有的不愿意，最后才整个统一起来。

　　访：感谢您对我们研究的支持！

　　邱：不客气，我也就说说实际情况。

　　【访谈手记】北京工业学院一分院成立之初，借用的是原北京印染厂技工学校的一栋前临马路、后靠厂房的三层小楼。当时购置了五百套课桌椅，

---

① 李煌果，1990年12月至1994年3月任北京联合大学校长。

由北京工业学院选派任课教师为走读的学生们授课。师生平时分散在京棉一、二、三厂和北京印染厂职工食堂就餐，条件非常艰苦。直到1982年，在北京市纺织工业局和北京市高教局的大力支持下，才在朝阳门外道家村征地30亩，准备建设新校舍。然而由于资金等一系列问题，新校区，也就是今天位于朝阳区延静东里甲3号的商务学院，1991年才建成并投入使用。[①]

  访谈中，邱院长思路清晰。在讲述过去的大学分校的经历时，神采奕奕，仿佛又回到了当时的此时此景。现历经40余年的发展，商务学院借助地处北京中央商务区（CBD）内的地理优势，已建设成为一所特色鲜明的普通本科学院。邱嗣法院长已于2018年1月辞世，相信他定会为商务学院的快速发展而欣慰的！

---

① 参见熊家华主编：《北京联合大学志（1978—2000）》，第836页、934页。

肩负国家和人民的重托，竭力办好大学分校

时　　间：2018年5月4日上午

地　　点：北京联合大学3C楼一层接待室

被访谈者：张奇生

访 谈 者：郭鹏（北京联合大学纪委办公室副主任）

　　　　　宋丹丹（北京联合大学历史文博系在读研究生）

文字整理：郭鹏，宋丹丹

　　张奇生，男，1928年9月出生，山东济南人。1941年至1947年就读于山东省立济南中学（现山东济南一中）。1947年至1948年在济南师范学院就读，1948年来到北平，考入北平中法大学。1949年2月至1949年8月在北平市军管会四区第十七工作组工作，任副组长，后任第十七街政府副街长。1949年8月至1952年9月在北京市西四区工会工作，任组长。1952年9月至1961年3月在中共北京市西四区委、西城区委工业部工作，任副部长。1961年3月至1963年3月在北京第一通用机械厂任党委书记。1963年3月调到市委工业部工作。1967年至1969年在市委党校参加"文革"运动。1969年11月至1971年下放农村劳

动。1971年至1973年在石景山区工业局任党委副书记。1973年在北京市二轻局工作，先后任处长和日用五金工业公司领导小组负责人。1978至1982年任北京航空学院第二分院领导小组负责人。1983年任北京第二外国语学院分院（现北京联合大学旅游学院）党委副书记。1989年离休。

郭鹏、宋丹丹（以下简称"访"）： 今天非常高兴采访您，请您先介绍一下个人经历和在分校时期所负责的工作。

张奇生（以下简称"张"）： 由于我老伴对我的细心照顾，我现在身心健康。我一直关心国内外的大事，重视学习，特别关注党的十八大以来我们国家的巨大变化，国家综合国力强盛，人民生活富裕，我心里感到十分喜悦。我始终坚持了远大的理想和信仰，不忘初心，严于律己。

张奇生接受访谈

我想分三段说。第一段说一说1978年以前的50年，也就是从1928年到1978年的50年，然后说说1978年开始办大学分校到1989年离休的10年，最后再说说离休以后这30年，加起来就是90年的历程。

先简单说说1978年以前的50年。1948年以前，我在老家山东济南生活，生在济南，长在济南。在济南我受到了良好的家庭教育和学校教育，这主要源于我父亲和我姑姑对我的精心教育，教育我如何做人，教育我要学习岳飞精忠报国，学习孙中山的爱国思想和革命精神。学校的教育主要是从1941年到1947年，在山东省立济南中学，就是现在的济南一中，初中、高中六年的学习期间，我受到了老师们的教育和同学们热情的帮助。读了一些进步书籍和报刊，包括解放区的报纸，我对国民党和共产党逐渐有了认识，并决心跟着共产党走革命的道路。

1948年初，我来到北平。我在来北平之前已经在济南上了一年的济南师范学院。来北平以后，我考进了北平中法大学①。由于同学的帮助，我很快在中法大学找到了党组织，并在地下党总支领导下，做学生会工作。1949年1月底北平和平解放。根据市委的指示，中法大学地下党组织于1949年2月7日，派出19名同学到了北平市第四区工作。1950年四区和五区的西半部合并，称为西四区，1958年西四区和西单区合并成为西城区，我在西城地区工作和生活了15年。1963

20岁时的张奇生

年，我调到市委工业部工作了5年。1969年，被下放到房山农村劳动。1972年到1973年，我被分配到石景山区工作了两年。1973年到1978年，被调到北京市二轻局机关和所属的公司工作了5年，二轻局全称是第二轻工业局，主要管理一些集体所有制企业。从1948年来北京到1978年12月这30年当中的大多数时间，我主要是在工业战线做党的工作。

访：接下来请您讲讲1978年以后这一段，关于您在大学分校工作的情况。

张：从1978年开始办大学分校到1989年离休，共11年。1978年12月下

---

① 中法大学成立于1920年，校址先在西山，后在城内东皇城根建立校舍，她有着悠久的革命传统，1923年陈毅同志到中法大学任党支部书记，并协助李大钊同志工作。抗战期间迁往昆明，抗战胜利后迁回北平。1950年北平中法大学和北京工业学院（后为北京理工大学）合并，中法大学的文史系、法国文学系并入北大；医学院并入北大医学院；经济系、生物系并入南开大学；物理系、化学系并入北京工业学院。参见百度百科：https://baike.baidu.com/item/%E4%B8%AD%E6%B3%95%E5%A4%A7%E5%AD%A6/6680182?fr=aladdin

旬，我开始创办北京航空学院第二分院①。1978年我50岁，当时我在二轻局日用五金工业公司工作。12月中下旬我正在通州一个铸锅厂蹲点，一天接到二轻局的电话，让我下午3点以前赶到二轻局，说有急事找我。午饭后，锅厂派车把我送到二轻局。我先到了局政治部主任程志华的办公室，我跟程主任是多年的老战友了，他笑着对我说："快来吧，好事，让你办大学去。"他还说："市里让咱们二轻局办一所大学分校②，是徐汉涛同志（二轻局的党组书记、局长——编者著）提的你的名，市里主管领导已经同意让你去办大学分校。"我说："这不是开玩笑吗？咱们搞了几十年的工业了，没搞过教育，办什么大学？"他说："你要是有什么想法，就去找老徐去，他现在在友谊医院住院。"我马上就到友谊医院，找到了徐汉涛同志。老徐跟我说："办大学分校是件大好事，这是咱们恢复高考民心所向的国家大事。咱们局这些局长文化都不高，数你文化高，你是大学生，知道大学是什么样，我们连大学是什么样都不知道，你不去谁去？这是市委对我们的信任和重托。对你来说，也是提拔你成为局级干部了。去吧，明天你就去公司交代工作，后天就去大学分校上班。"这跟咱们战争年代一样，一声令下，马上就得上战场。第二天，我到日用五金工业公司交代了工作，跟大家告别后，就去办大学分校了。北京市二轻局为了办大学分校做出了贡献。

虽然北京市二轻局的工厂很多，但是要办学校的话，多数条件都很差。

---

① 旅游学院的前身是1978年建立的北京第二外国语学院分院，位于北京东城区新中街（原73中）。1980年初，在廖承志等中央领导和北京市有关领导的支持和关怀下，成立了"北京旅游学院筹备处"。廖承志同志亲笔题写了"北京旅游学院"的校名。根据1985年3月6日市政府下发的《关于建立北京联合大学的通知》，旅游学院挂靠北京联合大学，仍为相对独立的实体。1985年4月，经国家教委批准，正式定名为北京联合大学旅游学院，并于1991年暑假迁至北四环东路新校区。参见熊家华主编：《北京联合大学志（1978—2000）》，第548页。

② 北京航空学院第二分院由第二轻工业局主管并在北航的协助下筹建，分院开设自动化、机械和材料三个专业，于1979年初正式上课。参见熊家华主编：《北京联合大学志（1978—2000）》，第1716页。

挑来挑去，最后选了一个在东郊八里庄的朝阳塑料厂，职工有三四百人。这个厂有一个四层楼的大厂房，有一个仓库，还有一个小的办公楼和若干平房，院子比较大，适合办学校。之后，四层楼的厂房改成了十几个教室，仓库改成一个小礼堂，可以上大课。院子大，可以做操场，搞篮球场、排球场。当时二轻局派教育处长到这个朝阳塑料厂去做职工的工作，开始工人想不通，就闹，还把这位教育处长给打了，不过最后总算是妥善解决了，给大部分职工另安排到离家近、条件好、待遇好的工厂，让大家都满意。少数人离这个厂子近，搞了一个校办工厂。只有十几个人留到分校做后勤工作、财务工作，我去上班的时候已经风平浪静，工作都做好了，该走的走了，该留的也留下来了。

我上班以后开始了解情况，安排开学的各项准备工作。我了解到教学工作由北京航空学院派教师上课，三个专业都是工科的，每天接送老师来讲课。而且北航还派了教务处长来负责教学工作。我们主要管思想政治工作和后勤工作。但是，学生的思想政治工作没有人做，我就从我工作过的那个公司调了一个部队转业的25岁的年轻同志，他叫陈辉。这个同志年轻力壮、满腔热情，就让他做团委书记。上班后不久，党的十一届三中全会召开，我组织当时的20多名干部工人们学习公报，给大家讲解三中全会的精神。

我们的大学分校喜逢盛世应运而生，肩负着党和人民赋予的重任，要积极培养人才，弥补过去"文化大革命"造成的损失，满足千家万户的青年渴望求学的愿望。这是给国家、给人民办好事，是件了不起的大事，我们不能辜负党和人民对我们的信任和重托。我们的具体任务是服务，为教学服务、为老师服务、为学生服务，要尽力把后勤工作和思想工作做好。

在北航二分院时期的张奇生

关于北航二分院，有若干问题要说。首先说一说我自己的心情和思想。林乎加同志（时任北京市委书记——编者著）来北京以后，决定办大学分校，听到这个消息，我心里非常非常高兴。咱们千家万户的很多孩子都上山下乡，没有上大学。那时候大学停止招生，像刚才我说的二轻局的局长，他也有孩子上山下乡，政治部主任程志华同志也有孩子上山下乡，我也有。我有俩儿子和一个闺女，大儿子去吉林省插队，老二去黑龙江兵团。他们走了以后，闺女该初中毕业，我去开家长会，老师说："您这孩子功课在班上是数一数二的，学习非常好。但是不能上高中，因为你们是知识分子家庭，上高中的就得是蹬三轮的、拉排子车的，这是阶级路线。"我听了之后哑口无言、束手无策。就在这走投无路的时候，巧遇东城区委副书记。他是我的老朋友，我闺女当时在北京市中学运动会上跳远比赛拿过第一，她又是国家体校的学生。这位区委副书记热情地帮助我解决了这个难题，让她去东城区的体校当教练，后来她自己补了学历。你应该能够理解我的心情了吧，办大学分校，就是给我们自己办的。

因为重任在肩，我每天早晨五点多钟起床，六点就到了学校，每天如此。七、八级在校的四年期间，我始终坚持每天早到，干什么？我想去办公室搞搞卫生，到伙房看看。他们正给学生做早饭，看看他们早饭做得怎么样，要求给学生把饭做好。然后我就在操场慢跑，锻炼身体。到七点以后，学生陆续到校，我在学校门口看着学生陆续到来，并和他们交流，慢慢都认识了。这几百名大学生中百分之七八十我都能叫上名字了。接老师的班车到了，又要迎接老师。当时北京一共有36所分校，我就下决心一定要把北航二分院办好。

第二点是动员我们的教职员工，把自己的工作做好。那时候，我们没有一个自己的教师，都是北航派来的老师。所以我们要服务好，适应大学的需要。因为大多数人都是从工厂来的，不了解学校的工作状况、工作规律。七八级是1978年录取的，在1979年春天开学，不久就出了个笑话，管后勤的负责人有一天去找我，气呼呼地说："老张，知识分子真不好伺候。"我问怎么了？他说："咱每天来了，进屋脱了大衣放椅子上不就完了吗？刚才老师要求我给他们搞一个大衣室，你那大衣跟别人的大衣不都一样吗？"我听了以后笑着跟他说，他不是要大衣室，学生不明白的问题，下了课要找老师，请教老师，咨询老师，是要"答疑室"，回答学生的疑难问题，他这才明白，说："噢，是答疑室，赶紧解决。"所以，要反反复复地动员大家，要适应学校工作规律和学校需求，做好服务工作。

再一点就是，一定要搞好学生的思想政治工作，需要有做思想工作的队伍。25岁的团委书记陈辉，后来做了北京市对外友协的副会长，他严格要求自己，是一名好干部。我们努力找做学生工作的干部，最后找了十几个人，除了一个是部队来的，都是大学生、共产党员。北航二分院建立了一支专兼职结合的政治辅导员队伍，每一个班都配有一个辅导员，除了团委书记陈辉，还有一个是北航毕业的刘刚奇（后来是国台办的副秘书长），他们二人都是很不错、很优秀的干部，被市教委评为市级先进工作者。北航二分院的学生工作在市里排名是很靠前的，另外，学生的业余活动也搞得很好。

访：当时办学条件不好，能开展业余活动就已经不错了，还能开展得很好，就更难能可贵了。请您介绍一下当时学生业余活动情况。

张：当时学生的业余活动，包括唱歌、打篮球、打排球、赛跑等文体活动。1979年我们就举办了第一届全院运动会，师生们踊跃参加。还有课外读书活动，大家一块讲故事，特别是团委书记陈辉（已经去世十多年了，咱们联大的那书①里我写了一篇怀念他的文章——《英年早逝的陈辉》）。他看一个电影，回来就给学生讲，讲得生动活泼，学生们都爱听陈辉老师讲故事，有说有笑。一个半钟头的电影，他能讲两个多钟头。另外，我们学校的篮球、排球在市属高校中也是很有名的。

1979年4月7日，张奇生（左三）出席北航二分院首届运动会

访：那时候学生党团活动是怎么开展的呢？

张：我们讲党课，发展党员，成立党支部和团支部，发挥党团员和党团支部的作用，这个比较突出。这些学生都很优秀，年龄大的，已经30多岁，都有孩子了。再有一点，我们开了多次家长座谈会。家长们都很高兴，因为过去还没有大学开家长会的。另外，我们组织教职工两个人一组进行家访，了解学生的家庭情况，了解家长对学校的要求。我们了解到不少学生的实际情况，有的学生早晨四五点钟就起来念书，学外语，刻苦学习。

①　徐永利，柳贡慧主编，《心中的记忆——纪念北京联合大学（大学分校）建校30周年》，北京出版社，2008年

访：那时候学生是走读，有没有宿舍？

张：都是走读，我们那时候没宿舍，当初，办大学分校定的就是走读。通过了解，家庭情况都还可以，没有什么特别困难的。另外，我们积极地建立自己的教师队伍，这也是"招兵买马"。当时市里给了各大学分校大约150个名额的进京指标。我们北航二分院大概进了百分之十。后来我调离北航二分院以后，做过党委书记、院长，白炳琦和壮忠同志就是那时候招进来的。

还有一点就是，七八级学生到了四年级了，我们就着手进行毕业教育。为什么？因为大部分学生当时要分给二轻局。二轻局原来叫手工业局，厂子很多，300多个厂，星罗棋布，各个区县都有。厂子规模小，比较落后，我们担心学生毕业后不愿意去。为了做好毕业分配，从四年级开始，我就安排了若干大课。我们请了市里的领导来讲解放前的学生运动和地下党的工作，我给学生们讲了服从组织分配的若干课，七八级毕业生全部服从分配。联大的老校长谭元堃，在召开大学分校领导干部会议的时候，让我介绍过这一做法。

1982年底，大学分校调整。北航一分院、二分院，另外还有两个学校，这四个学校合并①。这个时候，社科院有个单位要我，我给市委组织部、市委教育部的有关同志说了，但他们不同意。所以，1982年底，调我到了二外分院。年底年初我两边跑，那头把北航二分院七八级学生分配工作做好，同时参加二外分院七八级学生的毕业活动。

访：您的工作单位变化还挺大的。那就请您具体介绍一下在二外分院工作的情况吧！

---

① 1982 年 11 月，北航一、二分院合并为北京航空学院分院，后分院改为分部，仍在原址办学。1983 年 2 月，基础部和一、二年级学生迁入原北京师范学院二分院校址办学。1983 年 12 月，师院二分院和北京第二医学院第一分院部分教职工连同其原有校舍并入北航分院。1985 年 3 月北航分院归入联大，并更名为联大轻工工程学院。参见熊家华主编：《北京联合大学志（1978—2000）》，第 1716 ～ 1717 页。

张：二外分院是定向搞旅游教育的学院，是咱们全国第一所本科旅游院校。上海有个旅游专科学校，它是全国第一所旅游大专学校，就这么两所最早的。过去没有旅游业，旅游业是1978年才发展起来，主要培养饭店管理人才和高级导游[1]。

首先没教材，讲什么呢？所以我们下决心自己编。当时管理系的主任王洪滨教授编写了《旅游学概论》，这本《旅游学概论》已经连续改编了多次，这是旅游学院的一部主要教材。教师们还陆续编写了《旅游经济学》《旅游地理》《旅游文学》《礼貌礼仪》等教材。这都是经过调查研究的。老师们找国内外的资料，学习、实践、积累、编写，从无到有，这项工作十分艰难[2]，而且我们一开始就有英语、日语、法语专业，也有外教授课。现在咱们旅游管理专业能成为联大的一个知名的、优秀的专业，确实来之不易。1983年春天，我去了广州，专程到广东省旅游局拜访，请求他们支持我们的老师到广州大酒店去实习调研，人家满口应承。随后，王洪滨同志带着十个老师去学习，其中包括我们留校当老师的学生，我们积累了不少的实践知识。旅游学院在培养教师、自编教材这方面，是了不起的创新。现在，习总书记要求创新，旅游学院就是创新，培养老师、编写教材、自力更生。留校的十几位七八级的学生，现在他们都已经退休了，他们对旅游学院做出了贡献。我们旅游学院对北京市的旅游业的发展做出了重要贡献，输送了一批又一批的人才。再者，旅游学院创办的《旅游学刊》是很有名气的，值得好好

---

[1] 北京旅游学院设旅游管理、旅游英语、旅游日语和餐饮工艺四个系。参见熊家华主编：《北京联合大学志（1978—2000）》，第555～557页。

[2] 北京联合大学旅游学院编写了几十种教材，基本上适应了旅游高等教育的需要，有一些教材被国内高等旅游院校采用，成为全国旅游院校统编教材，有一些教材获得北京市以及优秀教材奖和联合大学优秀教材奖。参见熊家华主编：《北京联合大学志（1978—2000）》，第567页。

讲讲，建议你们采访刘德谦教授①，请他详细讲讲。

访：对于90岁高龄的老领导、老前辈，您能这么清楚地介绍几十年前的人和事，真是很令人敬佩。

张：下面我简单说说1989年离休后的事情。实际上我1988年就离校了。我的老父亲病了，我就回老家了。离休以后，我身体挺好，我就想，应该做点公益事业。那时候我写了首诗，里面有一句是"公益事业，竭力承担"，就体现了我那时候的心情。我们家住在樱花园社区，当时居委会刚成立，居委会主任了解到我快离休了，就要求我帮助他们工作，给他们出主意，我给他们出了一些主意。他跟樱花园中学也介绍了，聘我做校外辅导员，给学生讲政治课。为了迎接香港回归，樱花园中学请我讲香港问题。所以，我自己买了一些书、资料，以《香港的昨天、今天和明天》为题，讲了20个课时。同时，还给四个社区的居民和和平街办事处的机关干部分别讲了香港问题。樱花园社区居委会成立了党校和居民学校后，我给社区的党员和居民讲了18年党课、政治课。那时候，我参加了北京市关心青少年教育协会，担任协会

---

① 刘德谦，旅游学院《旅游学刊》的常务副主编（1987—2000 退休）；编委会顾问（2001—2002）；返聘常务副主编（2003—2007）。刘德谦老师的一篇文章《回忆与断想——关于〈旅游学刊〉》中提到"北京旅游学院酝酿编辑出版旅游学术刊物，是 1984 年的事。那时候，北京旅游学会正筹备出版《旅游时代》和《旅游论丛》两个刊物，学会的同志让学院的几位老师和我去帮助创刊。1987 年《旅游论坛》要改为正式出版物《旅游学报》。那个年代，旅游学科领域的稿件不多，所以正式出刊时的第一期就没有敢叫《旅游学报》，而改叫了《旅游学刊》。人少，缺经费，没纸张，好在当时编辑部副主任李永奎老师特别敬业，几届兼任主编的院领导也信任，编委们大多真干活，编辑部也团结，加之学院科研室的年轻同志也把编好刊物看作自己分内的事情，大家同心协力，《旅游学刊》才得以慢慢地发展起来。《旅游学刊》的出刊，为学界、业界和管理层搭起了一个有关专业交流的平台，也为年轻学人的成长创造了一些机遇。正是越来越多的作者，愿意把自己最得意研究成果首先交给《旅游学刊》来发表，这才使得刊物有了相当的质量保证，也才能够得到越来越多的读者的信任，以致于才能够连续四届忝列"中文核心期刊"之林。近些年来，一些学者在追溯中国旅游研究的发展历程时，愿意用《旅游学刊》作为中国旅游研究的代表，或者将它与国外著名期刊 Annals of Tourism Research 和 Tourism Management 等进行比较，以发现中外旅游研究的同异与进程。"——原载《2008 年旅游绿皮书》"特别关注·我看中国旅游 30 年"，中国社会科学院旅，北京，2008。

的副会长。2005年6月，经过评审，中国关心下一代工作委员会和中央精神文明建设指导委员会办公室授予我"全国关心青少年教育先进工作者"称号，此后，我以《远征》为题，写了一首诗："红花映霞进耄龄，诚惶难当此殊荣。淡泊名利无私念，关爱后代有衷情。面向未来多探索，与时俱进乐耘耕。只为子孙千秋业，老骥奋蹄继远征。"

2006年12月，我搬到了嘉铭园，也给这个社区的居民讲了几年课。后来主要不是讲课了，因为这个社区北边有条河，叫北小河，污染严重。搬过来时是冬天，开春以后北小河臭的厉害，严重影响了居民的健康和生活。所以，从2008年奥运会结束以后，我就找了当时的朝阳区区长程连元，他曾是北航二分院的学生。我对程连元说，北小河太臭了，没法生活呀。他说别着急，他去看看。之后他就到家里来了。看了以后，他说回去找人。第二天，朝阳区水务局的局长、科长、科员都给我打电话，我给他们说了情况，他们还不相信。后来我想，光我一人说不行，我就开居民座谈会，把他们请来，让他们听大家说。有的居民就骂他们是当官做老爷，说："我们这里臭气熏天，你们也不管。"这几年我开了10次座谈会。一年开两次，开了5年，最后800人联名给郭金龙市长写了信。市长要求市水务局抓紧解决。中华环保联合会也十分关心，联合国副秘书长来参会，邀请我发言。市水务局局长带着队来召开座谈会。最后总算是解决了。2013年水质还清，水不臭了，河里有鱼了，河边也有了钓鱼的人。第十期《青松》杂志里，我写了一篇叫《多情有志自奋蹄》的文章，说了这些事。

最后我要说的是，我有一个幸福的家。老伴跟我和睦相处、互敬互爱，她精心地照顾着我。所以这几十年我一直心情愉悦、身心健康。我一直关心着北京联大和旅游学院的发展，但是知情甚少，因为我也很少到学校来。看到报上和电视上关于联大的好消息，我就很高兴。联大有了两个优秀、一流的专业，最近习近平同志也去北大视察讲话了，我希望我们的联合大学和旅游学院能够按照习近平同志讲话精神，研究我们的发展大计。从1978年创办大学分校到现在已经40年了，我祝福联大能够办成有特色的一流大学。

【访谈手记】张老先生已经90岁高龄了，我们在电话沟通时，想到他家里做访谈，但他还是坚持来到学校本部接受访谈。他时刻关注着联大，听闻联大有重要的会议，也亲自来学校参加，以获悉学校最新的发展动态。

这次采访，张老先生的夫人陪伴并体贴地照顾着，两位老人举案齐眉、恩爱有加。张老先生也多次向我们提到他的健康离不开老伴儿的细心照顾，尚是青年的我们看到这些很是感慨、羡慕。在整个采访过程中，张老先生思路清晰、发音准确，完全看不出已是耄耋之年。他平时喜欢写作，会在杂志上发表文章，也喜欢创作诗歌，勤于思考、笔耕不辍。张老先生对北京地区大学分校的口述史研究颇为关注，在采访结束后提出想留一本课题组已出版的《北京地区大学分校研究（1978—1985）》，我们特意送上了两本。这次采访的整个过程都处在一种轻松、愉悦的氛围中，张老先生的访谈着实令我们受益颇多。

北京师范大学分校创建奋斗发展的前前后后

时　　间：2015年2月6日

地　　点：北京某小区

被访谈者：孙煜

访 谈 者：宋秦（北京联合大学档案校史馆副馆长）

　　　　　梁燕（北京联合大学高等教育研究中心副研究员）

　　　　　张宇（北京联合大学档案校史馆工作人员）

文字整理：王利荣（北京联合大学自动化学院综合办主任）

　　孙煜，男，1930年10月出生，籍贯河北深县，中共党员，研究生学历，物理学教授，曾任北京师范大学物理系主任，1983年11月至1984年12月任北京师范大学分校副校长，1984年12月至1985年3月任北京师范大学分校校长，1985年3月至1992年10月任北京联合大学职业技术师范学院院长，1994年9月调回北京师范大学教授研究生课，1995年9月在北京师范大学退休。

宋秦、梁燕、张宇（以下简称"访"）：孙院长您好！我们可以开始了吗？这个提纲供您参考。

孙煜（以下简称"孙"）：有个提纲就行。

访：您是1995年退休的吧？

孙：是的，1995年退休。我做行政工作，那时候男的到60岁也应该退休了，后来因为没有找到接任的人，我就又干了一届，一届五年，我干到了65岁。

访：那还是您身体好！

孙：干到65岁就不行了，老了，耳朵听力都下降了，到市里面开会，我说你们放我走吧，不然的话你们

1983年北京师范大学分校工作时期的孙煜

开会说什么我都听不见啊。所以到65岁就放我回北师大了。回北师大以后，又让我教课，我说你们哪里缺人？我对付一年半载行，久了不行，就讲不动了，真的讲不动了。

访：那1983年，您来分校工作时，具体担任什么职务呢？

孙：是学校里的头。那时师大一分校、二分校（1978年建立的北京师范大学第一分校和第二分校于1983年9月合并为北京师范大学分校——编者注）的干部、教学管理人员，大部分是从各个老大学过来的，特别是教学系统，基本上都是老大学过来的。

访：大学分校建立之初，实行的是领导小组制，请您谈谈有关领导小组的情况。

孙：分校领导小组由4人组成，各个大学分校的领导班子刚一开始就一个领导小组。领导小组的主要角色是什么呢？一个一定是个老八路似的老干部，这是一个政治保证，实际上是书记的职务。另外一个是副书记。再有一个是老大学派来的，领导教学的，我那时候主要负责学校业务方面的工作。还有一个是主管政治工作的和学生管理工作的，大体上是这么4个人。一般

的领导小组都是4个人。①我当时是负责教学的，就是教学及其设施等都归我管。

访：恢复高考之后，北京建立了30多所大学分校，您能谈谈建立大学分校的背景吗？

孙：那时候大学分校的事情是怎么出现的呢？全国教育工作会议以后，对于"要不要恢复高考"这个问题争论很激烈。小平同志直接主持这个事情，各学校负责人都发言，讨论也比较热烈。后来小平同志就拍板恢复高考，而且立即招生。为什么要立即招生呢？因为开这个会的时候是暑假，招生时间都已经过去了。但是教育被耽误的时间太长了，从1966年"文化大革命"，到1976年"四人帮"倒台，整整十年，学校工作都停滞了。那时不招生，在校学生也不上课。还有一个高潮，就是下乡插队的青年，在1976年以后成批的回城，当然有相当一部分学生希望恢复上学，耽误了考大学，耽误了青年最好的学习时间，回来无非是上学或者是安排工作。你想想北京多少知青啊？北京到东北兵团的、内蒙兵团的，云南、贵州兵团的，都有北京的学生插队去的，还有新疆兵团的。这样都回来以后就要求上学。学校耽误了这么长时间，你把原来学校的人找回来，恢复上学，都有很大困难。为什么有很大困难呢？那时候，学生不上课了，教职工都下乡，根本不在学校，像咱们师大（指北京师范大学，下文同——编者注）全体教工到山西临汾，像北大去江西、清华就到四川汉中，实际上学校里面空了。一直到打倒"四人帮"，大批知青回来，要是安排工作，也没有那么多工作岗位，生产也没有完全恢复，就是要求上学。北京算高等学校最多的了，那也根本就容纳不了。所以暑假招生过了，就寒假招生，寒假开学也得赶紧把学校办起来。当

---

① 分校创立时，（北京师范大学第一分校、北京师范大学第二分校——编者注）两所分校各成立领导小组，负责党政日常工作。下设政治处、办公室、教务处、总务处，负责党政工作日常事务。参见熊家华主编：《北京联合大学志（1978—2000）》，北京，科学出版社，2006年7月版，第405页。

时小平同志说我别的事管不了，我就当教育的后勤，就抓住这个事非要办不可。这时候北京市市长林乎加①，根据这个精神要求所有的北京市大学，除了本校招生以外都要办分校，我印象里最早是要成立32所分校，但32所也不能满足学生上大学的要求。到后来实际办了多少所我不知道。②那时候，各个老大学反正都派人了，或当时学校的副手，或当各系的系主任，因为搞教学差不多都是各系的系主任。

访：大学分校是在短时间内因陋就简创办起来的，办学条件自然是很艰苦的，您是怎样被派到分校工作的？

孙：我当时是不太愿意接受这个工作的。因为我虽然长期是个系主任，但当个教研室主任，那还是业务工作为主，我主要是给研究生讲课。"文革"前，我是搞社会主义教育运动的，整顿学校，由副系主任提升到正系主任了。也就算进入行政工作行列了，上级认为你就办分校吧，我就来了，要服从组织安排。管理一个学校这么多事情，我一样也没干过，当时我是最早一个来分校的，先过来的还有生物系的一个总支书记。

访：北师大办了两个分校，北师大一分校和北师大二分校，后来又合并了，请您介绍介绍这个情况。

孙：大学分校办了两年以后，发现32所分校太分散了，物资条件一下保证不下来。所以就做了一下收缩，收缩以后大概还有差不多十七八所，师大一分校和二分校合并成了一个，北大的一分校留住了，二分校就独立出去了。北师大一、二分校并过来以后，要怎么办这个学校呢？就只能移植。怎

---

① 1978年10月，林乎加调到北京任市委第一书记。参见张楠．梁燕：北京地区大学分校研究，北京出版社，2017年5月版，代序第2页。

② 1978年12月14日，北京市革命委员会印发《关于成立北京大学第一分校等33所高等学校分校的通知》。通知决定：成立北京大学第一分校等33所高等学校分校（1978年11月，北京市决定举办大学分校36所，其中3所为中央财政金融学院分院、北京商学院分院和北京化纤学院分院在本校招走读生，不作为独立的高等学院分校。参见：北京高等教育史研究课题组研究成果。

么移植？先把房子找到，学生上课要有屋子、桌子、板凳。原来中小学的全作废，把原来的桌椅全部转赠给郊区的中小学，之后全部买的新桌椅板凳。办学经费，开始办这个学校的钱都是北京市直拨。那时候也说不清什么计划，反正我现在办这个学校需要用这些东西，就给市里面提出报告就买。因为这些都是办学基本条件，不能不给，大家也不能在大操场上课，就是这样。

师大一分校主要是文科，设中文、政教、历史系；二分校主要是理科，设数学、物理、化学、生物、地理系。课程设置和教程内容都与师大一致。老大学那边的课表是什么，分校这边的课表也是什么，头一两年就只能这样。如何教学呢？当时师大的教师在师大讲课，就到分校来，再讲一遍，就是重上一遍。

访：分校初期的师资主要依靠老大学的教师到分校兼课，那后来分校什么时候开始培养自己的师资队伍呢？

孙：那是学校调整以后，至少是师大一分校、二分校合并成一块以后。先是调整专业，后来开始有毕业生了，通过毕业生留校培养自己的师资。但当时毕业生直接留校还是很困难的，后来市里给了一些指标，有编制了，才可以毕业生留校。同时，也可以从外地选一些好教师，那时，外地的甚至能给户口指标。外地也有好老师，比如说分校比较好的一个老师，叫张佐友，他是人民大学毕业生，毕业以后留在清华工作，在清华教政治课。"文化大革命"时，因为家庭出身问题被赶回老家去了，他是唐山人，就回到农村去了。恢复高考后，学生回来了，教师队伍也回来了。当时，师大政教系的老师和系主任，包括人大的，他们原来与张佐友同系，就找到我，说张佐友老师业务非常好，人品也非常好，业务能力也相当高。现在他要回清华，但是回不去了，到师大来编制也没有名额了，无论如何你要接收他，留住这个人才。他当时要求也不高，他没地方住，有个一居室就能回来工作。我就从咱们学校分房里面给了他一个一居室。

访：那时候对这种引进的人才还有其他什么政策吗？

孙：引进人才要给人家一些条件的。那时候也不是建房，那分校的房子、宿舍怎么搞的？就是学校拿钱买楼，整楼买。因为分校当时是走读，没有学生宿舍，没法盖宿舍，也没地方盖，没有钱。当时分校是怎么做的？就是围着二环或三环路一圈设置分校。好处是什么？走读，学生上学方便，教师上班也方便。这路当时是最宽的，交通在市里当时算最发达的了。当时教师的宿舍是什么样的？就是沿着这个路整栋的宿舍楼买，买回来分给学校，比如师大一分校。咱们二分校的宿舍就在马甸桥旁边，你们现在看马甸桥南边有五个塔楼，它们的其中两个就是市里买过来的。因为咱们离那里近，所以咱们教师宿舍最早就在那个塔楼上。

这样做的好处就是上班近。本校的老师来上课，交通怎么解决？那时一般就是每个分校配了两辆交通车，去本校接老师到分校这里上课，上完课以后、中午饭以前把老师送回本校，再把下午上课的老师接到分校来。我那时候自己在师大住，都是早晨起来坐班车到学校。我中午不回家，上完一整天的班才回家。还有一辆车是给我配备的，我不是校长调过来的吗？那是一辆中国的北京吉普，大敞车，130那种拉货的，因为学生食堂得拉菜、拉米、拉面。市里面召开这会让你去，召开那会也让你去，你挤公交车也可以，但是不一定能做到准时，所以要配备必要的公务用车。学校开始就这么两辆车，还是从师大借过来的。

访：我们知道分校时期办学条件很艰苦，请您再说说一些具体情况。

孙：那时候一个学校里就一个电话，这边是政治办公，这边是业务办公，就在墙上掏一个窟窿，把电话搁在窟窿里面，甭管是找谁的、什么业务，都是这一个电话。打来之后就叫人，那个人跑这接电话来。开始的条件相当艰苦，办公桌有的三条腿，垫上砖，能用就行，后来才慢慢翻新。联大的校史当中，基本没反映出分校的建设生活，是从联大开始正规化的时候写的。因为建设那会儿领导干部已经换了一批了，现在已经很难联系到他们了。

　　分校一开始办学，教师、学生的桌椅板凳，都是新买的，以旧换新，就是这样把学校办起来的。后来本校也要求扩大招生，但来不了教师了，市里就用讲大课的办法，给各学校都发了一个电视教学系统，一个老师上大课，所有的教室都有电视，都有扬声器，可以同时听课。那时候开大会没地方去，都是各回各班教室，用电视讲课、开大会，这就又进一步了。当时基本上没有实验室，只有教室。实验那套设备、药品、标本等都建齐，不能一步到位，教学仪器的生产也都停了，想买教学仪器都没有地方买。教育部所属的几个教学仪器厂，"文革"期间都关了，都不生产了。所以教学实验怎么办？就只能各回本校去争取。因为本校也扩大招生，所以实验室都很紧张。实验室，就三班四班那么排，因为一个学生实验是三个小时，上午排一班，下午排一班，晚上加一班，连轴转。物理实验还好，耗费东西不多。但是像化学实验、生物实验这类，消耗品就很多。物理实验的话，各种设备再开一遍，仪表再读一遍不就完了，没什么事！可是化学不一样，它的药品做完就消耗了。后来本校提出，我们提供不了消耗品。提供不起怎么办？就跟市里要，别的钱不给，到本校这里做实验。请实验老师上课，总得给人家实验费、劳务费吧，实验消耗品就从化学系、生物系开始计算。开单子一年消耗多少，我们把钱交给本校，就这样做。我本人还兼做本校的物理系主任两年多。

教师为电化教学录制课程

访：老大学对分校办学给予了鼎力支持，有的老大学就安排本校学生晚上上实验课，把白天的时间留给分校学生用。那咱们分校后来有自己的实验室吗？

孙：刚开始，分校只有一个简单的物理实验室。有一个阶段，教育部、市教工委都强调发展建设职业教育事业。1984年的时候，师大不培养职业教育的老师，我们跟北京市高教局商量，师大一、二分校合后改编成一个职业技术师范学院，于是我们有些专业就需要改造。开始筹备的时候，国家和市区都大力支持，那时候获得了150万美元的世界银行贷款，我们也用了这么多。世界银行贷款主要用于几部分工作，一个是买仪器设备。花世界银行的贷款有个条件，你要用100万美元，国家还得配500万人民币。所以，争取到了150万美元世界银行贷款之后，我们就开始筹办盖楼，第一个楼就是这么开始盖的。但同时还需要派人买仪器，可以到国内各地方去买，高教局统一购买公共设备，全国各个厂子统一招标。通过这一步，我们物理、化学、计算机、生物这几个实验室就逐渐建起来了，专业也有条件改造了，专业改造的时候，服装设计系有了，数学系跟物理系的一部分改成了无线电，中文系改成了文秘，生物系改成了医学生物。这是一个过渡阶段。在整个联大系统里的那么多分校中，拿到世界银行贷款的只有师大二分校一个分校，因为你挂了职业技术师范学院的牌子，那笔贷款是专门的职业教育贷款，一般的学校是分不上的。

当然，建一个大学的话，150万美元加上人民币是不够的，但是比白手起家那会儿好多了。那时的世界银行贷款，还有一笔用到了师资培养上，我们开始往国外派送一些教师参加培训，比如美国、英国等。

访：提到师资队伍建设，请您介绍一下有哪些具体措施？

孙：那时候办分校，本校有什么专业，分校就办什么专业，本校有什么老师，就请回来什么老师，还尽量把好的老师请回来，教学质量要保证至少跟本校的水平相当。后来，市里给了户口指标，我们就进教师了，那时就慢慢调进一批教师，外地调来的也有，同时又送出国培养了一批教师。还有一个是毕业生留校。培养留校毕业生，先做助教辅导。有的送到党校，教政治课的送到中央党校、北京市党校去培养。通过这些途径，或到兄弟学校学专业业务，去进修、听课，师资队伍就是这样建起来的。

访： 办职业技术师范学院，除了师资队伍建设外，在教学方面都做了哪些改革呢？

孙： 北大的老师，比如物理系的系主任薛德谦，他是从北大下放到贵州的，回北京的时候北大那边编制满了，就留到咱们分校了，也算从别的学校找来的教师。他很有水平，开始自己编教材。在大学里面直接编教材的，至少也得是副教授级的，助教级不行。另外我们还想给薛德谦找个副手，就从留校的毕业生中找。

我们开设了教学法的课程，是师范的课程，其他的分校没有开设。师范教育的特点主要就是三个，一个是教育学，不管哪个专业的，教育学你得学，因为你要当老师。第二个就是相应课程的教学法，物理有物理教学法，数学有数学教学法，中文有中文教学法。还有一个是教育心理学。我上师范本科的时候，不管你是学什么的，师范这三门课必须得学。

当然咱们这里上不了三门课，教育学就是大课，因为不管什么专业都是这个课，由师大老师来上教育学。至于各系的教学法，慢慢就由自己的教师来上了。真正到联大的时候，自己的教师，虽不能说为主体，但也至少占半边天下，差不多是这样。

访： 前面您介绍了创办分校的背景，师大一分校和二分校的合并，以及师大分校转型为职业技术师范学院、师资队伍建设、实验室建设等方面的内容，那么请您再介绍一下学生培养的情况吧！

孙：我们开始就完全按照师大的办，就是培养教师。^①当然，那时候口号就是"又红又专"了，学校里面还要评"三好"学生，党委和团委也都建立起来了。到联大成立以前，各个分校党委就都有了^②。那时，学生年龄差距较大，年龄偏大的，也就是头一两年插队回来的知青。大学里面学生都应该住在学校，管理是从早晨到晚上，每一个班都专门有一个辅导员，专门管理学生思想政治工作。走读的也安排辅导员，但是工作就比较局限。当时有一个学生家住在魏善庄，就在北京天津中间的一个车站。这个学生每天早晨坐车到东站（北京东站——编者注），从东站坐到学校上课，下课以后再坐火车回魏善庄，就这样。因为有走读的，所以学生下课的去向就比较分散，好学生就好说。学校也有一个小图书馆，像大教室似的，可以留在那里自己看会儿书，但一般都是下了课赶紧回家，因为教工要赶路，学生也要赶路，路上要消耗时间，有时候也有党团活动。大学的课程都不是8小时排得很满，总有一个空档，比如上午上三节课空一堂课，下午上两节课、三节课空一堂课这样。我们就用空档时间，来搞团支部和学生会的活动，利用这个时间抓紧集中学生。

这里就出现了一个问题，这种情况下，怎样加强师生间的沟通交流呢？与学生沟通主要是课上讲课、课下辅导，大学老师除了讲课，课后都有辅导答疑。这堂课或这一周的课上完，学生自己的作业也好，积累的问题也好，教师都有一个晚上在一个办公室里面，等着学生来问问题，这都是交流的时间。

---

① 1978年两个分校刚成立时，一分校设中文、政教、历史系；二分校设数学、物理、化学、生物、地理系。课程设置和教程内容都与师大一致，为普通中学培养师资。参见熊家华主编：《北京联合大学志（1978—2000）》，北京，科学出版社，2006年7月版，第405页。
② 1978年11月成立北京师范大学一、二分校，各分校领导小组下设政治处，统管党务和思想政治工作。1983年9月两分校合并成立"北京师范大学分校"，在临时领导小组下设组织部、宣传部。参见熊家华主编：《北京联合大学志（1978—2000）》，北京，科学出版社，2006年7月版，第405页。

后来，学校有些办法。咱们学校有一个楼，本来是交通部的一个宿舍楼，被租过来了。家住距离学校多少公里以上的，才有条件住这个宿舍。所以那时候学生申请住宿，还得说家里有多远，越远的越有资格住。租的那个楼本来是给咱们学校盖的，但是盖完了以后人家管你要钱，那时候钱都花光了。咱们学校后面就是交通部招待所，是他们盖的楼。因为我们跟他们比较熟悉，就租过来给一些困难学生当宿舍。那时，各个分校想什么办法的都有。北大、清华是什么办法？是靠近昌平租楼，因为他们的分校都靠北。学生在那住宿，还是走读，但是给教师的宿舍相对集中，甚至后来还有个廊坊分部。北大分校甚至一年级的学生上课住宿，都集中到那里。总之大家都在思考，如何把学校建起来并维持下去，还能保证基本的教学质量。

教育实习是师范院校很重要的一个环节，当时分校是制度性安排。在学生三年级的第二学期，有一个月的教学实习。统一组织他们到中学兼课，这得跟北京市各区联系好。今年是三年级的第二学期，业务课和教育课也都学了一部分，他们快走上工作岗位，要到学校里做教学实习，一般是一个月到中学去代相应的课程，中学老师把课堂让出来，也帮助指导这些学生，去讲几周的课。学生也觉得我学了三、四年了，讲讲课试试，但第一次讲课也是不容易的。

为保证教学质量，我们会请一些知名学者做讲座。只有一分校文科那边有，我们理科也请过一些讲座，但是属于讲座性质，不是课程性质。我曾经请启功老师到中文系讲书法课。这种讲座，有的是讲好几次的。启功老师讲书法，书法的种类、笔法、用纸法，那真是把纸挂在墙上，一边讲、一边写，而且往往讲完一课以后，学生就把写的字都带走了。

北师大启功教授来分校授课

访： 分校时期，除了调整合并，分校自身在师资队伍等方面也做了一些调整，请您介绍一下这方面的情况。

孙： 师资队伍。因为本校的教学任务越来越重，让他们来分校讲课，特别是原来第一拨过来讲课的老师，那时候要求你在本校讲什么，到分校就必须讲什么。但是后来维持不了，本校又招了研究生，好多老师开始指导研究生，不教本科课了，就没有办法。那时努力保持教学水平，还是尽量保证从北大请来好教师，请不了一流，也至少得是二流，慢慢自己就有了少部分可以开课的教师了，是各个高校请来或从师大直接调来，不从本校借了。还有，师大讲这门课的人也比较多，有的教师直接调过来，工资也归分校开了。

访： 大学分校是个新生事物，当时公众是怎样评价咱们分校的呢，您能谈谈吗？

孙： 总体还是认可的，有两个标准，我们分配得又快又好。当时各行各业都缺人，真是缺人。那时候，毕业没工作的几乎没有，不像现在都要自己找。国家统招统分，是带着师大分校性质的，学生全部分得出去，这是一个。第二个就是改成职业技术师范学院，我们的分配就归北京人事局管，不归教育局管了，我们有两套出口，一套往教育口分，一套往企业分，人就分得更快。所以，有一半学生被分到职业高中，有一半学生被直接分到厂里去。

毕业分配，在社会上说，你如果硬比跟北大、清华、师范等学校比较质量的话，那也差一点。但是我们还有一个比他们更大的优势，就是我们的学生工作都比较安心。"文化大革命"以后，对于这些重点高等学校的学生来说，考研是一个很重要的出路，再有就是出国。工作基本就是跳板，什么时候托福考试合格了，他马上就辞职走了。实事求是地说，我们也在努力培养我们的学生，这批学生分配出去工作都比较安心。所以有的单位，宁可要我们分校的毕业生，踏踏实实办好事。当然，我们有我们的弱点。那个时候，等我到92年离开学校再回去看的时候，校长就说现在北京市职业高中这么多，教师和学校的领导干部，几乎都是咱们学校的。

访：大学分校在人才培养方面做出过重要贡献，而且又是在办学条件十分艰苦的条件下，请您谈谈当时面临的最大困难是什么？又是怎么解决的？

孙：最困难的是经费，我有时候到市委跟他们争论。那时候给师大二分校的地方小，我们就左找右找，管北京市规划局要了一块地重建。要的哪里呢？就是三元桥和四元桥之间的那么一块28亩或30亩的地。我们学校是新建的，地方太小。市里说要尽量划地方，就在牛王庙这里划了二十七八亩地，还拉起铁丝网、买了一些砖，雇了几个工人看着，圈起一个砖墙来。都到那个地步了，要经费盖楼了，那时候钱一时拿不出来，这地先给他们，等有钱再盖新校址。可正好这一年我回师大了，等我第二年回到分校，我说咱们到牛王庙那看看去吧，说地已经划给别人了。划给谁了？东方歌舞团，就是原来给咱们学校建校的校址。

"文化大革命"以后，分校一直到办我20世纪90年代退休，我当校长，主要任务不是管业务和教学，你得到处想办法找钱去。你看我们办服装系，还办服装厂。因为我们这200台缝纫机，还有全国唯一的一台服装设计设备，我不知道你们是否听说过那个机器，机器前有个大镜头，你站在前面，你穿什么花布的衣服，就马上有这个布样，镜头就是你穿的这个衣服，如果不合适，就再换另外一块布，就是人穿上这个衣服，合适再照这个衣服裁，而且裁、绣花、缝纫等用的全是进口的机器和设备。服装学院都没有那样的设备，就是因为我们建了这么一个专业，也得到了一笔银行贷款，就买了最先进的机器。当然现在我不知道是不是最先进的、服装学院是否有了那机器，因为服装学院的前身是纺织学院，是纺织学院改的服装学院。纺织学院就管织布，所以我们这一改是很受益的。当时包括电子系，（长城）486的电脑是最好的，我们学生做实验全部用的是486的新电脑，别的学院里没有。从1983年底到1984年，学校一改造，建楼、设备、人才、培训就整个都上了一个新台阶。①

访：您还有什么特别想谈的吗？

孙：前面我提到那时候特别缺人才，为什么那么缺人才呢？我当时在学校还算是青年，因为"文化大革命"开始的时候，我才30多岁；结束之后，我到分校工作的时候，也就是38、39岁，我在分校和联大一共工作了18年。之前兼任物理系主任、校长两头，后来不兼任物理系主任了，就做专职，前后加起来16年。我去的时候头发是黑的，到退休的时候头发就全白了，这期间我回本校工作一年。这是怎么回事呢？因为我回去以后，时师大来的党委书记还继续在分校当党委书记，但前几年他过世了。当时有一个原来北洋大学毕业的干部叫王雷，他负责帮助短时间教学，是一个离休干部，现在退休

---

① 自1985年专业调整以来，学院一直把电子电气和服装这两个专业作为重点专业来建设。电子电气专业由原来的物理专业改造而成，服装专业为新建专业。这两个专业的职业特色比较强，社会需求量也比较大，同时建设的难度也较大，需要大量的教学设备和相应的教学实验室。参见熊家华主编：《北京联合大学志（1978—2000）》，北京，科学出版社，2006年7月版，第433页。

在家了。因为我回师大的时间也不长，我那时候两头跑，跑不过来了，就回师大了。可是回去一年，市里又说不行，必须回到分校。学校组织部又找我，让我必须回去，把系主任放了都可以。所以我干脆在师大这边新任了一个系主任，之后就全部投入到我们分校工作。可是我的工资从我办企业直到我退休，全部是师大发的，党的关系、工资也全是在师大。所以我快到退休即1994年9月的时候，我问我到底算哪里的人，市委教育部说工资一直是师大发的，最好还回回师大，我就把党的关系带回来，又回到了师大，之后教了一段时间的课。1995年9月的时候我说不教课了，就正式办了退职手续，这是一点。

第二点，现在我们老了，有个特点叫"厚古薄今"，你要问我中学、大学时候的事，我还能记得，你要问我前几天干的什么事，就会忘记。比如一个跟我在师大搞通史的一起工作了50年的老人，名字还记得，可是现在在分校一块工作了三五年的，名字就不记得了。联大好几个校长都是师大分校过去的，现在的徐永利，前任的熊家华，熊家华是我做校长的时候，他从师院①调来做书记的。甭管是后来调到联大去的，甭管是像我这样干完了事以后又调回去的，这些个老人，在这个学校建设的开端是做了很大贡献的。但是这个在整个的联大校史里面，反映的比较少。这是一个问题。

再有联大这个学校，因为徐永利是我们这毕业的，见到他我就直截了当的说。我说这个学校到现在也二三十年了，得给这学校定位，联大的办学老是摇摆不定的，换一个人就有新的办学思路，一阵一阵的。比如说职业教育，联大说办职业教育，大家都鼓捣，结果鼓捣了两年，又变了。学校的建设是个积累的过程，因为学校是个培养人才、积累知识的地方，办学质量要提高，就必须人才和设备的质量都要提高，这些都是多年积累的，绝不是一下子就能办成的。可是学校方针老是摇摆不定，就很难提高。近两年做这

---

① 指首都师范学院，现首都师范大学。

个，后两年又做那个，这不行。所以这两年联大开会我也不去了，头一两年我还去，局级干部、教授聚会我都去了，我跟老徐聊，我说你还能干几年？他说再干两年也到期了。我说你这两年时间应该把学校办学方针定下来，不要一个领导来了一个倾向，学校没法积累。而且办学、当校长的就是要找到学校学术领域的社会关系，校长一定要在这方面的条件比较好，跟社会界、学术界交往，就能够建立良好的关系，这是很重要的。比如，原来上海的那些分校为什么一下子就变成了上海大学呢？那是因为请了一个有名、有地位的校长，是毛泽东的同学。他的决心是什么呢？就是把各分校都融合起来，建立上海大学。这样就是为了上海市发展，需要什么人才，就培养什么人才，就逐渐成了一个大学。

那时候社会就是这样，甲校的老师到乙校去讲课挣钱，乙校的老师到甲校讲课挣钱，我们这边由师大老师到北大讲课挣钱，老师多讲课给讲课费，年终奖金人家都发1000块、800块，我们就发100块，学校跟开了锅似的。1983年赚到了钱，我们就办学，我们服装系几乎办学办到全国各地，甚至到新疆办去创收，因为国家缺少服装系。我给你办学你得给我办学费吧，教师去讲课你得给讲课费吧，这样到年终人家能发1000块，我们也能发800块，学校才能不开锅。

访：大学分校这段历史并不遥远，但因为头绪较多、变化较多、文字史料较少，有些内容还需要我们不断挖掘、研究。今天您给我们介绍了这段历史的许多内容，特别是您的亲身经历和感受，都弥足珍贵。非常感谢您！

孙：云山雾罩的，看你们怎么整理吧！

访：我们需要加深理解，尤其是对那段历史的理解。正像您所说的"甭管是后来调到联大去的，甭管是像我干完了事以后又调回去的，这些个老人，在这个学校的建设的开端是做了很大贡献的。但是这个在整个的联大校史里面，反映的比较少。"我们现在做口述史的研究，就是在挖掘和丰富那段历史，记录"分校人""联大人"在艰苦条件下，是怎样始终坚守大学使命的。非常感谢您！我们一块儿照个相，也记录下来。看，您85岁高龄，真是精神矍铄啊！

孙：哈哈！我都是白胡子白头发了！

孙煜（坐）与访谈者合影

【访谈手记】北京师范大学第一分校和北京师范大学第二分校于1978年11月成立。1983年9月两校合并为"北京师范大学分校"。1985年3月，北京市委、市政府决定，在北京原有12所大学分校基础上建立北京联合大学，北京师范大学分校更名为职业技术师范学院，为北京联合大学的二级学院。2003年至今为北京联合大学师范学院①。

孙院长口述的分校艰苦办学、师资队伍建设、实验室建设、人才培养、开源增收等事例，有些是没有文字留存的，却是对那段办学历史的丰富记载，具有重要的学术价值。85岁高龄的老先生，对近40年前发生的历史记忆犹新，特别是一些细节，着实令人肃然起敬。

---

① 参见熊家华主编：《北京联合大学志（1978—2000）》，北京，科学出版社，2006年7月版，第405～406页。

北京邮电学院分院的那些事儿

访谈时间：2014年10月19日

访谈地点：北京联合大学办公楼四层会议室

被访谈者：赵宗英

访 谈 者：孙晓鲲（北京联合大学应用科技学院党委副书记，副研究员）

文字整理：王利荣（北京联合大学自动化学院综合办公室主任）

　　赵宗英，男，1936年9月生，河北涿鹿县人，副研究员。1961年毕业于北京邮电学院，1962年7月参加工作，先后在河北正定县教改小分队与北京邮电学院工作，1980年2月到北京邮电学院分院后曾任党委宣传部宣传处副处长、教务处负责人。1985年3月任北京联合大学电子工程学院副院长。1994年9月，电子工程学院与自动化工程学院合并为电子自动化工程学院，赵宗英任副院长，直至1997年1月退休。

赵宗英接受访谈

孙晓鲲（以下简称"访"）：赵院长好！感谢您接受我们课题组的访谈！首先请您谈谈在当时的历史条件下，北京邮电学院分院创办的前后脉络。

赵宗英（以下简称"赵"）：根据我对一些情况的了解，北京和全国一样，严重缺乏专业人才，应该从以下几点来思考。

第一点，是20世纪50年代、60年代高等学校的招生数量有限。我是1957年考入北京邮电学院的，当时全国招生指标是17万人，但是后来种种原因导致没有完成这个任务，实际才招了不到10万人。对于这么大的国家来说，这个数量是很小的。其他年份多一点，之前的五六年招生比我们多十五六万人，我们那一年是最少的。到了1958年全国大跃进的时候，高校招生也多，大概招了将近30万，就1957年招得最少。招生多的高校，他们的数量跟国家需求相比也还是少。老的专业人才本身就少，与事业所需人才相比差得很多。

第二点，"文化大革命"过去了那么长时间，十一届三中全会一开，"文化大革命"结束，咱们党中央明确提出来，要集中力量抓经济建设。要抓经济建设、发展经济，好多事业都要办起来，这样就更需要大量的人才。人才上哪儿去找？本来人就少，而且"文化大革命"十年间，大学没有招生，后几年招了一些工农兵学员，但数量不是很多。好多原来的科研单位包括教育单位，都出现了人才断档。单位本来每年都要进几个新人，慢慢地老的要退休，年轻的要进来，可是十年间没有进人，就断档了。

第三点，事业要发展，要抓经济。但是搞经济建设，要上哪里去找人呢？借用林乎加同志当时的讲话，要靠大学。按照正常情况，给北京市分配的人才寥寥无几，极度不满足北京市的需要，那就只能自己想办法、自己办大学分校。北京这么多所大学，假如说每个学校办一个分校，那肯定能解决北京市的问题。这就是一个大背景，国家需要专业人才，而且需要尽快培养，就需要北京各个学校落实。我们经过近半年的调查研究和上下沟通，最后落实要办邮电分院（指"北京邮电学院分院"，下文也称"分院""分校"——编者注）。

我先说说这个分院的情况。分院一开始办，条件非常有限。没有条件，愣找条件也要找到，我们就找到了海淀区的一个中学，叫双清路中学。它在清华大学的西南边，双清路后八家一个生产队的地方，是初级中学，条件比较差，校园也很小，就在那里办起了分校。

新生入学

　　分校办起来以后，1978年10月①开始招生，我那时还没有来。招生共招了800人，当时邮电学院给我们设置了两个专业，一个是无线电技术专业，一个是无线电通信专业。经过2~3个月的筹备，1979年2月份开始上课，上课地址就在海淀区双清路中学。我们在这个中学创办分校，坚持了四年。到1982年9月份，学生开始做毕业设计，大部分都到企业工作了，学校比较空。1983年上半年，我们从双清路中学搬到了五道口的②暂安处小学。在我们去之前，五道口暂安处小学有两个小楼，面积不是很大，有两个分校占着，一个分校是北京工业大学二分校，占了一个小楼；另一个是北京医学院的分院，当时招生500人。我们搬过去不久，1983年，他们的学生就已经都毕业了。北京市管教育的副市长找到我们分院的丁中谦书记，要他接收这两个学校，说不打算办这两个学校了，没有那么多力量。北医分院到邮电分院一共合并了30多个人，医学教师用不上，主要是管理人员、后勤人员、电教人员需要合并。他再三强调邮电分院要好好管理、统一团结、打成一片，共同完成这个事业。合并这两所学校后，名字不改，还是叫邮电分院，当时提出并入邮电分院。在五道口这个地方我们一共待了13年，这是第一次合并。

　　第二次合并是在1985年，这个以后再说。1995年我们（指"电子工程学院"——编者注）和自动化工程学院合并成一个学校。自动化工程学院前身是清华二分校，后来清华一分校也合并到自动化工程学院，它与邮电分院合成了一个学校，叫电子自动化学院。同时，也搬入了这个校区（指北四环校区——编者注）。1995年年底到1996年年初，这两个学校同时搬，刚搬来的

---

① 1978 年 11 月 15 日，北京市委召开大学分校扩大招生工作会议，就大学分校扩大招生问题做动员布置。会议最后通过了《中共北京市委教育工作部关于大学扩大招生工作会议情况的报告》。12 月 14 日北京市革命委员会印发《关于成立北京大学第一分校等 33 所高等学校分校的通知》。参见张楠、梁燕主编：《北京地区大学分校研究（1978—1985）》，北京出版社，2017 年 5 月版，第 29 页。

② 1981 年 11 月迁至海淀区五道口原暂安处小学旧址，占地面积 1000 平方米，建筑面积为 13900 平方米。参见熊家华主编：《北京联合大学志（1978—2000）》，北京，科学出版社，2006 年 7 月版，第 1598 页。

时候，只有行政楼与前面那个教学楼，我们首先进入的是本部校区的学院。第二年我就退休了。所以我的经历分这三个阶段、三个地方。

背景就简单说到这儿，现在再接着前面说。我在这里任职的情况，你可能还不是太清楚，当时我在邮电学院是处级干部，调任的党委宣传部宣传处副处长。我坚持搞业务，向组织提出到留学生办公室做留学生管理和教学工作。当时干部使用都是临时的，因为我搞教学管理时间比较长，组织派我到邮电分院。老丁（指丁中谦——编者注）跟我谈话，让我当教务处负责人。当时干部都不任命，都是负责人。有个领导小组，老丁是组长，组员们有七八个人，我还不是组员。老丁说我就是负责人，把教务处很好地管起来，好好干，以后随学校发展，会处理好各方面关系，不要想得太多。没有正式任职，更没有任何愿望。我是分校成长起来的干部，是从1985年开始作为副院长考察对象，最后在1986年正式任命，这是背景情况。①

关于我的感受，我着重谈两点：

第一个问题是方向不清楚，非常茫然。茫然什么呢？学校办起来是权宜之计，为了解决用人问题，办个一两年、招一两届学生就完了，还是要长期办学？既没有规划，也没有指示。我自己也在思考：如果继续办学，北京市办这么多大学受不了啊！当时办了36所分校，要投资，要地皮，要盖楼房等。北京经济能承受吗？我自问。可是既然办起来了，我们就要按照要求和指示好好工作、好好办学，这些先不考虑。虽然不考虑，但是这个问题始终困扰着我们：是长远打算还是临时？我们当时也是借调的，市委对这个问题也没有最后定夺，也没有考虑规划，学校到底要办到什么程度？办一所大学、两所大学还是各个分校都自成一个大学？当时心中也没底，也是走一步

---

① 1978年11月至1980年10月，市委决定，建立北京邮电学院分院六人领导小组，实行党政合一的集体领导。1980年11月至1986年7月，是教育工委决定成立院临时党委。1986年7月在全院党员大会上选举产生了第一届党委会。参见熊家华主编：《北京联合大学志(1978—2000)》，北京，科学出版社，2006年7月版，第1599页。

看一步，就是"摸着石头过河"的状态，有点迷茫。

第二个问题是条件艰苦。我们只有20个小教室，两层简易小楼，楼里面冬天没暖气，要生炉子；也没厕所，只有旱厕所；院子本身不大，但容纳了800人，空气不太好；也没有食堂，学生吃饭怎么办？最开始半年是没有食堂的，后来经过努力，联系到了清河一个像样的饭馆，还大一点，因为太小也做不了这么多饭。每天送大包子、鸡蛋汤，学生提意见。这是可以理解的，但是短期内解决不了。饭馆要正常营业、要挣钱，给学生的基本都是成本价，但是学生也没那么多钱。当时每天都吃包子，只有中午一顿，早晚都没有。我第一年没去教工食堂，就自己带饭，上课就用高教局拨钱买的闭路电视看录像。也没有操场，学生没有活动的地方，所以下课以后，学生中午就在附近的农田徘徊，没有别的地方可去，当时的生活比较困难。但是事情是一分为二的，我仔细观察，发现这个事并不大，这是什么意思呢？我们招的这届学生相当不错，90多人基本都是从农村、农场招回来的，他们经过上山下乡的锻炼，已经习惯了农村的艰苦生活，所以相对来说比较习惯，但有时候也不免会提一些意见，这不是当时学生的主要矛盾与主要问题。我们教工也没有几个人，而且都是党员干部，大家知道困难不少，但是都没在意。那时需要克服的困难很多，跟在邮电学院的条件没法比，但是还是容易克服的。尤其是我们邮电分院，同学们上学到清河下车，清河南镇到学校最近也要走30到40分钟，中间有一公里左右是没有路的，都是稻田，要过去只能走稻田之间的田埂。平常不下雨还好，一下雨就都是大泥塘。学生浩浩荡荡地骑自行车，一旦下雨，便扛着自行车，卷起裤腿，甚至有时水都快没到膝盖了。但是学生都很乐观，嘻嘻哈哈，感觉又回到农村了。他们心心念念的上大学的梦想终于实现了，都非常珍视这个机会，个个都很好学。这些学生很可爱，尽管遇到那么多困难，仍然毫无抱怨之声。他们经过几年的农村锻炼，综合素质都得到了提高，也有了艰苦奋斗的精神，这样很好。

学生参加建校劳动

　　还有一点感受就是，我们遇到的困难都是教学上的困难。正式任命我为干部以后，我明显感觉大学分校要继续办下去。学校如果有需要进的合适教师，上级都给办手续，非常支持。有的学校盖楼了，比如现在应用文理学院的楼（指应用文理学院的教学楼——编者注），那片区域最早在985年就盖起来了。另外，上级还会考察和提拔干部，当时我觉得分校就是我后半生的工作岗位了，我的事业就是做教学、办教育，明确了方向，我就好好努力。虽然困难很多，但事在人为，我们努力、奋斗了，总会有成效，所以一定要有一种积极态度，要把分校办好。

　　此外，就是尽快把我们的关系从老大学转过来，因为当时邮电学院对我们的情况也有意见，5年时间都是邮电部发工资、考虑我们的分房等福利问题。等过了半年，我们8个人的关系才一块转了过来，包括组织关系、人事关系、工资关系等。在老大学待惯了，条件好一些，工作也有意义，就容易出成绩、出成果，而且领导也很信任，斗志比较高昂。

　　访：从您前面介绍的情况看，当时北京邮电学院对邮电分院的建设是很支持的。

赵：是的，相当支持，据说别的大学都一样，为北京市办事都很积极、很热情。这一点后面我还要说，得到的支持不少。

访：从人才培养的角度讲，专业设置是一个比较重要的体现，当时邮电学院分院设置了两个专业，无线电技术和通讯专业，您觉得这两个专业设置的怎么样？

赵：这两个专业，我认为选得不错。通信代表了邮电特色，从发展趋势看，通信不仅邮电部用，整个社会也用，具有广泛性，北京市也需要这个专业。第二个专业无线电技术，是宽口径的专业，广泛适用，电子电路、电子技术等任何高新技术的基础都是它。

访：邮电学院分院在专业上有过调整吗？有没有新增什么专业？

赵：邮电分院时就两个专业[①]。我任职以后，1986年又办了一个专业——企业管理专业。经过调查研究，北京市很多企业都管理跟不上，人才缺乏，需要专业人才，现代管理制度则要贯穿到企业中去。在当时的计划经济条件下，给哪个部门、哪个系统、哪个行业培养人才是要考虑与论证的，当时我们也经过了充分的调研与论证。

访：北京邮电学院和邮电学院分院的办学面向、定位是不一样的，那邮电学院分院和北京邮电学院在这些方面的区别具体体现在哪儿呢？

赵：邮电学院的专业培养目标非常清楚，就是培养通信工程师[②]。为谁服务？主要是邮电系统各部门。通信工程师需要具备的能力有三项：第一，

---

① 1978年设无线电技术和通信专业。1980年，由于通讯事业管理体制，将通信专业改为无线电专业。1983年，设无线电技术专业、自动控制专业和计算机专业，原京工二分院并入。1985年建立工业企业管理专业，自动控制专业改为应用电子技术专业。参见熊家华主编：《北京联合大学志（1978—2000）》，北京，科学出版社，2006年7月版，第1604页。

② 无线电技术专业培养目标：培养学生掌握电路理论和技术、信息传输与处理的基本理论与方法，能从事无线电电子系统部件和设备的研究，以及微型计算机软、硬件应用于开发的工程技术人才。通信工程专业培养目标：培养学生掌握通信工程中的信息采集、传输与处理的基础理论，能对通信系统进行分析、涉及研究的工程技术人才。参见熊家华主编：《北京联合大学志（1978—2000）》，北京，科学出版社，2006年7月版，第1605页。

通信设备的安装、调试能力。这是一项必备任务，人才必须有这套本领；第二，维护设备正常运转、及时维护维修的能力。关于通信，周总理定的一分钟都不能中断。培养大学生有知识、有能力很重要，但维护更加重要，通讯中断一分钟就是事故，工程师们都会很紧张。这是一个主要责任，人才定位就是为邮电系统培养人才。当然，也可以到其他相关部门进行科研和开发，主要是技术开发，要分配到部委去。第三，到相关学校从事教学工作的能力。这就是当时的情况。

经过调查研究，北京市工厂企业五花八门，没有一个固定去向。当时我们考虑到为北京市工业、企业服务，要宽口径、广泛适应，当时很难确定维护还是到企业后承担相应的技术工作。这个定位很笼统，不像邮电学院的定位那样非常明确、好办、集中，这个问题一直存在。可是我们没有想到，许多新产业公司，都需要大量的通信专业。通信是新技术所需基础，好多研究所和分校都缺少。该领域已经拓宽，许多专业领域都跟通信密不可分，信息专业的学生都大量被用人单位吸收。

访：从这方面看，当时邮电学院分院的专业定位还是很有前瞻性的。现在还在讲宽口径，所以当年分院做这个宽口径的定位，是很超前的。

赵：这个专业目前因为我离开了就不知道，鲍泓知道。

访：这个专业现在叫通信工程专业，在信息学院①。

赵：这个通信工程是报考热门，每年招生，生源绝对不愁，第一志愿全报满还剩好多，咱们分院也是这样。

访：这说明通信工程这个专业社会需求很旺。这个专业，从1978年一直延续到现在，还是很有历史的。

赵：是的，现在主要是信息工程大名义下有一些小工程。

访：请您介绍一下，在人才培养质量方面，邮电学院分院采取了哪些措

---

① 2017年信息学院更名为智慧城市学院。

施？与邮电学院相比，在人才培养质量方面，分院有哪些特色？当时面临的最大困难是什么？又是怎样克服的？

赵：当时条件太差了，上课学生听课，下课学生就回家，晚上学生在家里，更没法学习了。咱们也没有条件，怎么答疑？要不答疑就放凉了，听课听了，最后消化没消化、吸收没吸收不知道，但是我们也看作业收不上来，收上来以后，有的老师说得严重，说一塌糊涂，就不满这个，说哪有电视上课的？等等，这是一个问题。

第二个问题是，学生的自习时间落实不了，我当时反复调查和这件事。我们的教学计划是每周24课时，按照我们计划的预定，学生要保证1：1.5，就是说，上一小时的课需要至少一个半小时的课后复习，三门主课必须保证至少1.5，这样才能完成作业、完成复习，这是中等学生，偏差的学生还得多加点时间。可是家里的状况是什么呢？我们调查的结果是，有的家里五口人就是一大间房；有的小房子非要看电视，就弄两小间，这种情况下学生能够安心复习吗？答案是不能的，可是没有这个条件，那时候的人们住房相当紧张。

我们调查的结果是，只有一半略多一点的学生的家庭条件能保证课后作业和复习，一般是知识分子家庭，起码有个两间房，人口也不是太多，一般三四口人。工人和普通群众职工家里是不行的，房子又小又挤，往往是亲戚朋友经常来。我们当时很惊讶，35%的学生晚上只能保证一个小时的学习，我们安排至少两个到三个小时，得保证，却保证不了。当时统计的口径是全体学生，就是一个小时多一点的学习时间，但到不了一个半小时，这该怎么办？这个问题不解决，学生到了期末考试该怎么办？作业完不成，存在问题，不是有质疑环节吗？学生不是不找，是没有机会找。我们安排了这个质疑，一质疑，一问三不知，这个问题怎么解决？为了保证基本教学质量，我们大学，还有其他分校，就定了一个规矩——开家长会，这是家长的工作，你得给学生创造条件。还是这个有效，开了家长会以后，有的家长说，这孩子光靠学校听课不行，还得自己学、自己完成作业。有的时候，家长就用"躲避"的办法。孩子学习的时候，家长就出门，跟别人聊天、外出，给孩子腾地方学习；有的把小一点的孩子也抱出去，不让朋友到家里来等。家长想尽办法，让学生的学习成绩有所提高。鉴于这个情况，学校安排习题课，尤其是三门主课，物理、数学、电路基础，就几乎一周一次习题课。习题课的任务很细，比如收作业、布置作业，讲典型例题等，还集中总结共同性的问题。这个方法特别有效。

我们精简到了24课时，已经不多了，有些课1：1，体育1：0，政治课1：1，小课也是1：1，三门课定的1：1.5，这样加起来算一算时间，需要花56个小时来复习，必然星期天上午的时间也要算上去，一些学生的学时数还不够。

所以从学生方面着手做家长和学生的工作，保证学时，完成应该完成的学习任务。我们要老师和同学们见面，这是面授，习题课需要面授。我们跟邮电学院谈，我跟我们（指邮电学院——编者注）系的人都很熟，我们联系教师需要多花点钱，去给讲习题课，相当于抓学生的课外学习和作业的问题，还有答疑，我们这些问题处理得还可以。多数学生能够基本保证，有的学生每天学习到夜里十一二点，有的星期天上午下午都学习，尤其是学习吃力的一些学生。根据我们的情况，分为走读和面授。走读我们算了一下，平均学生花在路上的时间，是一天1.5小时，本来时间就不够，还要在路上花那么多时间到邮电学院做实验。我们在海淀区的北边，他们在中间，骑自行车到邮电学院，也得40分钟，去做实验又得1.5到2个小时，必然消耗的时间也很多。这是一个主要的矛盾。我们有时会跟老师说能不能减少实验次数、连起来上课，一下午干脆做两个实验，尽量安排符合学生走读和在家里住的特点，这个问题在前两年困扰我们比较多。

搬到五道口以后，学生这个问题就不是太严重了，回家路上也快了，公交车也方便一些了，公交车也多，也有骑自行车的路了，几方面看都有很大改进。两年后改成全部面授，不要闭路电视。邮电学院很支持，没有大教室，只能小班上课。我们20个班原来有两个教师，只负责讲课、看电视，现在变成了20个教师，但是教师乐意。挣的课时费多一点，另外"文化大革命"都没有怎么好好讲课，都生疏了，都是中青年，年龄在35岁到40岁的这些老师，他们想锻炼自己，就要多讲课。所以一旦改成面授，这些问题就都解决了，学生的好多问题，在课前、课后就跟老师沟通、交流，这大大提高了人才培养质量。

访：在实践教学方面，邮电学院分院是怎么做的呢？

赵：后面要谈。实践教学我先从邮电学院谈起，邮电学院的目标是培养通信工程师，负责设备安装、调试还有最后的维护。我们要通过实践环节，完成学生工程师的基本训练，天津大学就是这样，我不知道学校（指北京联合大学——编者注）后来怎么样，首先通信专业就跟其他专业不一样，一进大学必须有四周精工实习，你们那里有吗？车洗、刨薄、翻砂，每一个工种大概是两天到三天，都得体验一下，都得会掌握，会开车床、铣床，这是机检工的基本能力。过去我们上大学的电工都集中在一个焊接，焊的得圆、得牢固。如果承担军工产品，如果焊的是虚焊、脱焊，设备就不能用。绕置、变压器以及各种线圈，电子专业必须要经过两周时间才能学会。这是第二个环节。

第三个环节围绕电路基础，那时叫电工基础，后来叫电路基础，这个是一个基本的大课，我们要参观几个项目，一个是元器件的展览参观，包括电阻电容，那时是电子管，后来是晶体管，各种晶体管型号怎么识别，功能怎么区分，都要参观和实际讲解。电缆、同轴电缆、光纤电缆、光纤等各种电缆，都得了解。仪器仪表有个测量课，是个小课，大概有二三十学时，四大件仪器都要会，我们还有拆装课，现成拆装，它的功能得测量，有一个测量课。还有电工课，外面的电线很多，领着学生用两个半天识别，高压线、低压线、变压器，供电，低压供电、高压供电，还有电话线，各种线得区分开，这是专业基础知识，需要学生掌握。

还有两个，我们当时叫课前实习，后来叫大专业，叫数字电路、模拟电路；再就是毕业设计，邮电学院后来时间太紧张，就改成了12周，也就是说必须保证12周。我们分院一直坚持15周，因我们学习程度差一些，用了15周多一些，我们基本沿袭了邮电学院的实践环节。因为最难是800人，要做毕业设计，同时要做一个实验，应该怎么办？还有地点的问题怎么处理？但是我们都坚持下来了，第一节很费劲，但完成得不错。邮电学院当时承担不了精工实习，就到钢院去实习。钢院搞机械的，教师都来自于清华和天大，跟邮电不一样，邮电大多来自四川大学电机系和天津大学无线电系。这就是我们这个环节。

两个课的实验课程设计我们都保留了。当时学生有的做门铃，有的做脉冲电路等，效果都不错。毕业设计15周，当时分院的老师，只有一两个老师勉强能带毕业设计，此外都是从外面调来的，我们自己忙得顾不上弄。鲍泓的答辩我是亲自参加的，一共有十几个人参加。大家给鲍泓提了五个问题，他四个问题都对答如流，我们都相当满意，有一个问题有一点含糊，但是也没答错，当时不是合计评分吗？答辩小组有五个人，我是其中一个，绝对5分，绝对优秀。鲍泓的指导老师总工程师怎么说呢？他说看不出来分校的学生和邮电学院的学生有什么区别，这是一个很不错的评价，鲍泓那时候学习成绩就不错。

我们当时要求毕业设计的15周时间不能有折扣，指导教师去了一些工厂，比如邮电部的一些工厂，还有广播器材厂、无线电设备厂等，但是主要是科学院，电子所、声学所、电工所、高能物理所、空间研究所，一共十几个。我们跟那些单位做工作，谈到市委非常重视，需要他们支持大学分校。我们没有条件自己老师过去带，向每个所送一二十个学生。分院内部留校二三十个，具体数量我记不大清了。工厂大概去了300多人，研究院去了200多人，邮电学院是40多人。指导教师必须是工程师以上，最好是副教授、副高，同时要求做毕业设计的两人题目不能重复。

还有一个就是，尽可能要有实验，不能光纸上谈兵，一定要有答辩。我们当时定的是评分20%优秀，这个环节完成得很好，是怎么保证的呢？我尽我所能，请我们邮电学院分院的两个老师，也从邮电学院同班同学中请了三位。有一个邮电学院的同学干脆调到我们分院了，调到邮电学院分院后，担任科研处处长，现在刚退休。毕业设计带来了许多好的成果。我们总结这一届学生的成功经验有三条：第一条就是必须坚持实践环节，搞好实践环节，完成实践。

第二条是加强师资队伍建设。邮电学院只管第一届学生的教师，要说本校支援确实足够关心，提供教材和教师，也提供教学的课程实验。第一年，教学用的各种报表，成绩表、学籍表、分数统计表，随时去取。老大学对分校建设确实给予了大力和无私的支持！如果老大学不管了，咱们师资怎么办？必须立即加强师资队伍的建设，没有师资办学是空的。保证教学质量的关键是教师。后来正好第一届毕业，从800人里选优等生，品德好的由班主任推荐上来再选拔。经过两层筛选，最后定了40个人留校。当时立即给他们组织培训，要求他们三至五年内尽快把课程拿下来，90%的课自己教，后来也确实实现了。有一系列规定，第一年继续当学生，继续听课和做作业，要多做一些课题和作业。担任的工作就是帮助学生答疑、改习题、指导实验，先把基本功打好。再让老教师指导，邮电学院去了几个能力强的老师，一个人给七八个留校老师具体指导。第二年我们就开始考虑留校的学生讲课，争取能跟着主讲老师，讲一章或两章，第二年就开始了。到了第五年，大部分教师都开始进入教学岗位了，有的讲少一点，有的讲多一点。第一届学生毕业以后，社会上的影响很大，要人单位很热情，真令我们意想不到，原来不管是通信还是无线电，都在考虑怎么分出去，担心了好久。

访：邮电学院分院的毕业生在当时受到这么大的欢迎，最主要是哪些方面呢？

赵： 一定要让学生全面发展，这几届学生为什么受社会欢迎呢？就是他们具有艰苦奋斗精神，不讲条件，不怕艰苦，有积极性和实干精神。所以，我们的学生干得都很好。前三届的学生都不错。通信专业真正到企业的人不多，出国的不少。有一次，我去怀柔一个读书班，去了四天，正好语言大学的一个党委副书记也去了，我们互相都不认识，随便聊起来，还互相照相。后来他得知我是联大的，不禁感叹相见恨晚。他说他很感谢我们，女儿在我们的学校受到的教育非常好，能力很强，现在在美国也相当不错。教的东西都用上了，现在挣钱也比较多，他们很高兴。后来他们每天都要找我聊聊天，他还提到一个教授的孩子也不错。还说："不要看五道口的学校破，教师真的好。"我说："那都是我们邮电学院分院同学的骄傲。"这就是当时社会对我们学生的普遍评价。

访： 关于师资队伍建设方面，除了优秀毕业生留校之外，还有其他做法吗？

赵： 这就涉及到师资队伍建设的第二步了。前三届学生毕业后，突然有了一个形势的变化，找我的人开始变多，清华、北大、科技大学、理工大学的学生都有，要求调入邮电分院的都是40岁左右或者到50岁左右的人。这个时候我跟老朱（指朱平洋——编者注）就赶快研究，那时候党委或者叫临时党委，我也在其中，准备进行临时党委研究，我就正式报告。我说咱们是不是应该抓住这个机会？现在有这个苗头，像清华的两个里面，其中一个就是骨干，他又讲课，又搞研究室，搞得不错，到我们这很快就能评上教授了。我们都同意，党委都同意。我一个一个地审核材料，审核完了报他们批。不到三年时间，在1985年、1986年、1987年这三年，我们从学院路周围的大学进了30多位骨干教师，不行的就直接谢绝。这批教师很厉害，都是相当有水平的教师。我们的中间骨干力量是年轻人培养起来的，其中有些教师后来就成为了带头人，之后又引进了一些。高教局很支持，我们看好了就都给办手续。我们当时总结经验，师资队伍建设就要培养新的，引进中老年优秀的，我们自己也要送出去培养，只是可惜经费紧缺。我们往清华送访问学者，半年时间我们就送了两位教师。理工大学送的教师叫曾庆雷，他原来是一个中学老师，需要深造。他很爱学习，一拿到招生简章，就看招在职的访问学者，理工大学的，搞什么？搞数模，即数学模型设计，现在很需要这个分支，因为任何实际工程上的点都可以转化为数学模型。他到理工大学进修了半年，这半年大概花了七八百块钱。但不白花，回来以后他跟我谈，感觉不错、很有收获，应该好好弄一弄，有助于教育发展。我说你打算怎么弄？他说我要立项，要自己进行研究，需要购买图书，我应允了，不过需要报价，后来他开了这个选修课。到了1987年、1988年这两年，北京市组织了数学模型设计比赛，我们学校连连获奖，一等奖、二等奖、三等奖还有三四个，非常有影响力，获奖多的是老大学，邮电学院获得了一两个奖。邮电学院的党委书记也是我们同学，我们就聊起来了，我跟他说说我们正好培养了一个这方面的教师，就是办进修的。

访：您说的就是数学建模比赛？

赵：是的，是建模比赛。曾庆雷评上教授了。我们去顺义秋游，他说赵院长多亏你栽培我。我说这怎么叫栽培？教师不培养，那学校就失职了，知识不更新也不行。他说太感谢你了，教授是个硬指标。所以我们还是需要抓抓这几点，即实践环节以及教师的培养。

第三条，我们的总结是：加强管理，严格执行制度。从那以后我们采取措施，我带队，教务处需要早起提前半小时把门，因为学生一度反映迟到的太多，有的班半小时都安静不下来，就上不了课。我们连着坚持了一个学期，才终于改变了习惯。只要上课铃一响，大门一关，小门来一个、登记一个，以后我们公布，一次两次是公布，三次就给处分。需要我们自己亲自去查，你不查不行，不盯着不行。这是管理上的措施。第二个管理措施是针对提前下课的。那时食堂比较狭小，但有的老师下课早，早20到分钟的都有，学生就早早去排队。我们就提前去查，站在教室的楼道门口等着，哪个老师早下课，就通报。老师比较自觉，一看通报了，就好了。

第三个管理措施是升留级制度，坚持按规定办，1988年还是1987年，留级了40多人，真是不弄不行了。我得罪人不少，比如邮电学院一位老师的儿子。那个老师跟我一个教研室，他还是教研室副主任，孩子学习基础还可以，就是谈恋爱，作业不好好做，有四门不及格，他就找我说情。我说："咱们都搞教育这么多年了，你当真是爱你的儿子你还是不爱他？你要爱他你就让他留一级，他要接受个教训，重新学习了以后牢固一点，以后到了工作岗位不更主动吗？"我就使劲工作，他也没有再反驳我。还有邮电学院有线系的一个骨干教师，他的儿子也是这样的情况，四门不及格，就只能留级，我们分校很艰难，你得支持我们。办学很不容易，如果我们没有严格的制度，培养的学生学习一塌糊涂，你们邮电学院的同事包括领导都会埋怨我们，希望你们支持我们一下。我说小孩也不大，23岁，叫他留一级吧，留一级可能就好了。为什么这样坚持？我如果不坚持，大家都要走后门说情，那些教务处的老师都得接触这些事，怎么办？愣是硬顶，严格管理和执行制度，不管是谁找谁说情，都一样对待。

访：有自己的师资，学生学习热情高，再加上严格管理，人才培养质量就能得到很好的保证。

赵：对，所以最后学生质量还真是不错。经过我的统计，毕业设计成绩优秀的是26%多了一点，我们原来说控制在20%，后来一看都是不错的，那就算了。良的49%，剩下的都是合格，大概是23%还是24%，成绩都不错。

访：可以说，北京邮电学院分院在人才培养质量方面做了很多探索，也形成了自己的特色，并且现在看来，很多传统也传承下来了，包括加强实践环节、注重毕业设计，这些做法对现在人才培养还是很有借鉴意义的。

赵：邮电学院来自天大，天大这方面就很强，这是个传统。

访：办学也需要成本、需要花钱，那么在邮电分院期间，财政后勤对教育教学保障方面是一个什么样的情况？

赵：首先我们大家都理解没钱的难处，我们也自觉，能不要的就不要，但是必须要的一般都能解决。比如当初我们科学院那批废旧仪器拿来之前，原来中学剩下的一些仍然可以用，然后再买点配齐，自己建实验室，这也花了一些钱，就是这样配齐物理实验的。当时我们建了一个机房，就算是最便宜的长城286也得弄，让学生至少能进机房，1984年建的也花钱了。也不能为难分管后勤的院长，他也在想办法。但是有些东西我们就不敢奢望了，眼看我们的老师、学生做出成绩来，你真想奖励他，花不了多少钱，算了，尽量能省就省，就口头表扬。包括曾庆雷那么大的贡献和成绩，也只是口头表扬。

访：在北京邮电分院期间，有没有您印象比较深的、对邮电分院的发展包括未来人才培养起决定性作用的事件呢？

赵：大的有。第一个是体育，我们当时招了800人，人才真的不少。我们为了体育活动，组建了体育队、校队，男排、女排、男篮、女篮都经常活动，德智体全面发展。后来想不到男排打的成绩很不错，尤其是几个二传手，但后来被分到了电台。我们的党委书记看出苗头来了，他说咱们分校也要办出特色，不仅是智力方面，体育方面也应该办出特色来，而且我们有基础。他就亲自抓体育，把邮电学院的一个很有经验和水平的退休体育副教授，返聘请来专门抓运动队，给了运动队一个优惠，我们学校的简易房修整出来以后，就让20多名运动员住校。我们向北京市申报体育特长生，北大、清华、科大都打不过我们的男排和女篮，尤其男排，是北京市高校的冠军。男排、女篮最有水平，女排都打败过北大、清华的校队。当时在高校界比较出名，当时的影响特别大。[1]

女子排球队比赛夺冠

第二个就是毕业设计环节。我参加过几个座谈会，当时主要是评价，都带有鼓励性，说你们学校办得不错，也难为你了，你们那么艰苦的条件，不容易，办得不错，学生培养得挺好，在社会上有一定的影响。看到我们的毕业设计办学比较规范，实实在在地抓，效果不错。

第三个就是教师。比如曾庆雷不错，我是从老大学那听来的，老大学参加的人也没得到奖，只有这个得奖，不错！还有一个教师是王毓银，后来他也被评上教授了，当时根据他的讲稿整理出版了一本叫做《脉冲数字电路》的教材。邮电学院引用过王毓银的这本书，注明的就是高校使用教材，清华

---

① 自1983年起，每年定期组织全院课间操和健美操的班级比赛。自1980年起，每年有组织地进行一年一度的篮球和排球班级男女联赛；组织冬季长跑比赛。学院重视师生的群体活动，受到北京市高教局的表扬，1984年第12期《高教战线》上发表学院撰写的《积极创造条件，做好体育工作》的文章。同时还在市高校体育卫生工作会议上，以"坚持把体育工作放在应有的地位"为题，做了专题的介绍。《北京联合大学志（1978—2000）》.参见熊家华主编：《北京联合大学志（1978—2000）》，北京，科学出版社，2006年7月版，第1622页。

大学有一两个系也用过这个教材，教材重印了好几遍。这本书不错，在高教领域有很大影响。还有一个是张新振教授，他是讲通信系统原理的，这是一个通信主课。这个书出版了以后也有一定的影响，尤其是通信界。还有赵长奎，他已经去世了，是系主任，写了一本《移动通信》，当教材写，后来也公开出版了，也不错，还有一些就不太重要了。教师能出版一些书，当时人们就眼抬起来看分校了！大家都对分校的看法发生了改变。那天，邮电学院的党委副书记夸我们的教师水平非常不错，关键是课讲得都挺好，学生都很满意，直到现在学生回来以后，还很可惜离开了母校。教师也有一些成果，当时王玉莹指导毕业设计的时候，有一个课题就是关于火灾烟雾报警器的，是带着邮电学院的学生做的。做完之后，从日本进口了一种充气小管，用这个管加了其它设备，设计一个电路，最后有一点烟雾它就有反应，最后研究出来只是灯亮不行，要有声报，火光也报，有火光、有烟雾，声音就出来了。当时这个成果要转让，要的人太多了。北京市房山区盯着我们要这个成果，还有河北省，浙江的一个企业也要拿这个成果。当时我也有点私心，跟王玉莹说："你不是照顾我家乡吗？我家乡县委书记他们搞了一个联谊会，组织北京、天津工作的一些人，让他们给家乡的开发想办法。"不是发展经济吗？当时我说我有一个成果，如果乐意，咱们武装一个现代化的企业、工厂。这样他们就动了心了，但是我们没有钱，现在县里穷。我说你看吧，你要没钱，等着要的人很多。我和新院长两个人一起飞到浙江，看看他们到底怎么样，如果他们条件很好，也可以考虑给他们。后来王玉莹不打算卖这个东西，想要跟他们合办。我们是管理股份、成果股份，20%的股份都办起来了。他们出厂房出资金，咱们出人力，我们去了五六个教师，这都在锻炼教师，从建立流水线、培养工人搞起，搞了三个月就建起来。他们招工人，建了个100多人的工厂，大概120至130个人，第一个产品需要尽快出，社会需要稳压电源，搞一个稳压电源，这很简单，稍微拿点成型的东西，进行电路改进，就生产出来了。当年就见效益，销售情况不错。

第二个产品是我们的火烟报警器，当时一两千，销售也可以，可惜后来我一看不好办了，就很难当，县里认为我站在学院的立场，老是为学院考虑，也不满意。王毓银是无线电系系主任，他系里老师说我老为县里考虑，我两边很为难，这好事看来不能做。我就跟党委书记说我不做了退出，叫系里直接和工厂联系，把我保护一下。我说我什么也不说了，我这院长怎么当？副院长怎么当？党委书记说同意，一听这局面，他说我们也听到了，都怀疑你了，我成了怀疑对象了。后来他们自己弄。可是后来我们一退休，没有人扶持他们，县里还是水平太差，没有能管理这个厂子的人，没有这方面技术知识的人，就算给他们培养两个人也不顶用。咱们四年给他们培养了两个人，有一个现在还在那厂当副厂长呢，改革以后，经济上也困难，就把厂卖了，可惜卖了以后不到两年，就被北大青鸟买了，买了以后工人工资也上去了，现在发展到一个600多人的大企业了，县里现在是纳税大户，成果出来对社会都有影响。后来向我们要产品的人不少，影响也比较大。尤其是房山区副区长，有时候在党校开会，他问我为什么不把技术给他们，我说我们县里最贫困了，扶持扶持他们。这些东西是教师的成果，人家怀疑你就怀疑你，恰恰是教师的成果、著作社会很看重的，所以影响就比较大一些。这个是我们发展中的一件大事。

访：邮电分院成立以来，无论社会对学校的评价，还是在社会上产生的影响，还有教师个人的水平，都非常出色，影响力很大，学生的评价在智育、体育等方面开展得很有成效的，在30多所大学分校之中，邮电分院办得很有特色，也为大学分校赢得了声誉。

赵：这个事情锻炼了系里的教师，他们的实践能力强了，要办一个工厂是没有问题的。

访：您还有什么补充吗？

赵：我想起来的都说了，邮电学院对北京市、对分校的支持和帮助不小，都不要忘记，真是不小。尤其学这两个专业的时候，我们也不太理解为什么要弄通信，可是其他的专业就更不行了，要不然就没有专业了。刚才我举那些例子咱们都弄不了，也没有市场，也没有用人单位要求要这个人。现在他们的通信、计算机通信、光通信、网络通信都很发达，卫星通信、移动通信也有很多。现在有了二三十个专业，也办了一些文科专业，但没有教师和人才，它的强项还是通信。

访：赵老师，谢谢您！

赵：别客气，都是咱们自家的事。

【访谈手记】北京邮电学院分院是1978年创办的36所大学分校之一。北京邮电学院分院的"今生"就是现在北京联合大学的智慧城市学院。1982年12月、1983年9月，北京工业学院第二分院、北京医学院分院先后并入北京邮电学院分院。①1985年1月，北京市委、市政府决定，在北京原有12所大学分校基础上建立北京联合大学，1985年3月北京邮电学院分院更名为北京联合大学电子工程学院，1994年9月与自动化工程学院合并为北京联合大学电子自动化工程学院。②1998年1月与建材轻工学院合并成立信息学院。③2017年，信息学院更名为智慧城市学院。本访谈内容涉及邮电分院创建的历史背景、"老

---

① 参见熊家华主编：《北京联合大学志（1978—2000）》，北京，科学出版社，2006年7月版，第1598页。

② 参见熊家华主编：《北京联合大学志（1978—2000）》，北京，科学出版社，2006年7月版，第1598页。

③ 参见熊家华主编：《北京联合大学志（1978—2000）》，北京，科学出版社，2006年7月版，第630页。

大学"①与分院的关系、师资情况、专业设置、教学以及实践教学、教风学风、办学特色以及外部评价等内容。对照相关文献，我们对口述的有关内容做了考据，将文献考据与口述实践有机结合。

分校的创办是在特定的历史背景下②，参与分校初期建设的前辈必然有一段艰苦卓绝的经历，必然有一种刻骨铭心的记忆，这也是我们访谈赵老先生的切入点。访谈中，赵老先生精神矍铄、声音洪亮、思路清晰、讲述简练，给我们留下极深的印象。

---

① 本访谈所谈到的北京地区大学分校，指 1978 年冬季，北京市依托北京大学、清华大学、中国人民大学、北京师范大学等 25 所高校，所建立的 36 所大学分校。老大学是对所依托大学的一种惯用的叫法。1978 年冬季，北京市依靠大学的教学力量和办学经验，加上地方筹措的财力和物力，办起了 36 所走读制的大学分校，分设文、理、工、农、医、师、财经、政法各类专业，当年招生 1.6 万多人。1979 年秋季和 1980 年秋季，又相继招生 2000 多人。参见陈大白主编：《北京高等教育文献资料选编 1977—1992》，首都师范大学出版社，2008 年 1 月版，第 208 页。

② 北京地区创办了 36 所大学分校，创办分校这一重要决策有其特定的政治、文化和社会背景。政治背景：拨乱反正。1977 年 7 月，邓小平刚刚恢复了中共中央副主席、国务院第一副总理等职务，便提出亲自抓科技和教育领域的"拨乱反正"，把教育和科研作为"拨乱反正"的突破口，核心问题就是推翻"两个估计"。人才背景：人才匮乏。经过十年"文革"，北京市现有专门人才的数量和高等教育事业的现代化，与"四化"建设的需要很不适应。教育背景：恢复高考。1966 年，"文革"爆发，高考被打成修正主义，"智育第一、分数挂帅"遭到废除，高等学校停止招生达六年之久。12 月 10 日，中国蓄聚 10 年之久的 570 万考生走进考场，从而成为有史以来人类历史上规模空前的一次高考，被誉为"向四个现代化进军的盛举"。北京状况：供需失衡。1966 年至 1969 年，北京高校连续四年停止招生。1970 年起，开始招收工农兵学员，但规模和人才培养的质量远低于"文化大革命"以前。如果以 1965 北京高校招生名额和当时正常年增长率来粗略估算，十年"文化大革命"中，北京高等学校至少招生 38 万多人。参见张楠、梁燕主编：北京地区大学分校研究（1978—1985），北京出版社，2017 年 5 月版，第 9 页～16 页。

我深爱的袖珍大学

访谈时间：2014年10月9日上午

访谈地点：北四环校区办公楼三楼会议室

被访谈者：王惠连

访 谈 者：宋秦（北京联合大学档案校史馆副馆长）

　　　　　张宇（北京联合大学档案校史馆工作人员）

文字整理：宋秦

　　王惠连，女，1942年7月出生，河北省昌黎县人，研究员。1966年清华大学工程化学系毕业后分配到青海光明化工厂。1981年1月调入北京化工学院分院任物理化学教师，1983年起担任教研组长，1985年先后任二系主任、院长助理，1985年12月由北京化学工业总公司任命为副院长主管教学科研工作。1993年后的5年，主持学院行政工作。1999年1月领导班子重新分工后，主管图书馆、学术委员会及高等教育研究室工作。2002年退休。

王惠连（中）与访谈者

宋秦、张宇（以下简称"访"）：1978年，北京地区成立了36所大学分校，北京化工学院分院是其中的一所，您是如何来到大学分校工作的呢？

王惠连（以下简称"王"）：到分校工作之前，我在青海光明化工厂工作，专业也对口，但是孩子不适应青海地区的生活，去了生病，而且老人也年纪大了，就希望调回北京。后来听说北京建大学分校，需要教师，据说有进京户口的指标，我毕业的学校和专业都满足条件，这是一个很好的机会。那时候是北京市高教局（下文"高教局"均指"北京市高教局"——编者注）人事处负责这事，我就去问了问他们。他们同意接收我，还发了调令给青海那边。因为我是学化学的，就调入了北京化工学院分院[①]。我当时拿的是高教局的调令，但是我回北京报到转关系的时候，就转到了北京化工局（下文"化工局"均指"北京市化工局"——编者注）。

我是在1980年的12月的大约28日到化工学院一分院报到的，1981年1月就开始工作了。到这来以后分配我教物理化学，我也不了解分校具体的师资情况，

① 此处应为北京化工学院第一分院，该院于1983年更名为北京化工学院分院，1985年北京联合大学组建后，并入更名为北京联合大学化学工程学院（访谈中称化工学院）。参见熊家华主编：《北京联合大学志（1978—2000）》，第963～964页。2002年更名为北京联合大学生物化学工程学院（访谈中称生化学院）。

我以为肯定有一个很雄厚的教研组，后来才知道只有我一个教物理化学课的教师。当时师资很紧张，教师有的在外地，有的来自北京的化工企业，有原来北京化工学校留下来的教师，还有一些是北京化工学院（1994年2月更名为北京化工大学——编者注）的兼职教师。但是化工学院分院和别的学校的不同之处在于：其他老大学都有教师调入分校，比如清华分校就有大批清华的教师；但是化工学院的教师都是分校兼职没有调入，因为分院学校太小太破了。

访：当时大学分校的办学条件都很艰苦，您作为一位年轻的普通教师是什么样的感受呢？

王：在咱们36所分校里，化工学院分院可能是条件最差的。铁道电气化学院算比较小的，但是至少有一个中学的校舍，我们学校是原来国光制药厂的一个制剂车间。要是800多学生同时全都站在院里绝对搁不下，院太小了。除了一座有近10个教室和少量行政办公室的师生自盖的2层小楼外，还有制剂车间改造的像地道一样曲曲弯弯的图书馆，有乒乓球室、化学实验室，还有冬冷夏热的简易木板房的合班教室和拥挤的教师办公室了。我刚到的时候根本就不知道这个学校会是这样，因为我看到后面有一座灰色的楼，就以为是教学楼，结果是地安门百货商场。这个学校非常小，总共占地3亩8分。学生说什么呢？"背对着学校校门向什刹海看比北大的未名湖还不差呢，因为什刹海的荷花池非常漂亮。但是看校园还不如我们小学大呢。"朱开轩[①]主任到我们那去视察，说："你们这真叫袖珍大学，麻雀虽小，五脏俱全。"从国家大型企业到这样一所小学院，落差很大。但是，学院解决了我的进京户口，我还是安下心来，打算在这好好干。后来知道只有我一人承担比较难教的物化课，也没有怨言。

我刚来时教师大概六十几人，后来才又陆续来了些，企业来的居多，像

---

① 朱开轩，时任国家教育委员会党组副书记、副主任。

天津化工厂，还有陕西以及内地的其他工厂等，还有老中专毕业的教师，也有些从成都科技大学（当时叫成都工学院）、河北工学院、唐山工学院等这样的老大学来的教师，但是北京化工学院一个人都没调进来。1987年我主管教学工作以后，学校在编教师总共72人。

化工局几届领导对这所学校非常重视。刚开始无论拨款还是人员调配，都比较充足。我们这些教师里名牌大学毕业的很多，比如北大、清华、中国科技大学、师大、天津大学、北京工大等，教主要课程的教师几乎都是这类大学毕业的，建院时的教师为学院的保留、发展立了汗马功劳。

访：当时教学运行和教学管理情况是怎样的？

王：刚开始教学的一整套东西都是照搬老大学北京化工学院的。专业也整个搬过来，我们有分析化学专业、高分子化学专业、高分子合成专业、化工机械专业、化工防腐专业、化学工程专业共14个班，都是北京化工学院的模式。最开始基础课是电视上课、电化教学，后来专业基础课、专业课的教师绝大部分都从北京化工学院来，我们的教师就是辅导，还要有一个进修学习的机会。我在学院批准后到的化工学院，旁听了3位教师的课，不需要交费。在师范大学、清华大学各听了1位教师，在北京大学听了2位教师的课，每位教师每门课需要交30元听课费。

当时对教师的管理比较严格，教师到校外兼课需要学院批准。可不像现在你到哪教书都可以。教师在外面兼课有些要教务处指派，有些要报教务处批准，学校同意，你才能出去讲课，外面给的课时费，要有一部分交给学校教务处。

由于化工局和北京化工学院有官方不算书面的协议，北京化工学院的教师到分校教课，就等于排他们学校自己的教学任务，需要计算工作量，由哪些教师来教课，官方都知道。那些老师不错，都是北京化工学院的骨干教师，现在也都退休了，他们还为我们带出了一批年轻老师，像我院留校的科研处处长马榴强教授，他本科就是北京化工学院这些教师的学生，留校后又跟着一块搞科研、搞项目，考硕士、博士，这样就锻炼出来了。

当时的教学管理很先进，是扁平化管理，因为人少，教务处直接领导各教研组。当时教研组也分得非常粗略，化工机械教研组里有教化工设备的、机械原理的、机械零件的、制图的、画法几何的教师等，甚至电工老师刚开始也都在这个组。后来人多才又分出电工学的教研组，原来数学物理都在一个教研组，像化学教研组，有机化学、无机化学、分析化学、物理化学、高分子化学等教师都在一起，直到1985年才成立了化学工程系、高分子系、化工机械与管理系，还有基础课部。

分院教务处的负责人是北京化工学院派来兼职的处长，我们当时不叫处长，而是负责人，也给他任命正处级了，但是他的人事关系、工资都还在北京化工学院。学院还配备了一个副职，他是河北工学院的一个教师，在高校工作过，负责学院具体的教学实施，比如排教室、排课，所有考试、毕业环节、实验课，都由北京化工学院安排，但是认识实习、生产实习、毕业实习由我们的教师负责管理与指导。当时的实习大多都由北京化工学院的教师，联系全国各地著名的化工企业实习。第一届毕业生的毕业设计大多都由化工学院教师指导，只有极少数由分院教师指导。北京化工学院负责学生的毕业资格审定、学位授予。

访： 后来化工学院分院在专业设置、教材、课程上有一些什么改革吗？

王： 我们的办学目的就是，满足当时北京社会急需化工人才的要求，可能跟老大学还有区别。因为他们培养的人才面向全国，而我们学院就是为了满足北京地区对化工人才的需求，所以从专业调整、培养目标变化、课程设置，到教学计划编制，都尽量摆脱北京化工学院的模式。北京联合大学和高教局在专业设置上也充分考虑了化工专业的特殊性。联合大学几所学院都有机械制造专业，似乎我院的化工机械专业没有必要保留，但当我院强调化工机械非标的设备特别多，对应人才难以用普通机械人才来代替时，联合大学、高教局就为我们保留了化工机械专业。

1983年我们学校曾险遭关停。化学工业污染严重，当时北京市决定不再发展化学工业了，因此也就不需要保留化工分院了，所需少量人才由北京化工学院培养就行。化工局当时是仅次于首钢的利税上交大户，重要的化工企业依旧在运行。"文革"结束后北京各化工厂的技术人才紧缺，北京化工学院的毕业生人数有限，全国分配，剩下的毕业生才分配给北京化工局，没有剩余的就不分配。另外，该院分配到化工局的学生，在解决了北京户口以后，绝大部分会跳槽。北京的化工企业留不住这些毕业生。化学工业的特点，大家都觉得是易燃易爆、有毒有味，它的技术含量确实比较高，一旦发生事故，就会造成很大的损失。所以，化工企业对人员的训练非常严格，学徒工、中等专业学校或大学的毕业生，到单位以后都有传统严格的实习培训。70年代吉化公司[①]，在工业学大庆的时候是个典型，为什么？就是因为化工企业有规范的工艺流程、一套严格的管理制度，化工局下决心保留化工分院培养人才，要求学院必须瞄准北京化工的发展需要，调整专业培养目标、设置与其匹配的课程体系、教学计划。这种企业特点也体现在我们办学的过程中，促进了学院的教学改革和发展。

1985年联大成立以后，因为专业培养方案调整，我们培养化工企业生产一线的工程技术人员，与北京化工学院培养人才的目标、规格不同，因此必须在培养目标、课程体系调整和课程内容方面改革。发动教师首先把课程内容和我们的培养目标对应起来，在内容上精简和取舍。比如"化工原理"课在老大学都是开两个到三个学期的课程，课程内容讲得很深，有很多推导理论内容，教师们觉得不需要这么多理论，懂原理、会分析、能操作、能简单设计就够用。再比如，一些基础课程不能只顾及本身的体系，而应与专业对应。这个我们做得比较早，像数学和物理这种课，老师都愿意按系统讲，学

___

① 中国石油吉林石化公司前身是吉林化学工业公司（简称：吉化），是国家"一五"期间兴建的以"三大化"为标志的全国第一个大型化学工业基地。1954年开工建设，1957年建成投产。

时又多又难，学生考试经常不及格。基础课教师和专业教师坐在一起研究探索，能不能针对几个专业的性质对基础课进行分析，不同专业有不同的要求，各专业既能保持基础课的系统，又能选择不同的重点、内容，哪些深、哪些浅，哪些基础课必须沿袭，达成一致给学生上课，学生的不及格率就下降了，对专业的针对性也就提高了。1986、1987年联大数学物理课程统考中，我院名列前茅。

联大成立以后，在1988年和1989年，我们编了《精细化工》这本教材。我们学校有位老先生，他德文、日文都特别好。德国化学工业很发达，他收集的东西新鲜又少见，内容广博、新颖。这本书由化学工业出版社出版，不仅我们学校用，全国好多学校、单位都在用，多次再版。我们的老教授带着大家一起编的教材一向都特别好，一直到现在。尽管现在我们的专业不办了，据说还有人在用这本教材呢。

访：咱们在教学上还有什么好的做法吗？

王：一个是质疑和答疑。按照教育部的教学大纲来讲，分院的课程体系和教材都是学北京化工学院的。我觉得分院最大的长处尽管是走读，老师的答疑和质疑也是有绝对保证的。答疑是学生来问教师，如果学生不问教师，教师就质疑学生。每天每位教师都有安排，至少对两三名学生质疑，教务处抽查。这是一个非常有效的措施。

还有文献检索课。当时的信息、资料怎么检索？不像现在上网就能查，都要到图书馆检索，这个课学生特别欢迎，在随后毕业设计甚至工作都受益。我们学校的文献检索课在分校里可能是开得最早、最好的。当时北京有化工部的化工情报所，我们学生经常去那里检索、学习、研究，有的学生毕业后就自己创业去了。20世纪80年代毕业就自己干，那还真是挺不容易，1988、1989年毕业的好多学生都自己创业。因为学化工专业，自己鼓捣点小配方、买点小机器就能生产。

再有学生实习。我们学校抓实习抓得比较早，1983年北京日报就登过一篇有关化工学院分院学生实习的报道。我们一直坚持做认识实习、生产实习和毕业实习，要打分，有实习教师跟着下去，不像现在你自己找单位拿个说明就行了，因为如果不带领学生下去，真破坏生产就难说；你自己出人身事故也不行，所以教师也跟着学生一起三班倒班，实习分数都纳入学生的综合成绩里。

访：您前面提到，当时从企业来一些人做教师，这些教师没有足够的教学经验，那学校的师资队伍是如何建设的？

王：分院成立初期，我们的经费除了一部分财政拨款，化工局还有。化工局属于政府机构，有一笔教育经费，都拨给我们和一个中专学校，所以当时不缺经费。化工局有政策，教师需要去进修学习可以去学，有经费支持。当然去外地的很少，就在北京市这些学校进修。我刚到分院的时候，因为要承担物理化学课，就可以到全市各个名牌大学去学习，还可以听多位老师的课。要收30块钱的听课费，那就交，办一个听课证，名正言顺听课。只要有学校开这些课，分院教师就都可以去听，有时间，也有经费，这一点很不错。

但自1987年化工局改制成化工集团后，这项专门的教育经费就没有了，拨给我们的经费就很少了。同时，因为我们1983年就转成了化工局自己办了，财政局给我们的拨款比给其他大学分校的要少。还有就是因为北京市的精神是停办我们学校，高教局那个时候也不会给支持，你垮了就垮了，教师能分配的分配，不能分配的就自谋职业，所以我们就非常困难。比如有一年我问纺织学院①的人，财政局给他们多少，他们说150万，而我们只能拿到五六十万，是人家的三分之一，这之后教师的学习、培训，基本上处于停顿的状态。

① 前身为北京工业学院（现为北京理工大学）第一分院，并入北京联合大学后更名为北京联合大学纺织工程学院。

　　经费太紧张，就逼着我们学校找合作的路了。1987年到1989年的两年时间，我们首先和燕山石化公司谈合作。他们本来有化工学院二分院，但分校调整时，由化工学院二分院变成了石油化工专科学校。他们想升为本科院校，我们也缺少办学经费，所以两个学校一拍即合，都谈好了，但是由于化工局和石化总公司的这个体制，究竟谁管辖、怎么办，没有具体操作，没合作成。之后我们找到首钢，首钢有焦化厂，他们需要化工人才，也希望在城里建一个培训点，非常积极性把我们学校跟他们的首钢工学院合并。都具体谈到每个人的工资了，后来还是因为涉及给化工局培养什么专业人才、每个专业多少人等具体问题而没谈拢。最后找到焦化厂[①]，那时候焦化厂是化工局的利润大户，但他们的工程技术人员后继乏人，就只能到鞍山鞍钢工学院、武汉的武钢工学院要毕业生，走一个学生就要给一万块钱，这就很贵了，而且毕业生到了焦化厂以后还待不住，即使焦化厂和他们签了各种协议，只要有其他单位挖他，就违约自己走了。焦化厂感觉人才紧缺，正好他们焦化厂的厂长和我们原来的老院长住在一个楼，他们在上班的时候碰上就聊起了这个问题。焦化厂厂长说他们想从自己办的技校中慢慢地培养中专生，再培养大专生，希望我们帮忙。我们院长就说，不用生格，我们是现成的本科院校，你们可以办我们学校。焦化厂厂长说厂子是处级单位，化工分院是局级单位，就像公社办大学一样，办不了。后来老院长说没关系，只要能办学就行，就这样从1989年转成和焦化厂联合办学。焦化厂出钱征地建学校，当时建校的经费是1500万，我们修一座炼焦的高炉就2000万，办一个百年树人的学校才用1500万，我们能干。

　　与焦化厂联合办学，当时我们也不管级别，仅仅业务归联大和高教局管，参加全国的统一考试招生和北京市的统一分配。焦化厂需要什么样的

---

① 1989年2月11日，北京联合大学化学工程学院和北京炼焦化学厂达成联合办学协议。学院被列为北京市高教改革试点单位。参见熊家华主编：《北京联合大学志（1978—2000）》，第964页。

人，我们就给他们培养什么样的人，甚至可以定向培养，他们征地建校，学校就活下来了。但是高教局很不理解，觉得你们要办成职工大学，陈忠[1]局长还专门说要去焦化厂访问一下，问为什么拣这么个"包袱"背。这话真是原话，我们觉得挺可怜的，本来是一个培养人的学校，怎么就成了"包袱"了。局长带高教处处长去了以后，看到焦化厂非常轻松，厂长书记说修一座高炉还要2000万，这一个培养人才的基地才1500万就可以建起来，对我们自己有利，又对人类造福，何乐不为？有了焦化厂才有了生化（学院）的今天，要不然，真的很难维持。当时我们困难到什么地步？一次课给五张备课纸，一学期一根铅笔、一块橡皮，给一块洗衣服的肥皂，但是老师还真不错，坚持在一线辛勤耕耘。这还是精英教育，1999年之前，学生分到北京化工系统成为骨干。我们给焦化厂培养学生，开始都到焦化厂工作，踏踏实实的，各个科室和车间都有我们的学生，而且起了很大作用，别人就愿意出钱帮忙。

当时这种自发行为被教育部列为重点课题的一个子课题，是厂校联合产学合作。当时正好是教育部抓这个工作，把我们的产学合作纳入试点，我们还得了北京市教学成果二等奖，参加全国的和世界的产学合作教育大会，当时挺典型，在北京影响很大。这是在探索生存的路上，探索出了一条厂校联合、产学合作培养人才的路子。

我现在给高职学校做督导，到现在（校企合作）这个理念都不落后。当时我们提的是"下得去、用得上、留得住"，就是我们培养的人到工厂里，得下得去、用得上、留得住，这就是学院的目标，为北京地方工业发展服务。虽然当时说北京不发展化工企业了，但是因为化工给北京上交的利润是第二大户，那些化工厂并没有纷纷迁走，还是挺发展得如火如荼，现在一个化工集团的副总还是咱们1988年毕业的学生。学院成立初期，因为化工企业

---

[1] 陈忠，时任北京市高教局局长。

自己的干部学历水平比较低，在我们学院办了干部培训班，考核合格便授予大专毕业证书，即化工局"黄埔一期""黄埔二期""黄埔三期"，给他们都提升了专业水平。北京市的一位领导都曾在我们这学习培养过。

访：咱们培养的学生具有行业特点，是不是比较好分配？也比较好招生呢？

王：我们招的大部分是没有我院志愿的学生，只有少数化工企业和化工部自己的子弟，分数偏低，考不上北大清华、化工学院的，这些学生按志愿选择的我们学院。我们要求的高考分数低多了，不要说与老大学比，就和其他分校比，我们都是最后的。每年招生的时候，我们开始都没事干，学生档案基本到不了我们这，都是别的学校招完了，我们才招几个人。之后我们再到各区县去找档案，只要志愿里报了化工专业的，就把这些档案拿来，我们就可以录取，只要满足基本工作条件，就录取，然后挨个给家里打电话，询问是否愿意来。为保证学生到了以后不流失，真正能招多少就培养多少，我们干脆降分，最低降20分，这时凡是报了化工专业的，基本都能进来。另外还有好多但分数差了20分上不了其他学校，虽然没报化工专业但想上大学的学生，也愿意服从分配到我们学校来。我觉得虽然分数低了20分，但是他们的专业思想都比较好。有些我们看着家庭条件比较苦的，像农村的，或是后爹后妈的那种在家比较受气的孩子，我们索性把他们分到焦化厂委托代培的班里去，毕业后的工作就都解决了，而且工资不低。所以这些孩子们特别高兴，就愿意到我们学院，也愿意到这些企业就业。

当时有一位负责招生的教务处胡立汉同志，把这些学生看作是我们各系主任教务处长的干儿子、干闺女。招来的孩子有的跟着奶奶长大，有的因为家庭而不在家里生活，我们就想办法弄了几间宿舍让他们住校。他们毕业以后就有工作，马上就可以拿到比较高的工资，他（她）在家里的地位一下就可以提高了。我们系主任真是有父母之心，几位老主任、老处长都非常好，这样学生也安心，最后基本都到化工企业去了。

分校时期培养的这些毕业生们，都包分配。基本去化工局是大拨，一轻局、二轻局、卫生局、技术监督局、劳动局等，都需要咱们的学生。像压力容器的检测在劳动局里是一个很大的项目，因为安全问题很大。正好咱们专门有压力容器的管理制造生产要求的课程，像劳保研究所、塑料研究所等，都有咱们的毕业生。还有就是去化工厂、化工研究院，也有个别到大学去的，但都是在北京就业。

毕业分配由学院书记负责组建领导小组并制定分配方案，由班主任、辅导员负责具体实施。我刚来分院还没讲课任务，就当了班主任，赶上了第一届学生毕业分配。全班42个人的家庭，班主任都去走访一下。比如，看到他爸爸妈妈有病、瘫痪，就要分配给离家比较近一点的，每一个学生家都去，完全根据学生学习情况和家庭情况综合考虑来分配，老师不在学生家喝一口水、吃一口东西，做得很细，绝大多数学生满意毕业分配。

访：老师的工作做得这样细致，师生关系一定很融洽吧？

王：老师家学生都去过，就是找老师、看老师，都有感情。找老师需要探讨问题，那时候师生关系确实很融洽，老师之间关系也挺好。我们每年放寒假，都是领导到老职工和老教师的家里去看望，对新来的年轻教工组织培训。分校的时候也是，会给你讲这个学校怎么回事，应该要求什么，还有一本教师手册。所以很多老师都还觉得，那时候虽然小院很小，但是挺好、挺温馨。好多家长也是，我们对家长也特别和气，因为学生难招，招来了都是宝贝，所以家长来了，我们都热情接待，家长总说你们老师都这么和气，学生真是幸福。

访：分校的学生都是走读，年龄差距大、生活经历不尽相同，咱们平时是怎么管理的？尤其在学生思想政治教育方面，咱们都有什么措施呢？

王：我们学校很早的时候就设有学生科①，没有处，由工农兵学员在学生科做一些团委书记和学生处长的工作，因为他们跟学生年龄也差不多。当时我们的学生都下过乡、当过工人，还有参过军的，年龄跟这些老师（工农兵学员）都差不多，所以他们都能说到一起，学校还组织年龄大的学生领导小一点的学生来干工作。我们最小的学生是1960年出生的，是高中应届毕业生，1978年考上大学正好18岁，他们是最小的，没有什么经验。有一个学生在1947年出生，比我才小5岁，是最大的。你想想，这些大哥哥比1960年出生的大13岁，这些人就是班上的骨干，建校初期，把他们都动员起来，学生的活动搞得有声有色，还是挺好的。我到学校后，学院管理学生是辅导员加班主任制，辅导员一般管两三个班级，还有班主任，主要管业务。我刚一来就被分配到化工机械一个班当班主任，这个班学生的分配和思想工作，就由辅导员和班主任一起做。辅导员专职，班主任兼职。我们都有课，自己有一门课，还要做班主任。

班主任负责业务上的问题，还有具体的学生毕业分配；辅导员做思想工作，比如你被分到化工四厂去了，那里太远，你就闹情绪了，辅导员就会找你谈话。辅导员和班主任都是一起研究事情的。分配时学习成绩要考虑，如果两个人学习成绩一样，那就看家庭。当时这个思想工作做得很细致，我觉得恐怕就是那时候开始大学生家访的，我们上大学时没有家访。老师要去走访所有学生，有小汤山、房山的、郊区的学生，最远的学生在门头沟斋堂。我们自己坐公共汽车，没有公共汽车的地方就走，由党委书记领着，班主任和辅导员没日没夜地分析情况，公示分配方案，公示出来某某上哪了、怎么怎么样，大家看有没有意见。

辅导员是年轻老师，一般都是工农兵学员，因为他们一般上不了课，后

---

① 1978年建院初期，北京化工学院分院成立党政合一的领导小组，行使党委领导权，政治处代行管理日常党务工作，下设学生科。参见熊家华主编：《北京联合大学志（1978—2000）》，第966页。

来我们的老师还给工农兵学员的补课，也考试，过关的就上课了，过不了考试的就还是上不了课。我们还给那些职工补初中和高中的课，这都是对老师和员工进行培养的案例，这是学校自己做的工作。

对于学生，应该说，我觉得精英教育的时候，学生总体情况还是不错的。我们也开除学生，有的好几门不及格，必须开除；有的品行不好，比如作弊、屡教不改的。当时处理学生，家长还是挺痛苦的，还来学校求情，但学校还是比较严格的。这些孩子受了这些处分，大部分都是坚持两年以后，又参加了高考，有的还考了不错的学校。学校重视班主任和辅导员的工作，尽管经费那么紧张，还是每年都召开班主任工作会，专门给他们几天时间，让他们去天津、北京的郊区研究班主任工作，每年都评优秀班主任，优秀辅导员给予奖励，激励这些老师在这个岗位上安心工作。一般班主任和学生的关系都很好。我们有一个1994级焦化厂委培班，到现在跟班主任还有联系，每年都聚会，最多的时候能来二十多个学生，现在也能保持十几个学生，跟老师感情非常深。老师在他们的生活和思想都有影响，甚至是谈恋爱方面，有的是老师介绍成对的，都挺好的。这是当时学生管理的情况。

联大第一次全体学生听报告，是在中山公园音乐堂，第四军医大，有个叫张华的学生，因营救一农民而牺牲。还有第四军医大学生在华山抢险，联大请第四军医大的同学和老师到学校做报告，在中山公园给全联大的学生听。因为当时联大在中山公园的小院里办公，开展活动一般不是中山堂就是音乐堂，这些正面的教育都非常好。我们学院自己请"京城活雷锋"——孙茂芳老军人讲自己的故事，学生很感动，深有感触。当时联合大学为什么要让我们学院去介绍经验呢？因为有几个事挺出名。一个是放暑假在北戴河，有一个小孩跟家长去北戴河玩，正好遇到一排浪，小孩和家长被浪冲走了。因为天阴得很，人都走了，只有我们学生丁立和他父亲爷俩还在。当时情况太危急了，风大浪急，浪把人卷走了，丁立就直接冲到浪里面把小孩救回来。那位孩子家长好像是北京的一个人大代表，特别感动。我们学生开学回来也没有说，直到人大送来了表扬信，我们才知道这个事。后来分配工作的时候，这个学生就被清华大学录用了，就觉得人品特别好。

还有一个学生家住在党校（或国防大学），他放学回家要经过颐和园。有一次，颐和园那山的一个地方着火了，当时没有人，这个学生自己把衣服脱下来把那山火扑灭了，但是他自己也没说，后来过了很长时间，路人写了表扬信给学院才知道。

还有一个学生自己肾病特别严重，每天脸都是肿的，手脚也是肿的，家住在三里河那儿。有一天傍晚，他自己在阳台站着，他看见楼下一个男人把一个妇女逼到一个墙角，就冲到楼下大喊不许乱动，他也顾不上自己的身体了，一边大喊一边追那个男人。听到他喊，四周陆陆续续聚集了一些人，大家一起把那个男人制服并扭送到派出所，之后大家才知道这个妇女是个孕妇。后来派出所和那个孕妇的家属给学校写了表扬信，说多亏这个学生，要不然两条命都没了。学生工作部在总结这些成绩是如何取得的，他们认为就是大力加强正面的教育，然后典型引领，学生都是积极向上的。

我们学校旁边不是什刹海吗？经常有落水的，有一次大冬天，快要冻冰还没冻结实的时候，有一群孩子掉到水里了，结果叶晓[①]（当时还是学生）和体育老师王德英跳下去，把那些孩子拉上来。叶晓是一个很好的学生，当时是班长，他是1983年入学的。留校后叶晓被提拔成院办副主任，那时系主任都是他的老师，都是老资格，年轻干部真的很难去要求这些老领导做些繁杂的行政工作，但是叶晓稍微拍拍肩膀，叫几声老师就能搞定，我们的学生干部素质还真是不错。

访：您能介绍介绍咱们化工学院分院老师的科研情况吗？

王：80年代我到分校以后，就看到学院有科研和技术开发，在文理学院研究功能食品之前，我们已经小范围做了很多科研了。但是当时搞化工就是

---

① 叶晓，北京联合大学校友，现任北京联合大学特殊教育学院院长。

闷头干活，也不知道宣传，后来学校领导还有学校的教务长刘季稔才知道化工分院科研也搞得不错。联大开科研工作会的时候也让我们发言，去我们学院开现场会。我们学院科研处①是较早成立的，以应用为主，我刚来的时候（1981年）就知道我们实验室在生产过氧乙酸。过氧乙酸是什么？就是非典的时候化工二厂生产的那种消毒剂，我们20世纪80年代就在实验室生产，因为很多老师都是从化工厂来的，根本不害怕有毒有味、易燃易爆。这些产品当然不是那种正规有国家的商标的那种，但都在我们熟悉的企业和单位里使用很好，比如一些防疫站和工厂。我们的产品，质量保证、价格合理、销路很好。1983年我们觉得教师不能总搞技术开发，要搞科研。因为如果没有科研，教学水平就提不上去。经过调研和文献查阅之后，就请原来化工厂调来的一位老工程师做带头人，叫陆辟疆。他就是德文和日文都很好，还会英文的那个老教授，率先在我院开文献检索课，他带领大家研究开发超细碳酸钙的产品，这是日化、医药行业使用的一种添加剂。我国自己生产满足不了需要，还要进口。研究的关键是生产时使用的催化剂（即大概直径多少微米的碳酸钙的颗粒），这个技术一般人都很难掌握，陆老师就领着我们几位老师研究和改进催化剂，最后制作出来的颗粒可以小到几个微米，经鉴定符合要求。后来把科研成果通过技术转让，给了河北丰润县一个工厂生产，又转到烟台，取得了良好的经济效益和社会效益。这关键的催化剂技术由我们自己掌握，催化剂也由我们生产，到时候给转让厂运过去就行了。当时又研发了精细化工产品芦荟提取液，可以疗伤，可以美容美发。这是和解放军301医院联合研究的，他们做实验，我们出产品。有个老师膝盖磕伤了，膝盖老在动、不封口，做芦荟的老师就给了她一小瓶芦荟液。她天天抹，不仅伤口封合了，连汗毛都长了很长，可见芦荟能刺激毛发生长。那时候学院谁有点伤

---

① 1985年北京联合大学化学工程学院建立技术咨询服务公司，1987年改为科研开发处，负责学院的技术开发和校办产业的工作。参见熊家华主编：《北京联合大学志（1978—2000）》，第1076页。

就找那老师要点（芦荟液），自己抹抹就好了。还有几位教师研究天然色素提取：如心里美萝卜里的紫红色素、沙棘里的黄色素等，黏合剂也从20世纪80年代开始研制，马榴强等几位年轻教师做的脲醛胶获得过河北省科技进步三等奖，可用于木材加工业。其中有一位年轻教师，还因为这些项目被评选为北京市优秀工程师。王俊老师带领研制的常温静电植绒胶，在常温下就能植绒，比热熔胶操作方便、性能好。技术鉴定会在吉林大厦展开，很多有名的专家都到会给予肯定。20世纪80年代初期、中期，一直到20世纪90年代，学院科研都做得很好，都给学校带来一些经济和社会效益，最大益处就是训练了老师的动手能力。这些老教师动手能力都特别强，学校搬家之前，什刹海小院的科研室和几个实验室里，常常晚上有老师做研究、实验。别看化工分院的地方小、条件差，但科研和技术开发都搞得风生水起。

访：请您再介绍一下分校当时的后勤管理。

王：当时，各学校自己管理自己的后勤，我们就是3亩8分地，最早没有食堂，都是跟饭铺定好了，从外面送饭，老师、学生打饭回来吃。后来自己有了2分地的食堂，老师学生都不能在那吃饭，都得买回来在教室、办公室吃，排队都得挤着排，教师都是后吃饭。一直到搬到这边（垡头）[①]才算有了正经食堂，但是后勤很努力，总务处常常联系购进一些大米、蔬菜卖给老师，你可以到食堂买。工会也联系一点虾、鱼卖给老师，买内蒙的羊，教工愿意一人买一只，生活上尽可能给教师创造福利。和焦化厂联合以后，也能给我们顺带发点福利，也很好。其他后勤是"麻雀虽小，五脏俱全"，有维修班、司机班。房屋维修、锅炉维修都是自己做，锅炉工、电工都有考本，司机班有小车、面包车。建校初期学院领导没有轿车，只有两辆212吉普供领导开会、上下班使用。1986年我院财务会计专业招生，聘请人民大学教师任

---

① 1991年12月24日，垡头新校基建工程破土动工，1992年4月27日举行正式奠基仪式，1996年学院由北京西城区前海东沿50号迁至北京朝阳区垡头西里三区18号。参见熊家华主编：《北京联合大学志（1978—2000）》，第1073页。

课。为接人大教师上课，化工集团为我院配备了一台进口雷诺车、一台进口福特车，在联大各学院中算是高配置。大轿车是1995年在垡头办学才开始有的，因为什刹海那个院里开不进大轿车去。

访：咱们分校在办学中还遇到什么较大的困难吗？

王：我们学校特别奇怪，其他大学当时都是局级单位，我们中间丢了一段，我们的院长、副院长、系主任、教务处长全是正处级，所谓"脖子脸一般粗"，影响了发展。等老系主任退休了，副系主任，提正主任的时候，人家原来是副处级，化工局说你们自己就是处级单位，所以提正主任只能正科级，那就是副主任是副处级，正主任的时候，成了正科级了，人家说我回去当老师教课多好？我当什么处长？当什么主任？就都不干了，这时候学校就比较困难，我们就找化工局恢复局级编制，因为管的都是教授这些人，级别太低没法管理。

1983年化工学院分院转给化工局，所有关系都转了，人家要把分院关停，这关系就丢了。当时领导也没管是什么等级，只抓工作。当时涨工资是按表五、表六、表七，表五就是副局正局，是大学副校长、正校长，按那个级别涨工资，直到和焦化厂合并以后，老系主任都退休了，副主任总叫副主任，提不起来怎么办？就找化工局，他们不能办，不像咱们高教局都知道。他们虽然也是局级单位，但是是领导这些大学的。为解决这个问题，我们自己就找市委的老领导，把关系理顺，把局级级别拿下，化工局的董事长和党委书记兼正院长和书记。这样，我们系里的同志级别就提高了。

我们学校能保留下来继续办学真是太不容易了。当时学校硬件不行，怎么办？就抓软件。当时抓什么？就抓化工局的管理。企业管理那一套，在我们这里体现得特别充分。化工局搞优化组合，我们也搞，如果你不认可学院，可以走，但你要在这工作，就要按照规定去做，我们的规章制度都很严格，内部体制管理改革是动真格的。1995年有一次开一个内部管理体制改革的经验会，当时清华、北工大和我们三所学校发言[①]。一个很小的学院去发言，这种机会非常难得，就说明当时管理很严格，搞得不错。

访：您从大学分校干起，一直到现在退休了还在为联合大学工作，我们想请您谈点感想。

王：我们学院的党委书记1994年底病倒了，到1996年一直都没派书记来。这段时间我们班子什么事都是商量着来，会上争得拍桌子瞪眼睛，会下我们的关系都很好，没有不团结，如果那会儿不团结，就没有这学校了。谁去奔命、要钱征地、争设备，把学校建起来？我们的思想是什么呢？学院有200多教职工，很不容易。如果学校真解散了，有些有本事的老师还能找到工作，那些没有很高学历也没有其他本事的职工，就没有办法了。我们几位领导下定决心，真要黄的话，再小也得办下去，也得养活走不了的那一百多人。这促使我们办学时，只要有1%的希望，就要用100%的努力去争取。只要坚持不懈，好多事就都能办成了。后来我跟孩子、学生和老师都说，什么叫诺贝尔奖？就是几十年如一日的坚持，你只要做下去，你肯定能出成绩，这是我给自己总结的管理经验。

为筹集学院建校资金，我们就到处要。我们自己不去要，肯定是没有，但我们去要了，就可能会成功，要不来只当我没去要，我们就是这样要到了四千多万，把学校建起来了，当然还是很困难。但是，我还是要感谢化工局、感谢焦化厂，没有他们的坚持，这所学院1983年就没了，更别说发展到今天。北京还有这么多有识之士。尽管北京化工不发展了，但是医药需要化学，轻工需要化工和日化。有一句话叫做"百姓衣食住行，化工情系其中"。就是你的吃的和喝的，现在学生开的课，都是给大家讲化学和我们日常老百姓生活的关系。联大的这所学院还是学科比较齐全，对北京市人民也

---

① 1995年6月，王惠连副院长代表学院在高教局组织的高校内部管理体制改革经验交流会上做了《狠抓内部管理体制改革，不断提高办学水平》的发言，会上发言的还有清华大学、北京工业大学。参见熊家华主编：《北京联合大学志（1978—2000）》，第1097页。

有好处，特别是培养人才方面。

还有一句就是，细节决定成败。不要总是认为我们宏观管理，细节就可以不管。我们管理者所做的细致之处，如果教师看到，那就是一种温暖、一种感动，他们就会非常自觉。如果学生看到，会觉得老师真是为他们着想，也会跟着你好好学习，上课也会好好听讲。你看到学生有什么不规范的行为，你批评他，他也不会恨你，所以细节要关注。因为我学的专业是轻同位素分离，便养成了关注细节的习惯，当然也不要抓住细节不放，你得把问题该解决的解决、该处理的处理、该整理的整理，把它纳入正确轨道里，这是一套工作方法。我做管理工作这么多年，教学管了8年，全面工作主持了5年，后来又主持其他部分工作4年，一共当了17年的副院长，才退休，我问心无愧、尽心尽力，特别是建校这些年。从1993年到1998年这5年间，几乎没有按时回过家，晚上9点钟回家都算早，做了很多牺牲，孩子说没跟我们一起吃过一顿晚饭。但是，我觉得有成绩，没有堡头这块院就没有今天的生化学院，所以工作辛苦也好，生气也好，找人家要钱，有时候真是生气。焦化厂的一个副厂长说："我这正坟头还哭不过来呢，哪有时间哭你们乱葬岗子啊。"他们没有心思管我们这头，我就跟他说，要不是为这学校，不是为这1000来学生、200多教工，我不会来找你。要是我家没钱，我躺在床上趴4天就饿得动不了了，也绝对不来找你。我说为谁？他说也是，您这么大岁数，那时候我都50多岁了，他说他尽量挤出钱来给我，我说一点儿就够了，真是又是情又是理，有时候也还得说不软不硬的话去求人家，人家才能够挤一点，这4000多万建设经费没有一笔是计划内的，全是企业拿出来的。天下没有办不成的事，只要你肯下功夫，只要你认真。我现在做督导的时候也对年轻老师说，别看你们刚来，觉得自己什么都不行，但你们只要努力就可以成气候。

这就是我的感悟，我觉得联大想抓应用型大学，就应该继续抓下去，也可以有高水平，也可以出很多学术性成果，如果摇摆不定，咱们就进步慢了，办学30多年，应该很有成绩，咱们现在成绩也不少。我看咱们校史展览挺高兴的，咱们的学生都有到省部级岗位的，这很不错。但还应该一直朝着一个目标坚定抓下去，只要抓下去，早晚都能成为队伍里的一流。我去讲座，在全国讲创新，只要一说我是联合大学的老师，人家都说联合大学的高职绝对棒。我希望咱们不论在哪个队伍里，都要好好做，争取做个一流。

【访谈手记】我与王惠连老师相识于2005年。当时，学校准备迎接2006年的教育部本科教学水平评估检查，我被安排在材料组与其他同事承担材料的收集、整理和分类、汇总工作，而王惠连老师是校内专家。作为学校新人的我与王老师直接接触不多，但她待人的亲和力、业务的熟练性和对联合大学的感情给我留下深刻的印象。

后来我从事校史研究工作，通过对老领导老同志老校友进行访谈，来收集口述史料，我便同王惠连院长再续前缘。确定访谈名单时，我第一眼就挑中了她，并第一个同她联系确认访谈提纲和时间、地点。2014年10月9日那天，空气质量不太好，有霾，但是王院长还是提前到了约定地点。面对摄像，刚开始我们都有一点拘谨，王院长拿了好几页的内容提要，看得出她非常重视访谈。说着说着，我就被王院长带回到那个条件艰苦但精神振奋的年代。十多年过去了，王院长还亲切地叫我小宋，我能真切地感受到她对联合大学的热爱！

大学分校与改革开放同行

访谈时间： 2014年10月28日上午

访谈地点： 北京市某小区

被访谈者： 贡文清

访 谈 者： 宋秦（北京联合大学档案校史馆副馆长）

张宇（北京联合大学档案校史馆工作人员）

文字整理： 宋秦，王育红（北京联合大学离退休人员工作处处长，高级

政工师）

贡文清，男，1940年1月出生，副教授。1959—1964年在北京航空学院（今北京航空航天大学）学习；1964—1980年先后在大连造船厂、重庆造船厂从事技术工作；1981—2000年先后在北京航空学院第二分院、北京建材轻工学院、北京联合大学校本部从事教学、教学管理、教学教育研究工作。2000年退休后由北京联合大学返聘，服务于北京高等职业教育研究会，任秘书长、副会长。

贡文清接受访谈

宋秦、张宇（以下简称"访"）：您到学校工作的时间很早，知道学校经历过大学分校时期。当时这段历史的亲历者年纪都已经很大了，像林乎加书记都90多岁了，还有好多老同志，身体情况都不是很好。学校领导也考虑到对联合大学来说，分校的历史实在是太宝贵了，想通过口述这种方式，把当时一些我们没有收集到的资料记录下来。感谢您对我们工作的支持！

贡文清（以下简称"贡"）：你们这次的活动，还有上次邀请我去参加座谈的举动，我都很感动。现在去抓的工作属于文化建设。联合大学走到今天，即在35年之后，仍抓紧文化建设，而且步步深入，并有计划地去开展。严格来说，做的这些东西，是联大向大学教育现代化发展的关键步骤。没有文化建设，大学就只能成天承接各种课程，就不是一个大学，只是培训或专业职业的训练。北大、清华出名在哪里？就在于北大的精髓、清华的文化。如果没有它们，那么北大、清华的名气也不会那么大。但是为什么它们在世界的排名还上不去？就是因为它的中国文化特色还不凸显，世界文化还接触不够，因此在同行当中就不容易得到认可。真探究一下，其实问题都不复杂，但实践起来就比较复杂。

访：您说得有道理。谈到分校，您是不是会有很多感慨？

贡：应该说我这个人是比较传统的，所谓"知恩图报"，我自认为我对联大最赤胆忠心。为什么呢？因为我到联大来工作是得益于分校的政策。

我原来在四川重庆搞三线建设①，是企业的。我本来是北航的学生，1964年毕业，学的是金属材料。我的爱人也是联大的教师，我们两个是北航同班同学，毕业以后被分到了六机部，从空中，开玩笑讲从飞机掉到水里面去了，调到军舰上去造军舰，开始三线建设，我们才到重庆去开辟新的事业，建新的船厂。当时准备设计的是一个舰队，我就到水面舰艇，就是导弹快艇生产厂。

我在那里工作了十年，在四川工作了十年。后来国家改革开放，大学恢复办学，我老家是大连的，大连工学院曾经给我发函。但是当时四川不愿意放人，也没告诉我，自己给压起来了，我都不知道。第二年，开了1979年全国科学大会，这场大会对我来说意义匪浅。科学大会开了以后，北航又给我发了一个调函，这个时候新分到我们工厂组织部的一个年轻同志，跟我透了这个底，说上一次给你发函你不走，这一次又给你发函了，你怎么还不吭声？我说我不知道，他说赶紧找我们部长，我就这样去找的部长。我借助科学大会的一句话，才使得厂组织部和重庆市委组织部同意放人。不是放走我一个，是放走我一家。科学大会上有一句话，就是说你要归队。我就拿着那个报道，拿着这句话找我们部长，我说第一次没有这个政策你不让我归队，这次有这个政策了，是吧？就最好放我走。再加上我爱人对重庆的气候条件不适应，那儿很潮湿，她病得很厉害，组织这才同意放人。讲了条件，给了一笔钱，厂里立了一个项目，要求建一个洗衣机镀件生产线，要求我拿出一套设计图纸。1979年提出要求，再加上最后的收尾工作，我在武汉、上海、大连洗衣机厂转了一圈，1980年才决定放行。我年底到北京来报到，1981年

---

① 三线建设，指的是自1964年起中国政府在中国中西部地区的13个省、自治区进行的一场以战备为指导思想的大规模国防、科技、工业和交通基本设施建设。三线建设是中国经济史上一次极大规模的工业迁移过程，发生背景是中苏交恶以及美国在中国东南沿海的攻势。https://baike.baidu.com/item/%E4%B8%89%E7%BA%BF%E5%BB%BA%E8%AE%BE/1691434?fr=aladdin

才正式开始工作。所以，我到联大是1980年，是全家来的，当时北京市委第一书记林乎加特批了一个政策，给了大概100个进京名额。当时36所大学分校，自己没有师资队伍，都是从各个老大学借的老师，就有了这个针对36所大学分校特批进京名额的文件，北京那时候控制户口比现在还厉害，外地进不来。林乎加书记就说要给各大学分校充实教师，就由各大学分校自己寻找，或落实知识分子政策，或从你们老大学来，或从其他地方，行政干部、党政干部，基本上都是北京地方的干部，各个委办局的一些领导到这来。教学的骨干从老大学过来一批，我来的时候领导我的教务处长就是从北航来的，是我们系的老师，这一部分教师是从老大学过来的，还有一部分是从三线调进来的，从外地进京，一共100人。北航二分院大概给分了5、6个名额，我们两口子就占了其中的2个。我1980年12月到北京报到，1月份就正式上班接手业务了。北航分院当时就在朝阳区八里庄，它是原来二轻的一个小塑料厂，这个分院就艰苦在这儿，当时确实是北京市全动员，各委办局要出人出力出钱。北航当时建了三个分院，分为一、二、三分院，我属于北航二分院，二分院主要是机械、材料、电子自动化这三个专业①。院长是北航的一位教授，书记是北京市教工委老的干部叫张奇生，这个人现在还在，都有联系。我是他接待的，他当时是北航二分院的书记。

整个分院由这一部分人，再加上100个进京名额中的人构成，这些人才是分院自己的教师。从第一届毕业生开始留校，整个系其实就是一个大教研室，一共只有不到10个人，其中有一半都是留校的毕业生，之后才开始陆续补充教师。各个分校教师队伍基本都是这个路子，都是这样慢慢发展壮大起来的。

这36所大学建起来了，1978年、1979年、1980年，到1981年就开始第一

---

① 北航二分院建院时设置材料科学与工程、机械工程与自动化、工业自动控制三个专业。参见熊家华主编：《北京联合大学志（1978—2000）》，第1724页。

轮的调整了，为什么？因为太庞大，其中的北航二分院就是由原来二轻局的一个小塑料厂改造的，院里也就3亩多地，其他什么都没有。所有大学分校开始上课，一、二年级上课全是电视机，那个时候从日本进口了几百台，每个学校都分几十台，每个教室一台，由老大学的老师上课，比如数学、物理等，由一个老师讲，全校人听，通过看电视、听闭路电视来学习。最初那几年都是这样，确实很艰难；但从设备、电化教育来讲，它又很先进，那时候老大学还没提到电化教育。大学分校难，不得不成立一个班子，组织一批人维护、保养、开发这些电视设备，促使较快发展，因为不可能让老大学的老师完全到这来分班教学，高等数学每个班都要学。我们学校招进了400多人，一个专业1、2个班，三个专业就要分6、7个班，但是不可能有6、7个数学教师。那怎么办？就请一位数学老师在中心教室上课，其他学生看电视，答疑就请分校的老师帮助辅导，可见刚开始上课确实很艰苦，也很落后。

但是大家的心气高、干劲大，特别是1978年这届学生，他们是经过上山下乡和工厂劳动的，都是从工厂、部队、知青来的，还有一些是企业当中的干部，比较年轻的，是考进来的，成绩基本也都合格。当时老大学师资和校舍受到"文革"的破坏，没法招那么多人，林乎加对他们动了恻隐之心，认为这些孩子不上学太可惜了，就专门打报告办大学分校，这是小平同志开放的第一招。当时在北京、上海和天津这三个城市推大学分校，成立以后，就各自发展，也各有特色，具体以后再讲。

大学分校和老大学的关系，实质是业务关系，行政领导是北京市、北京市委教育工委，北京市高教局是大学分校的真正领导、行政领导、党政领导。本校既是大学分校的坚强后盾，又是大学分校的业务领导。它一直持续到1985年，基本都由本校负责制定教学计划、课程安排，主要听取本校的意见，北航二分院是这样的。幸而我是北航毕业的，我都请的是我的本校老师，很方便，他们也都大力支持。我们分校学生的所有实验基本都回老学校做，由北航接收，课程、主讲教师也都是北航的，我也得到北航去听课、学习。为什么？因为在工厂工作了20年，毕竟是干实际工作，回来要讲课，当然要学，但是离我能跟学生讲出来还很远，要想讲好的话距离更远，重新听课的话效果会更好。我在本校听课，再进行辅导，回到分校才开始讲课。开玩笑讲，是老师再当一次学生。我基本是1982年才开始讲课，第一年是1981年，这一年我都在学习学习基础。那时候让我当教研室负责人，组织本专业教学，这个专业一共才5个老师。

那时候没有系，1978年到1981年基本没有系，1982年开始酝酿，1983年才开始陆陆续续建系，系在1984年才开始建立，是这样一个建设路径。当时构想了几次，但是力不从心，就建了三个系。北航二分院还有一个特殊情况，36所大学分校的第一次调整是从1981年才开始的，1982年实施，1983年第一次到位，这个过程的建设力度比较大。有三个北航分院，其中一个（分院）撤回到北航去了，另两个（分院）合并，第一个名字是北航分院，把一分校、二分的校名去掉了，改为北京航空大学分校，即北航分院。后来又进一步调整，变成了四所大学分校整合，加进了师院的二分院和二医分院，这四所分院再调整到一起，但是除了第一届以外，那两所分院基本就没学生了，他们没招第二届，只用我们这两所，以北航分院为主。所以那个名字也是三变，北航一分院、北航二分院、北航三分院，然后就变成北航分院，北航分院以后就并到盆儿胡同了，之后他们考虑到了北航分院挂了一年多的牌子，以及专业取向和挂靠，这就不能单属于一轻局、二轻局了，又找了一个靠山——建材局。建材局说你既然叫我当你的后台给你拿钱，你就得把我的名挂上，这就出现了一个北航建材轻工学院，即建材轻工，针对的是一、二分院，即原来的一轻局二轻局，建材就是建材局，这三个局都能照顾到。直到它彻底消亡合并，一直都叫这个名字。四个学院合并，非常艰难。

因此成立以后，在抓教学的同时，为了走向现代化、正规化，耗费了很大精力，是调整，重建、巩固、提高、不断兼并的过程。我们由四所院校合成一个，其中矛盾有很多，干部、教师、学生等，都有问题，学校、分院花了很大力气来解决，北京市高教局和北京市教工委也在不断努力调整。当年教工委的副书记——谭元堃老校长把全部分校主任以上的领导干部，都弄到市委的会议室去，给联合大学开大会，给大学分校的教师开大会，几次都集中到市委礼堂，百十来人听他的报告，这是他的"特权"。我就参加过这样的会，在市委会议室参加过两次，会上反复强调调整、合并的必要性。到1984年，教育部、提出合并成联合大学，因为虽然大学分校这段有36所到18所大学，但在调整过程中，教育部始终没有户头。

人家不承认，不是不正规的问题，而是连出生证都没有，教育部没有出生证，只有北京市认可的。当时北京市地方大学54所，北京全部的普通老大学有54所。结果新建的地方大学又有36所，这36所都是这一批的，教育部认为要重新立个户头，希望能够联合起来，所以叫联合大学。1984年酝酿，1985年正式下文，这才开始运筹联合大学的问题。

这时大学分校的发展进入第二阶段，从各自为战，求生存、求发展，又到如何共同努力，这又是一场拦截战，因为分校各有各的打算，我想你们都知道了。每个分校都认为自己做得非常有成效，要自己独立办成一流大学，不愿意受制于人。但是，出生证就给一张，只认这张，但心不齐，我就是这样认识李煌果校长的。李煌果校长的巨大功绩，就是完成了这个调整，他用了很大力气、耐心和智慧，把不同的意见、心态凝聚成联合大学这样一支队伍、一个力量，非常不容易。这样大学分校才进入第二个发展期，才能往前发展，分校的建立、发展就是这样一个过程。

访：请您重点介绍一下分校对教师的培养和管理。

贡：拿我们北航二分院来讲，分校对教师的培养和管理基本分三步：第一步，来的教师在可能的条件下，不管多大岁数，只要你提出来，可以去进修，因为分院那会儿的行政干部，比如我们的副书记是从二轻局来的，对教学不太熟悉。熟悉教学的有我们的校长王俊奎，他是北航的老教授，资历和名声都有，但是他的能力有限，来了指挥指挥、拍拍板、讲讲话就走了，所以一些具体工作，都由像张奇生这样的行政干部做。像我们二分院动员年轻的团干部，将来要开政治课或类似的课程，那时候大家都去进修，所以只要找到地方进修就可以了，这是第一步。

1982年10月，二分院推出自己的教师进修暂行办法，10月20号开始执行，要送我们的教师回去进修。有一位老师是从现在的北京理工大学，就是那个时候的北京工业学院调来的，就要回北京工业学院进修。我是北航毕业的，就上北航；我和另外一名教师，一人分别听一门课，跟着老师进修，然后看北航的实验室建设，去学习这些东西。在1981年时，就已经开始组织学生下厂实习。幸好北航有实习工厂，我们基本都按北航的要求下场实习，比较正规。

进修政策基本针对的都是新来的老师，因为老大学的老师本身都有教学任务。那会儿新大学和老大学同时起步，因此他们自己的任务也很重。我们当时请北航教师上课的很大一部分原因是，我们两个都是北航的学生，他们是我们的老师，是靠着我们的关系"走后门"求的讲课。人家说不行，现在学习任务重，去不了。我说你不去，我们那就塌台、没人讲了，他们想让我讲。但我这个人办事比较慎重，我讲不了，我不能接这个课。这个东西我得再听一听，我在工厂20年光干活了，学的东西都还给老师了，叫我再系统地去讲课，肯定不行，所以拖了一年我才开始讲课，也得回北航去进修。所以只要是真正愿意为分校和联大服务的，他必须再学习，必须得自己再进修提高，不走这一步就很难适应，后来这就作为教师管理的内容了。从90年代开始，北京市教委开始抓（教师进修），高教局当时要求教师进修。那时候，我已经调到联大了，以联大教务处长的身份，被聘为北京市教师进修培训委员会委员。教师进修班的第一批就是我组织的，我既是进修组的成员，又是管理成员。在首师大办，由高教局师资处和首师大师资处两家领导，组织5个人来做，还发了一个正儿八经的聘任证书，因为咱们联大青年教师多，一次100人，能办两期。我不负责的时候又办了两期，前后进修了大概两三次。

那时候必须得学教育心理学、教育学，因为这些教师基本都没有经过科班训练，但是是在20世纪90年代初、80年代末才开始做这项工作。我之前说的进修管理办法都是初级的，即只从纯业务、讲课和工作出发，深一层次的教育学、教育心理学还没有被提到日程，还不正规。

访：老大学的教师来分校上课，有没有什么硬性的规定呢？比如说老大学的老师必须得多少人到分校来讲课？因为刚才您提到有的老师是由您个人去请，请您的老师过来授课，有没有他们必须要过来讲课的教学任务呢？

贡：没有，只有道义上的。为什么去北航我那么理直气壮，他得接待我呢？因为我是你的分院、分校。分校成立之初，林乎加和这些大学是有"协议"的，即分校是你们设立的，你们必须业务上负责到底。所以在道义上，大学是支持的，学校里支持教师出来（授课），否则就到外面教课。在当时这算"犯规"，这是搞第二职业，怎么能随便跑到外面教课去？那是不行的，那时候的政策不像现在，现在是鼓励你到外面去授课，那时候不允许，但是教师们到分校授课是合理合法的。当然，轮到哪个老师，人家能不能来、愿不愿意来是另外一回事。

政策是肯定的、官方的、有规则的，有约束力，也有资金保证。虽然到分校教课钱给得很少，但毕竟还有点额外收入。有的本校老师愿意来授课，特别是实验室的实验员，他没有教课任务，他愿意我们分校的学生去本校做实验，不就有代课费了吗？虽然这些钱在今天来看是很少很少的，但是他们高兴。不过那些自己有任务的老师，有的也不愿意出来，他们还要搞科研。20世纪80年代初刚刚开始恢复知识分子的地位，并晋升职称。大家都在拼命，老教师也耽误十年了，也拼命追求职称，忙于业务。我请的都是权威，资历很高，都是些开重头课的老教授，他们都曾经教过我。我个人很感谢他们对我的帮助！25日北航62周年校庆，我和老伴两人都回去了。回去以后中午吃饭的时候，那些老教师就来了，我们俩还专门过去对他们表示客气和感谢，他们都80多岁了。"哦，你是贡文清？"他们还都记得我。我说："您忘了？那时候请您讲课。""是啊是啊，现在讲不动了。"这些老师们都还很好。老大学对大学分校的建设给予了大力帮助，如果没有大学分校和老大学紧密的沟通，就会很不容易。但在真正的行政体制下，老大学是管理不过来的，所以都是北京市在管，这也就是为什么大学分校发展过程当中有一个特殊的历史条件。由于这种双重的，多头的管理机制，使分校有序地凝聚起来，并能正常健康发展。

访：分校的办学还真是得到老大学的大力支持！那当时咱们教师管理方面还有其他的政策吗？

贡：有，那时候的教师管理同现在相比是很严的。那时候的管理方法不是大学的，而是中学的。要求教师们尽量坐班，都当班主任，不能随便抓一个人来做班主任，必须由真正的讲师、教授亲自带班。我当时即使做到了系主任，也仍然兼班主任，这是一个方面。

另外一个是教师的进修活动——教学法活动。每个礼拜要有一次教师集中讨论教学法的活动，进行真正管理。在20世纪80年代，刚开始定岗、定责、定编。有奖励，有奖金，有教学工作量，所有这些程序性的工作都在开展，教师需要在教学过程中完成这个标准，你不来讲课、参加活动，不搞教学法交流，不带学生实习，你的积分就会低，同时你的奖金就少。奖金就是一个客观的东西。

实际大学分校发展完全按照改革开放的历史进程，一丝不差。改革开放要求全国都这样，学校也这样，而学校又必须走在前头，教育机构必须闻风而动，需要很认真、很快速。我感觉到这么多年，教育和国家的政治、经济，确实存在紧密联系，无法摆脱。它必须紧密围绕经济需要，必须紧跟政治发展与改革步伐。联合大学磕磕绊绊地拖着走上了这条路，倒也过了很多年。其中唯一的缺陷，就是自觉性差了一点，但是也要按部就班地发展，调整也是如此，联合大学也在跟随系统不断进行机构调整和改革，现在仍在进行，每一步都在不断升华。虽然各个阶段的历史任务不一样，但是模式是相同的。

访：当时分校教师的科研情况怎么样？

贡：科研要求两点，一个是带着学生下去实习，另外一个就是到中小企业去服务，我们分校的校长们都这样明确提出。比如我们的材料专业，就直接跟塑料厂、模具厂、五金厂联系，直接到交接厂寻求课题或是解决问题。北京市组织各个高校和科研人员为农村服务，为三农服务，我们也参加支农大会，老师都去赶大集，去沟通交流，是否可以选择科研需求的课题。活动确实很热闹，人山人海的，但是最后的成效不是很好，没接到几个题目。

我们的科研和应用直接结合，为当时的生产和中小企业服务。内容从今天来看是很初级的，就是解决工厂生产的问题，我也很熟悉，和他们有共同语言，与技术员、工程师沟通都很好，之后找点小课题做，打擦边球。我当时在陶然亭的皮革厂——北京皮革厂，是专门做皮鞋的，现在已经没了。那里就曾经出现过轧滚断裂故障，皮子要经过那个滚子给压平了，压平了牛皮才看着光滑、整齐、板正，在那基础上再继续剪裁。就是轧滚断了，皮革厂需要打官司，因为什么呢？断了轧滚的设备按当时的物价来说是很贵的，厂子也很心疼，希望能把对应的责任分到生产厂家去，但如何归责需要凭证。我们在盆儿胡同的校址，就在陶然亭边上，所以他们很容易就找到了学校。我是这个专业的，由我去见皮革厂的人。

我们根据断口做了种种分析，还到北航请教我的老师，我的老师当时还是讲师，马上就评教授了。我去参加北航62周年校庆的时候，他已经是中国工程院院士，一个在断裂方面的专家了。断裂方面是他开拓出来的，我们当时这方面过得很快。我跟他从理论上分析。结果出来后，我得了一点钱，当然那会儿都给学校，也没有给个人这一说。官司打赢了，我出了一份报告，把它拿到大连的总机厂去认证，再到皮革厂拿个新滚赔偿，结果一分钱没花，皮革厂也很高兴。之后我把这件事写成了一篇论文，我的论文又参加了广州的全国断裂学术会议。这篇文章对我评副教授非常有利。这些都是我在实际工作中偶然完成的小事情，就真正达到了给人家服务、解决问题的目的，后来这个皮革厂也要我们学生毕业分配过去。那时候学生分配比较对口，都是一轻、二轻的走向。但是两年以后，基本上一半都挪窝转行了，就不是原来分配（的大单位）了。从1985年还是1984年，我开始做系主任，所以整个工作基本都由我来负责。当时做系主任，我就考虑了整个深化整合。和你说的教师管理一样，教师很大一部分力量是在研究教学计划、教学改革。

访： 那您以及您所在的大学分校在教学改革方面是如何做的呢？

贡： 从1983年、1984年开始，当时1982年第一届学生毕业，他们毕业以后我们就发现，完全照老大学这条路走是不行的，这样走达不到理想的状态和水平。可是没有自己的东西，尤其服务对象又框定在了中小企业，你太大了他们要不起，也不敢要、不想要。所以我下了很大功夫，对我来讲进修需要完成两个任务，第一个是纯课程的进修，比如说我教技术，比如钢铁热处理、金属材料、金属工艺学等，这些课程都属于原来所学的专业和现在专业的发展。另外一个是解决专业设置、教学计划的制定和课程设置，我也下了很大功夫。我个人也有压力，毕竟是从工厂来的，不像有些同志是从北航调来的，从毕业就留校做教师，在北航已经教了十几年书，"文革"结束后又回到了这里，而我不一样。你不懂教学计划，也不了解课程，一旦开会发言，他们一听就是外行，内行话比较少。我自己狠下决心。那时候北图（最初叫北平图书馆，即今中国国家图书馆分馆——编者注）还没往外搬，还在后海，我几乎每个礼拜都去查资料借书。我念书时就开始制定教学计划，一直到当时的改革开放教研计划，我通过学习、消化和理解，终于自己实践成功，提出了专业改造。

因为这些教学管理类的东西没有机会去进修，想去也不行。但如果不进修和自学，完全不了解的话，没法带领大家。

材料工程专业是建材轻工率先成立的，第一家在北京建立。1984年筹备，1985年正式出台，包括正式论证材料。当时的副校长李恩元来听论证会。专业设置上，因为对一、二轻局来讲，传统的金属材料和热处理已经不适用了，光专业论证就花了我很大精力，直到1987年至1988年才完成最后一章，围绕专业发展四轮论证。第一论是解决行不行、为什么要这样做的问题。第二论是计划，讨论具体怎么做的问题。第三论是课程怎么设的问题。第四论模仿苏格拉底的对话方式，讨论材料工程专业建设的问题。回答执行了一轮，已经三年多了，在具体教学过程中发现的种种问题应该怎么办。所以这个课题，四五年没断线，一直都在跟踪、思考、研究这个问题。我也走访了那时候叫钢铁学院的北航、北工大等，由他们做这个工作，后来也改成走大专业。就是这样，现在很多专业都走大专业的道路和平台，比如电子、自动化等。走得又早又快的原因，我们自己也不统一，每学期都要争论和讨论很多次，因为我位置在那，就不得不去考虑这个问题。另外，我们原来的专业没法办下去了，要么彻底解散，要么走出一条新路，需要往那个方向努力，最后也得到了高教局的认可，北京高教协会还为此颁发了纪念奖。工作量特别大，我持续了5年多，这才大功告成。

第二点，从我个人来讲，我在原来传统课程的基础上，还在建材轻工学院开了一门新课。通过很多年与教研室主任和学生的密切接触，我发现大学生教育缺少一条腿。他们不仅缺乏专业业务知识，还缺少共性科学方法的知识，为此，我专门编了一个科技创作概论。我可以毫不夸张地说，到今天为止也还没有相同的版本，因为传统老大学的专业人员，往往把研究思路、研究方法放在一起，把科技写作放在一起，而我的书则是把两者整合起来，成为一个系统。书中讲了现在的科技形势、经济形势是什么，毕业生要求的知识是什么，学生本身掌握的方法是什么，科技方法是什么，最后如何出成果，这是一套知识系统的整合。1985年开课，20年后就出版了教材，是当年第一轮的讲义。当时特别艰苦，都是大热天自己刻，我的老伴帮我。我写她刻，刻完以后自己印，字都由她一笔一笔刻出，她写字比我漂亮。就这样教了三轮后，我被调到联大教务处，搞教学管理工作，课就暂停了，后来到了高职研究会，其中一位副秘书长也想借此开一门课，就正式出版了一本教材，目前在整个科技创作和写作上，还没有第二本有类似提纲、思路和逻辑体系的书，20年都还没有人这样做。从目录可以看出，科技创作的基础是导引，它其实在讲经济、科技与发展史，接下来才讲到现在科技创作的基本性质及其机制。第二篇才开始讲创作方法的选择，运用各种通用的方法。第三个是科技写作的传播篇，我们最终应把研究的成果呈现、传播。

在分校开始讲的时候比较分散，1990年才整理到一起，1992年到联大以后，我对自己的要求基本就是不再讲课，因为我已经离开教学，纯粹从事教学管理，即教务。

分院的历史过程的确值得总结和学习，它既是改革的产物，也是教学改革的范例。它的改革历程，就是中国现代大学教育从实际出发开拓发展的过程，应该说联合大学非常特殊，我认为到现在为止，人们还没有对它认识到位，或者说人们现在还并未认识到，改革开放之后建立的这批大学在中国教育改革和教育未来发展的价值和地位。现在大家的研究目标还停留在清华、北大上，其实它们已经有了200多年的历史，他们的目标无非是哈佛、牛津等大学，走的也是这样一条道路，但是它走不了。为什么？因为那些是贵族和神学教育转过来的，而联合大学恰恰是在1978年的状态下，在新形势下脱颖而出的。我建议你们有机会可以看一看延安大学，有专门的一本书写它。1978年林乎加推动、邓小平同意大学分校建立，和当年延安时期的教育革命，共产党、八路军在延安办的抗日军政大学、鲁迅艺术学院性质一样，课程也是这样走过来的。因为延安的学校不可能拿到西南联大那样的教学计划与模式，也不允许这样。我们分校面临好多困难，一开始要求提高教学质量做好工作的时候，老师提出大学分校来的学生不会记笔记，跟不上节奏，只会听课，那时候的书、教材也不全，有的大学本校老师来讲课，分校学生都还没有教材。那么应该怎样复习呢？1978届学生真是刻苦用心、满腔热情，也有丰富的社会实践经验，现在让联合大学无比自豪的，都是那两批学生。这些学生现在都当上局长了、部长了，第二届的其中一位学生现在是北京发改委副主任，又调到昌平去当书记，说明这些大学分校早期的教学质量，你说多高？没有多高，应该说没有现在的联合大学教学这么正规。但是，老师努力，学生钻研，通过和学生不断沟通、开会来促进，因此这些学生成才了。联合大学真正成才的基本都是在20世纪80年代中期以前的毕业生。为什么？因为他们做到了真正脚踏实地去开拓、去创造，他们学会了这种技术，掌握了这种能力，领悟了其中的开拓精神。

现在联合大学越来越正规化，向着科学化、规范化、制度化的方向走，但是核心灵魂确实就是改革精神，是真正认识到自身文化价值的能力，我们的前行路线，目前还在摸索。现在的口号又变了，提到学术立校，由三个应用走向学术立校，非常正规。教育本身就追求学术价值，学术立校是永恒的主题。但是对联大这样一个具体的历史过程和历史发展，对联大这一批人，因为从我到联大做教务处长起，1992年，那么联大的招生名额，这个量始终是北京市每年招生的四分之一，就是46%、47%，不管这一年全市招生多少，联大的数量始终都是四分之一。所以有一些老师问我学校如何建设下去的时候，我说你放心，联大的生命力强得很，因为社会需要，北京市也需要，需要有联大（培养出来的）这样的学生。现在时代在发展，是大众化教育的时代，需要大众化的学校，关键看你怎么把大众化教育创新出来。

访：刚才您也说到学生，您刚才提到分校学生连记笔记都不会，在某些方面他们可能和本校的学生存在一些差异，您是怎么看待分校和本校的学生之间的差异的？那么针对分校的学生，应该采取哪些措施提高培养质量？

贡：第一届1978级的学生是知青，在工厂工作过，从"文化大革命"那个混乱状态下走出来。他们渴望学习，渴望新知识，渴望能够在改革大潮中摆脱当前局势，转换新状态。因此，他们学习很自觉，很刻苦，但是他们不会认识方法，这也是我为什么后来要写这个科学创作方法。到今天为止，真正到课堂上你就会发现，有很多同学是不会记笔记的，需要记的核心要点没有记，记的内容都差不多的。更糟糕的是，现在因为有了拉洋片式的PPT，他干脆从老师那里拷一个回来，回去看，但这样是不行的。因为教育和学习是个互动，我们强调教育太多，这是教育失误；放任自流而不去学习，这是教育失败。学生如果学不好，就是他不能自主学习，就是没有把老师教的东西内化成自己的。大学分校的毕业生在这方面有独到之处，他们的社会认知能力、应用能力，要比高级大学的学生强，这也是到今天为止，虽然许多人瞧不上联合大学，我却为联大自豪的原因。而且我也认为联大的学生不落后，不落后在哪呢？他的社会生存能力强。学习不是看你拿的分数的价值多高，那只是一个表征，只表示你的记忆能力，你记忆能力强、领悟快，你便可以答出来。但是这些知识要怎么在实践当中运用呢？靠的就是创新。为什么现在提倡创新教育？创新教育的真谛就在这里，你无中生有，把死的讲活了，这才是真正的创新，否则就是抄袭、照猫画虎。中国有句老话叫画虎不成反类犬，你模仿着画虎，结果就不像虎了，不就成了狗了吗？而你自己去创造，可能非狗非虎，有可能独树一帜，非常新奇。借用邓小平的"摸着石头过河"，我们的大学教育在不自觉地，寻求一个现实的教育路径。这是我给大学，包括联大未来使命的定义，我们的目标就是找到这个东西。

访：刚才您说到分校学生的阅历及其能力，那请您谈一谈，我们分校的老师在学生培养、课程体系建设、专业设置等方面，是怎样配合学生的这些能力的，以便最终他们走向社会的时候，可展现出更强的能力？

贡：我们这一代分校的大部分老师都有丰富的社会实践经验。林乎加批准进北京的这100个人中，有100位老师都是在基层摸爬滚打过来的，都可以离开工作岗位去刨地球（当农民、劳动改造）。他们之中有些确实是刨地球去了，"文革"后就回来了。但是他原来的知识储备和的种种社会经验结合起来，迸发出了有创造力的教育能力，也非常强。我们这一代人，不仅仅是口号提应用型，实际上更多是应用创造型，纯理论的很少。调到联大的那些很有名望的老教授，在具体结合实践的能力不差，而在纯理论的学术造诣上却并非一流。所以，他们带出这样一批学生也是必然。但是现在关键点在哪呢？对我这个评价，很多教授自身不肯认同。为什么呢？因为教师的这种能力，在社会地位上并非最高，最高和最好的还是纯学术型。所以你看袁隆平再怎么大家，国家给他那么高的席位，但是在农大的圈子里面，没人敬佩袁隆平多少，不敬佩，因为你不过就是发明创造了一个稻种，你只要肯在那滚个十年，我也能创造出来。但是你对这个转基因，对这个基因序列你能做了什么？现在感兴趣的在这儿。我搞出一个DNA，对，那比你强多了。这是传统教育的一个很大的障碍。不管你承不承认，联大在这方面都很好，但联大没有意识到并发扬这个优点。现在来的博士生，他的长处是真正解决应用、技术和实际生产过程当中的问题，可是联大在这方面创造的条件和鼓励，都还不够。所以尽管博士和教授都不少，自我提升教学水平的能力仍然不太突出。我在工厂工作过20年，在北航学了60多门课程，到工厂反复用的也就1至2门课程，其他更多都是锦上添花。具体知识在这种科技发达的时代，任何信息和资料都可以从计算机简单调出来，个人不用去当知识库背很多知识，但是很多人缺乏吸收转换知识的能力，这是一个巨大问题。

对于你方才提的问题，我认为联大教师在自己的教学实践当中，实际上也还是被迫针对学生特点进行教育，尽管私下可能抱怨这些学生不好教，也不好好学，但他作为一个有良知的教师，在真正上课的时候，还得想办法让那些不好教的、不好好学的多学一点，逼着他把自己的教学意识做改造，这是客观改造，这种改造如果是自觉的，力量就会很大。可惜现在这部分做得还不够。你不得不承认，这是个永远的问题，尤其在北京这个圈子。北京分数水涨船高，都到600分了，联大是599，601，都到700分了，联大是699，701，不可能到800，800的在清华、北大，永远是这样。普遍提高是可能的，但是你的学生还会是这个状态。因为社会生活是分层的，各种原因、各种因素都会存在，大众化教育就是要解决这个问题，就要把社会更多的人都培养成有文化品位的人，然后才能共同建设繁荣社会。没有文化品位，社会建设就永远不行，你只教给他一门专业知识远远不够，只有文化到位了，专业知识才能到位，否则专业知识就是一个机器。为什么很多很有名望的人最后犯了罪？原因就在这儿，他的专业知识很强，但是他的文化素养太差了，他搞不清什么是道德、什么是不道德，反而犯罪了。联大的历史过程是改革开放的产物，是一支很有希望不断发展的队伍，它可以继续往前走，但是什么时候走到位，什么时候能真正率先，那就看我们的功夫下到什么程度。

访： 像您说的，分校时期我们还是达到了当时预期的培养目标，对分校的毕业生您持肯定态度吗？

贡： 我认为完全值得肯定，完全值得大说特说。至少分校的学生出来，你没发现有多少犯罪的，社会上没有打砸抢的。这些青年如果不经过分校的教育，他们在今天的职业地位上就没有一席之地，我觉得他们至少能够成为北京市整个文化城市建设的基础大军，我给他们的名字是基础大军。所以没有大学分校的四分之一，光靠慢慢脱节的老大学教育，我认为我们的教育改革，现在还远远没有完成这个跨度。普通大学的改革远远没有完成。我们现在走回了其他国家30年、40年的道路，即40年代美国征地运动以后的高校发展道路，现在正在使劲往上走，我们联大提出的一些口号，也都在奔这个路。

访： 咱们分校当时的办学定位是什么？围绕着什么样的培养目标来开展教学工作呢？

贡： 我们原来北航分院的老院长，1981年就已经很形象地概括了。他是北航知名教授，航空专家。1981年，他（王俊奎教授）兼任北航二分院院长，很清醒地看到我们培养学生的情况。他说不要轻易提高级工程科技人才，目标是培养德智体全面发展的合格人才，这个目标听着很低。1959年我考到北航，报到时校门口大横幅就写着欢迎未来的红色工程师，特别醒目，一进校园就能看到。这位老院长认为分院合格的就行，包括文化、知识、道德、智慧的合格，这就是德智体全面合格。我很欣赏，所以我特意把它摘下来。你要知道那是1981年，而且老同志出身高贵，是权威的航空专家，这就是实事求是精神。现在有一些人老是想当然地拔高自己，觉得名词越新越高越好，盛名之下其实难副，这是毛泽东说的。

我们的思路就是这样。对于自己的材料工程这个专业，我的论证也是这样。我在1982年被借调出去，1983年，一方面在学校参加行政管理、教课，另一方面跑到北京市，由高教局领导。1983年开始全国人才预测，我被借出去，专门搞一轻局人才摸底，然后提出未来五年人才的发展规划。当时我是具体工作组的组长，最后报告由我负责，在北京市得到了认可和表扬，摸底调查才使我提出这些改革举措。因此，定位发展很重要。

另外一个就是，不要总试图用你的定位标准来圈定每个人的发展，要创造适合他的发展环境，给他指明方向，要他自己去成才。学校就是一个大熔炉，就像烤箱烤面包一样。你只负责把每个面包做出来，放到烤箱里面。至于每个面包出来的形象，它的口感好吃不好吃，和揉面及其本身情况有关系。但是现在往往是工业化思想一刀切，标准化、规范化、程序化，这些大家都一样，但是大家最后的结果都不一样。所以这个工作，对我自身提高教育很大。

访：还有一个问题我们比较关心，您也带了很多学生，当时分校的时候，师生关系是怎么样的？

贡：分院的师生关系非常好。因为老大学来的老师没有时间接触学生，讲完课就走了，所以我们和学生的接触更多，特别是那个时候严格执行教学计划，比如下工厂实习，我都跟学生三班倒，晚上半夜再骑自行车回家。劳动才能加深人与人之间的感情，他们毕业了都回来看老师，关系真的很好。

访：您还有什么补充的吗？

贡：实际上联大正在往前发展，势头也正旺。我希望联大抓住机会，认清自己，更好、更快地发展！

【访谈手记】贡文清老师非常重视此次访谈，事前准备了自己手写的提纲。我们到他家后，又认真地帮我们挑选访谈拍摄的背景。谈到教育，贡老师充满了自信和对分校的怀念，这些令我印象深刻。贡老师所在的建材轻工学院是在北京航空学院一分院和北京航空学院二分院的基础上，经过多次调整合并，逐步发展形成。1982年11月，两分院合并为北京航空学院分院，原一分院改称一分部，原二分院改称二分部，仍在原址办学。1983年2月，北航分院基础部及一、二年级学生迁入原北京师范学院二分院校址（宣武区西砖胡同55号）办学。1983年12月，北京师范学院二分院和北京第二医学院一分院（位于宣武区盆儿胡同55号）部分教职工连同其原有校舍并入北航分院。1984年，北京市政府批示北航分院将西砖胡同55号原师院二分院校址移交宣武区教育局办师范学校，同时批准北航分院租用位于天宁寺的131中学部分教室办学。从此，盆儿胡同55号为北航分院校址。1985年3月，北航分院并入新组建的北京联合大学，定名为轻工工程学院。1986年9月，再改称为建材轻工学院①。

---

① 参见熊家华主编：《北京联合大学志（1978—2000）》，第1716～1717页。

教师梦联大梦

访谈时间： 2014年11月14日上午

访谈地点： 北京联合大学北四环校区综合楼一层的办公室

被访谈者： 诸天寅

访 谈 者： 宋秦（北京联合大学档案校史馆副馆长）

　　　　　张宇（北京联合大学档案校史馆工作人员）

文字整理： 宋秦

　　诸天寅，男，1938年12月出生，浙江人，教授。1961年北京大学中文系毕业，1979年调入北京师范大学第一分校任教，先后任北京联合大学职业技术师范学院中文系、文秘教育系主任，2001年退休。

2018年5月3日，诸天寅老师在中文系纪念北京大学120周年校庆展牌前留影

宋秦、张宇（以下简称"访"）：您曾经在北京师范大学分校工作过，今天我们想请您介绍介绍您在大学分校时期工作的经历和感受。您是怎么来到分校工作的呢？

诸天寅（以下简称"诸"）：我是1979年应聘到北师大一分校的。知道分校招聘教师非常偶然，说起来很有意思。因为当时我在北京一所中学教书，我的爱人在宣武医院图书馆工作，有时候我就上他们图书馆那看书，就认识了当时宣武医院针灸科的一个大夫，她有时候也上图书馆看书，就聊起来了。这位大夫，她的爱人是北师大中文系的一位教授，叫杨占升。他告诉我现在成立了分校，北师大成立了两个分校，一个一分校在东大桥，原来是芳草地小学旧址，是暂时借用的；还有一个二分校，就建在外馆中学。一分校是文科，二分校是理科。①他说现在分校刚成立，基本没有自己的师资，建议我去试试。确实如此，那会儿我们分校上课，大部分都是对口老校支援。

①　1978年11月，北京市政府依托北京师范大学，组建了北京师范大学一分校、二分校。一分校设在朝阳区原东大桥小学，开设中文、政教、历史等3个专业。二分校设在东城区（现为朝阳区）安定门外外馆斜街原外馆中学，开设数学、物理、化学、生物、地理等5个专业。1983年9月，两所分校合并组建成北京师范大学分校。校址在原二分校所在地（安定门外外馆斜街5号）。参见熊家华主编：《北京联合大学志（1978—2000）》，第405页。

虽然也得建立分校自己的教师队伍，但开始都是老校的资源、老校的教师。所以他就说，你看现在正在招聘呢，你看你愿不愿意试试？试试就试试吧，我就打电话联系。当时一分校叫北京师范大学一分校，其中有三个系，分别是中文、历史和政教系。1978年、1979年招生人数相当多，因为那会儿刚刚恢复高考，慢慢地，人越来越多，那些老大学都容纳不了。不得不感谢时任北京市委书记林乎加，办大学分校是林乎加书记主张并促成的事。那会儿，他由天津调到北京，就为了解决知识青年上大学的问题。他说一开始就办了36所办分校，因为有的办了两所分校，像北大、清华，还有北师大也是。我们一分校1978级的中文系一共有6个班，一个班有30多人，一共200多人。1979年学生稍微少点，有3个班。但是缺了什么呢？就是缺了自己的管理人员，因为那会儿一分校领导以及各系干部都是北师大派来的，孙煜院长就是从本校派过来的。北师大中文系当时派了一位主任——乔树桐，担任支部书记兼系主任。我得到这个信息以后，就跟中文系联系了。我的印象还挺深，第一次通电话的是那会儿的系秘书，叫郭冬，她也是刚刚到分校当系秘书，她说需要定一个时间来考核。我们说定了一个时间，在下午。

那时候条件非常艰苦，一分校所在地原是一所小学。有一个教学楼是四层的，不大，剩下的都是盖的木板房，包括我们的教研室还有图书馆、食堂。那种板房冬天一刮风，桌上就被蒙上一层沙子。有言道冬暖夏凉，而这种木板房则是冬冷夏热。

然后我就去考核了，北师大中文系派一个老师出题。题目是事先出好的，在之前的文章①中我提到，需要分析《雷雨》里面的繁漪、周朴园的形象，考试时间大约在一个小时左右，考完就把试卷拿走了。一个星期以后，考试结果反馈回来了，说考试通过可以到分校工作了。我考试得了86分，算是应聘者里的最高分。

访：当时有其他人参加考试吗？

诸：有，是这样的，我们分校的教师队伍绝大部分都是师大毕业的，中文系的老师是和我同时来的，大部分都在中学里任教。而且在1960、1961、1962年这几年毕业的居多，因为他们跟分校有渊源。像我这样的比较少，后来也招了一些外地的，山西、山东的都有，但有的也还跟师大有关系。山东那位郁亚馨老师是"文革"前的师大研究生，她的研究生导师陆宗达是很有名的训诂学家。

当时有一些从外地进京的指标，但是控制得比较严，后来有的外地教师想进京就比较麻烦，因为那时候北京的户口还是控制比较严的。我到师大一分校，就是这么一个过程，此时已是1979年的下学期了。但是距离真正上课还晚一点。为什么呢？原来的学校不放你，还做了好多工作，说支持新生事物，这样才调到师大一分校。

为什么到分校去呢？我觉得分校还是有发展前途的，而且它那会儿依靠老大学，老大学相当支持分校建设，领导干部配备师资、图书，我们不仅仅可以到师大图书馆去借书，而且他们还调拨了一部分图书。实验室也是，好多都由师大支援，他们还支援了一些器材、仪器等。当时分校是白手起家，什么都没有，分校真是艰苦创业，一步一步发展起来。

另外，我觉得分校的学生真是刻苦，特别珍惜这个来之不易的学习机会。因为我到分校，在中文系的第一年教79级的写作。本校派了齐大卫老师主讲，我们分校配了三个老师，79级三个班，我们就是辅导老师，主要干什么？主要负责批改作文，非常辛苦，一个学期四个月，每个月要有一次大作文和一次小作文，一共两次作文，一个班都是30多人，而且要求精批细改，要求面批，因为这样学生受益会更多。光写评语不行，你得当面指出来哪好、哪不好，在这里花费时间比较多。79级三个班，一班的辅导老师就是我联系的那位系秘书郭冬老师，郭老师现在已是很有名的报告文学作家了。我在三班，还有一位孙逸忠老师，孙老师1991年得肝癌去世了，他原来是师大中文系61届毕业生，后来也在一所中学教书，他跟我前后脚到的分校。不用说79级了，78、79两级培养出的人才也不少，北京联合大学党委书记徐永利就是78级学生，现在在市里面当领导的严力强①，曾做过市委宣传部副部长。那时，他就是我的写作课代表，他写过一篇作文《我的奶奶》，回忆他插队前奶奶给他缝补袜子的故事，很感人。他先留校，后来调到《北京日报》社，他的写作能力比较强。

于丹也是我们的学生，是1982年入校的，当时她是班长。对学校的事情特别热心。我们当时提了一个建议，希望把和平门的老师大改成分校，因为在南城没有高校，很需要建一所。我们这一建议，当时几位全国政协委员，诗人艾青、老舍的夫人胡絜青，还有北师大的启功先生，都表示同意。我们了解到于丹的父亲叫于廉，那时候是中华书局的副总编，她父亲原来做过万里的秘书，万里是副总理，也做过北京市的市委书记。于是，我找到于丹，托她父亲给万里同志递一封信，她很爽快就答应了。信里说的是什么呢？就是建议把和平门的老师大旧址改成师大分校。这事后来没成，因为那里有四个单位，还有房屋产权的问题，涉及面比较广，比较难办，但这事于丹帮了忙。

访： 我看您的文章里说有个统计，1980年的时候在相同教师、相同教材、相同试题的情况下，分校学生的分数还比本校高4分。这个统计数据是谁做的？是怎么来的？请您给介绍一下。

诸： 那会儿一分校的副校长汪郁馥同志是北师大派来的，原来在北师大中文系，专业是儿童文学。她是北师大中文系的总支书记，到一分校来当副校长，负责教学。还有一位叫许根琬，也是北师大派来的，做的是教务处处长。分校成立以后，整个教学模式、管理模式，全都是照着师大普通高师的模式。课程和教材是一样的、教师也大多是他们派来的，考试试题也是一样的。在1980年下学期的一次考试，分校教务处做了统计，分校学生分数比本校的高。为什么？因为分校学生学习特别刻苦。那时候分校没有宿舍，我们

---

① 现任北京市政协秘书长、党组成员，北京市委副秘书长，市委宣传部副部长（正局级）。

中文系的学生都是走读的，住在延庆、平谷，门头沟的都有，有时候早上乘首班车来都晚，你想这多艰苦？而且他们还利用在车上这段时间还背外语单词、古诗词，这种见缝插针的学习精神真的是太了不起了！那会儿1978、1979级还有"妈妈学员"，应用文理学院原来的党委书记郭淑敏，那会儿她结婚还有孩子了。还有人考上分校时，已经33岁，都已经娶妻生子了。一般20多岁出头就毕业了，现在他们刚考上大学的时候都30多岁了，都是老学生。不过这些学生真了不起，因为他们插过队，能吃苦。另外他们也真是爱学习，非常珍惜这个学习机会，他们的精神也感染到了我们老师，也能督促自己很好地为他们服务。

最初，我们都不太重视资料的收集，板房里一张照片都没有，为什么？那个时候照相机很稀罕，我们都没有照相机。你们现在找我们访谈就等于抢救，因为老教师也都年过古稀了，很多事现在年轻点的教师根本不知道。

访：老师在这样的环境之下也要克服很多困难，那新进的教师是如何培养起来的呢？

诸：艰苦奋斗是咱们分校的传统，是一个很可贵的传统。我在北大中文系毕业以后，先在北京外国语学校（白堆子），后来又调到西城区北京四十中学教语文。然后是1979年，到了大学分校。头一年教写作，第二年改了，我的专业就是现当代文学。我到了分校以后，有一个适应过程，因为高校和中学不一样。在高校除教学之外，还比较重视科研，即高校必须得有教学和科研，像一辆车的两个轮子互相促进，缺一不可。尽管那会儿强调分校是以教学为主的，以前一直在说以教学为主、科研为辅，但是也得有科研。所以，我们到了分校以后，不仅学生如饥似渴地努力学习文化知识，我们的教师也得充电，也得不断学习新专业知识。所以我们到了分校以后，都抓紧每一个机会去学习。1981年暑假，我到大连参加一个现代文学讲习班，由很有名的专家学者讲课，我整个暑假都在那儿度过。1981年北京举办鲁迅一百周年诞辰仪式，那会儿大家不认识这分校，我们不是正式代表，参加不了，就都列席旁听，大会发材料，我们什么都没有，但是我们也要挤进去，因为有些讨论也可以参加。另外还得回北大听课。你想多远啊？北大的课一般是早上9点，我们早上6点多就得骑自行车去，一般骑自行车，我们抓紧每一个机会充实自己，也尽可能多地参加外地的一些相关学术活动，非常困难。为什么呢？因为经费太少了。那会儿我们采取了什么办法？每个老师一个学期一个人一次机会，外地的一些学术研讨会我们去不了，因为参加学术研讨会的车费、会务费等需要报销，都由学校出，而学校里没有那么多经费，就只能大家轮，这学期是我，下学期就是你，如果不参加这些（学术研讨会），就无法了解该学科的一些前沿动态，参加还是有好处。另外我们还认识了一些朋友，大部分都是高校的，外地的、本校的都有，所以参加活动的受益很大。大家都要慢慢成长，因为一开始做一个合格的高校教师绝非易事。

我们利用一切机会走出去。年轻一点的，我们全都送他们到研究生班，有的在本市，有的在外地，还叫在职研究生班，因为将来评高级职称必须得有研究生学历，没有研究生学历评不了。咱们学校师范学院原来的副院长叫傅桂禄，我们那时送他到武汉大学，易中天是他的老师，他保存了一个考试成绩单，签名是易中天，还有的老师被送到华东师大。分校很注意对老师的培养，尤其是青年老师，只要有机会就送他们去进修，主要利用寒暑假，尤其暑假，因为暑假时间比较长，这对他们后来提升水平和评职称都很有帮助。举个例子，就近的师大就办过好几个研究生班，主要就为这些青年教师。首师大那会儿由欧阳中石老师办书法班，我们也派书法老师去参加，要给他们提供学习的机会。

分校时期我们就有共同备课的要求，延续下来就是联合大学成立后的协作组，像中文协作组。因为什么？好几个分校有中文课，那会儿有的不叫系，那叫什么呢？叫文科基础部，包括写作、大学语文、美学课等。有的分校没有师资怎么办？就由我们支援。

联合大学成立以后，有时候会开一些选修课，联大总部发通知，各分校

（指二级学院——编者注）的学生可以跨校来听课，而且他们要参加考试，及格成绩也算。不过那时大部分都只有合格、不合格两个档，不是五分制，但起码学生修了这个课。比如中外文学名著，好多分校的学生都来听，一共有200多学生听课。像化工分院原来在鼓楼那边，地方很小，后来才迁到垡头那边去，他们还很羡慕我们有文科。没有文科怎么办？只能来听，因为我们的课大部分都是礼拜五下午，听完就回家了，文科生想听理科的课也可以去听。

那会儿教学比较灵活，不只顾自己一个学校。开始的时候，分校的院长、副院长、书记、系主任，大部分都是本校派的，而且派来的都是很优秀的教师。那会儿课时费很少，相当于公益、义务，一节课才几块钱，启功先生到都会来这儿教书法，他是个很有名的老师。北师大的老师比如聂石樵、韩兆琦、许嘉璐等，都很受欢迎，慢慢就由他们来培养分校的教师，分校教师先听他们的课，开始的时候不是主讲，是辅导，主要做批改作文作业的工作。后来也让我们讲一两节课，介入了教学实践。那会儿都是大课。采用电化教学，看电视播放。在演播室里面，是最原始的，现在的学生可能有的都不知道了，长城286、386，最后升级到486，现在早就淘汰了。也不知道从哪儿支援过来一批，有的还吊在教室中间，因为那会儿屏幕也都很小。分校一步一步走，走到现在，真的是很不容易。

另外，我们分校可以去本校借图书，我们自己也逐渐建立起图书馆，让各系老师到中国书店去买。我们到西单商场里的灯市口旧书店、海淀图书城买旧书。其实这时候旧书就很珍贵了。那会儿，教学模式全部都按老大学做，学习他们的教学大纲和管理模式，主要通过教务处教学，管理生活的叫总务处，后来改叫后勤处。我们师范院校的毕业生，每到快毕业的时候，都要到中学去实习，为期一个月，是教育实习。

教育实习主要包括两个方面，一是教学，讲一次课，还有就是当班主任。每年那会儿我们都将学生分成组，一个组多一点，比如有七八个人，人少的那组也有五六个人，实习期间有的学生表现不错，被某单位看上了，就被预定了，有的就不行。那时师范院校的毕业生，去向有所分工。有几个师范院校，是面向全国分配的，比如北师大。首师大原来是北京师院，他们主要面向北京区县。咱们分校主要面向什么？是职高、中等职业学校。

到1982年，我们就提出分校跟老校要有区别，不能完全按照老校的模式。培养目标得有分工，论往普通的中学分配，你比不过北师大和首师大，后来我们转移了方向，改成职业技术师范学院了[①]，是因为考虑到社会需要，曾有一度北京的职高、中等职业学校比普通高校多。我们的毕业生主要是到中学教书，我们通过随访发现都还挺不错，相当好的也都是咱们的毕业生，包括分校最早的毕业生，好多也都是优秀班主任、模范教师，那会儿电台、广播电台经常表扬我们学生担任教师的先进事迹。当然这个也需要一分为二看待，也有表现不太好的，有一两个不好的就败坏整个学校的形象了，也敲响警钟，还需要尽量弥补。非师范高校里，有两个课没学过，还得补课。一个是教学法，还有就是教育学和心理学，师范院校里都有教学法和教育学、心理学课程。

分校必须办出特色来，没有特色就没有立足之地，所以那时就提出要向职业技术教育这方面转。

访：咱们分校提出转变有一定难度吧？是个怎么样的过程呢？

诸：这个转向难度很大。因为这些教师都比较熟悉普通的高校，办职业技术教育比较新鲜，另外专业职技方面整个都得重新调整。所以中文系一直到1990年才转向，已经很晚了，最晚的就是数学系和中文系。为什么呢？因为再不转就完了，高教局说你再不转，就直接停止招生。一旦停止招生，这个系不就不存在了吗？实际上已经有前车之鉴了，原来我们就有历史系，最

---

① 1985年3月，北京联合大学组建后，北京师范大学分校并入北京联合大学，更名为职业技术师范学院。参见熊家华主编：《北京联合大学志（1978—2000）》，第406页。

后撤了、没有了，很可惜。那会儿已经跟故宫博物院联系改成博物馆系，多好啊，可以发展博物馆，培养一些研究文物和讲解的老师，人家也答应在经费上给予支持，最后也不知道怎么没成功，很可惜。后来被应用文理学院收编了，他们建了博物馆专业。总之，办学有经验，也有教训。

根据当时目标的转向，在系的设置上做了一些调整，我在1991年受命于危难。我从1991年开始担任中文系系主任，这是最难最难的时候了。为什么呢？人心四散，不稳了，因为再不改的话就不能招生，那些教师就需要自行找出路了。我们中文系原来是分校最大的一个系，最多的时候有43个教师，文科专业有几个大的教研室，像古典文学教研室、现当代文学教研室，都配齐了，其余设施也基本都配备齐了。写作教研室分两部分，有基础写作和公文写作（应用写作），外国文学、文艺理论、教学法，全都有。最后到我接的时候，很多人都调走去干别的了，最后只剩了19个教师，可见那会儿人员分散得有多厉害。有的毕业生虽然留校了，但刚留下来就让他们走，家长就意见很大，让我们负责找工作、接收单位，留校一般都是比较好的。

那时我们到各个区县的教育局、职高、中等职业学校调研了解社会需求，即具体需要职技哪个方面的专业教师，职技教育跟原来普通的师范完全不同，要设文书学、秘书学、公共关系学还有计算机技术，都是一些新的专业。那时候好多老师都做了很大牺牲，放弃原来的专业，转到了新的跟职技方面相关的专业。后来在1992年，我们改叫了文秘教育系，不叫中文系了。我们制定了新的教学大纲，改革方案经过高教局批准，北京市教委也允许办这个专业。但是这个专业的学生数量就少多了，一年就招一个班，一个班只有40多个学生。后来又采取了推荐的方式，即其中一半由各个职高、中等职业技术学校推荐的优秀毕业生组成，已经给他们定好协议，哪来回哪去，就都很高兴。他们大部分都在远郊区县，这样就解决不少问题。

另外就是当时的教学计划、考试办法都得重新拟定，因为原来都用的北师大，需要自己重新制定职业技术教育方面的新教学大纲、考试办法。另外，从教学资源上来说，主要的是上级拨款和世界银行贷款，也解决了很多问题。那会儿教育经费特别紧张，比如我们师范学院一年300多万，跟现在没法比，真是紧日子苦日子。但分校教师也确实比较好，有艰苦奋斗的意识，忠诚于党的教育事业，不计报酬。总之，在分校做老师，需要有奉献精神。

访：调整的过程一定是很艰辛的。那分校时期，师生之间和教师之间的关系如何？

诸：老师和学生的关系比较好，比较融洽。分校是走读，跟老师的接触的时间比较多，比较密切，老师也比较关心学生。主要表现在什么地方呢？一个年级除了要有班主任，还都有辅导员。一个年级配一个辅导员。中文系原来只有一个党支部，后来合并了，有教师党支部、学生党支部合并起来，成为了一个党总支。支部书记主要负责学生的思想政治工作，培养学生积极分子入党，因为学生党员人数一度太少了，需要积极发展。所以后来党支部书记和我们行政的互相配合，都帮忙照顾，那会儿有个别谈话，也有党课，发现好苗子就积极发展，最好在二年级就发展，因为再晚的话，他们毕业就都走了，起不了作用。

刚才已经提到，学生跟老师的关系不错。直到现在，分校有的毕业生，跟老师还有联系，比如于丹跟她的班主任冯燕庆老师就一直都有联系。于丹现在也说，班主任老师的电话我必须接。

另外教师之间的关系一般都不错，虽然也都来自五湖四海，原来素不相识，但是有时候还有一个关系。我们大部分都是师大毕业的，都是师兄、师弟、师姐、师妹，都在校园里见过，有个师承的关系。

访：您提到电化教学，那当时采用观看闭路电视这种教学手段的主要是哪种课程？适用面有多广？

诸：它主要是一些公共课、大课、专业基础课，有的就是现场直播，有一个专门的直播间供老师讲课，并安装有摄像头。我在讲课，几个教室里的学生就同时都在教室的电视机里看到了，非常方便。

访：您对学校有什么寄语吗？

诸：首先，联大的老师一定要有自信，我们不低人一等。分校的办学经验可以很好总结，后勤管理也逐步完善，食堂的伙食质量不断提高。咱们以前真是一穷二白，根本就没有食堂，一度上外面订盒饭，但是学生有意见，为什么？嫌贵。

之前有北师大分校工会委员会，1985年以后就有了教代会，起的作用更大，年年开学校重大问题的会，通过教代会来表决。每周也有半天的政治学习，在每周星期五的下午组织教师政治学习，现在可能没有了吧？还有半天的政治学习，以及半天业务学习。此外，还组织春游、秋游，增进教师之间的感情，也有利于身体健康。并会组织参观抗日战争纪念馆、历史博物馆，加强社会联系。那会儿组织课外讲座，比较活跃，最多的时候是一周一次，一周下午请一个，后来是两周一次，再后来是一个月一次，那时咱们请了写《青春之歌》的杨沫。老舍先生的儿子舒乙还到过分校，恐怕去了得有五六次。他口才特别好，住得离我们外馆斜街也近，那时候几乎每个学期都讲一次，讲老舍的爱国思想、教育思想、老舍与现代文学。他讲课最受欢迎，在阶梯教室里面，不是所有学生都能去听，只有一部分学生能进里面去听，有时候连门口外面都站满学生来听，讲完以后这些学生都让他签名、合影，很活跃。还请过谁呢？比如北大的吴小如①教授。吴先生今年刚去世，是我的老师。我请他到我们分校讲课，讲怎么欣赏古典诗词，也是盛况空前，他讲台的旁边、窗台上坐满了人。讲完后学生都不肯走，想要互动，有的学生递条子，希望他再来讲。后来又讲了怎样振兴京昆，对学生受益匪浅。那会儿课外讲座，还请过中国戏曲学院的萧濂老师，专门讲昆曲。他给我们拿了好多盒磁带，一边放、一边讲，后来就放了《牡丹亭·游园惊梦》："原来姹

---

① 吴小如，北京大学中文系教授及中国中古史研究中心教授，中央文史研究馆馆员。在中国文学史、古文献学、俗文学、戏曲学、书法艺术等方面都有很高的成就和造诣，被认为是"多面统一的大家"。2014年5月病逝。

紫嫣红开遍，似这般都付与断井颓垣。良辰美景奈何天，赏心乐事谁家院。学生听了以后就说，以前根本不知道什么叫昆曲，今天一听，真好听，以后也要买点盒带来听。这不就培养了学生的爱好吗？这昆曲不就是非物质文化遗产吗？高等学校一定要有比较浓厚的学术氛围，要有一些学术讲座，尽可能请一些比较知名的学者、科学家来讲，对提升学校的品位、层次也很有好处。

我在联大从分校开始，工作了30多年。我在1979年调来，到2001年退休，退的时候我已经超期了，因为我1998年就到年龄了，学校说让我再干两年，我就又多服役了三年，直到2001年。但是我2001年退下来以后，到这边国际交流学院又干了9年，给外国留学生讲课，我真是把一生最美好的时候奉献给分校。来的时候三十出头，做过两届系主任，分别是中文系和后来文秘教育系。确实是比较艰苦，正好处于普通高师向职技高师转型的阶段。刚开始的时候，教师纷纷要求调走，情绪也不稳定。大家觉得前途渺茫，这个系还能不能存在都打一个问号。后来在校领导的支持下，经过全系同志努力，总算度过了这一关。我在退休前，系里的老师给我写了一份赠言："辛勤耕耘二十载，为我系建设呕心沥血，功勋卓著，文秘系同仁深表敬佩和感谢。老骥伏枥，志在千里。望教授发挥余热，再做贡献！文秘教育系全体教职员工。1999年3月11日"这是对我的鼓励和鞭策。我自己也想过，不是说自己要有一个总结评价吗？后来我再三考虑，给自己打了80分。不能说太高，但是也做了一些工作。

所以事在人为，关键在于人的动力有多少。分校的环境、条件不如老大学，它们是"211工程"大学的，我们没有这样的条件。但随着大家的慢慢努力，院校的知名度也在逐渐提升。

但我们还要在自信的基础上，在管理方面发挥系务委员会的作用，我们都建立了系务委员会。系务委员会成员是谁呢？总支书记、正副系主任，还有各个教研室的教研组长，系里面的一些重大事情一定要有民主作风，坚持透明、公开公正，通过系务委员会讨论、决定，而不是由一个人说了算。另外就是发挥教研室的作用，集体备课、互相听课，现在还在坚持。比如大家都教大学语文，就集体备课、互相听课，然后评议，这样就能不断促进教学水平的提高。

要敢于管理、善于管理。管理好的方法，主要是建立一个好的学风和校风，学风、校风一级传一级，这样就能逐渐把一个良好的学风、校风树立起来。这个很重要。

一定要依法治校。十八届四中全会强调依法治国，对于学校来说就是依法治校。另外就要艰苦奋斗、艰苦办学、勤俭办学。因为分校的传统就是艰苦奋斗、一穷二白、白手起家，所以我说艰苦奋斗就是咱们联大的传家宝，厉行节约、精打细算、过紧日子，永远不会过时。一定要杜绝铺张浪费、讲究排场、奢靡之风。

一定要坚持以人为本，懂得关心人，让联大人无论是在职还是退休，都会感到温暖、心情舒畅，感觉到互相之间的关心。

联大要培养自己的名师，在社会上有一定的知名度，对扩大学校影响有帮助。学生报考学校，往往是冲着老师来的。因为学校有一些比较优秀的老师，他就来报考。

还有一点，党政领导一定要团结合作。即党支部书记和系主任一定要互相配合好，有分工、有合作，要互相补台，不要互相拆台，这样就增加了系的凝聚力，能比较好地贯彻学校学院的各项规定、要求。有利于团队的事就做，不利于团队的事就不做；有利于团结的话说，不利于团结的话不说。因为不管是一个系还是一个学院，党政不团结、不协调的话，工作就很难做了。

最后，现在在强调中国梦。原来我有教师梦、联大梦，但可能只是个梦想。联大的各个学科都比较齐全，但是，文科相对来说比较薄弱。以前社会上总是重理轻文，但现在国家也强调，要重视传统文化。我们要重视文科，重视传统文化教学，因为我们还有这个优势，这是我的一个梦。

我还有一个梦，就是想给联大已经去世的领导、教师编一个集子，可以叫怀念集或怀思录，因为这些领导同志，在分校时期或联大时期都做了很多贡献、付出了很多心血。他们与世长辞了，我们去整理相关史料，以表示对他们的怀念和尊重。我现在觉得很惭愧，因为我对联大做的贡献还远远不够，我希望联大能够越办越好，真正成为一所令人民满意的大学，为国家培养出更多德智体美全面发展的接班人。虽然我已经退休很长时间了，但现在仍在尽量做一些力所能及的工作，努力为联大增光添彩，我也很感谢联大各届领导对我的关怀和重视。

【访谈手记】访谈结束时，诸老师一再问我们还有什么需要补充的，有没有漏掉访谈提纲上的问题。事实上，考虑到诸老师已经70多岁快80岁的年纪，我们很担心他的身体情况。本不想将访谈时间持续这么久，但整个访谈期间诸老师没有休息过，非常健谈。听到我的肯定回答和担心，诸老师说："没有问题，当老师时连续讲两三个小时没有问题！"我们不禁莞尔。

我们的第一家

——旅游学院

时　　间：2014年10月29日上午

地　　点：北京联合大学旅游学院接待室

被访谈者：王常基

访 谈 者：梁燕（北京联合大学高等教育研究中心副研究员）

　　　　　郭鹏（北京联合大学旅游学院酒店管理系党总支副书记）

文字整理：郭鹏

　　王常基，男，1932年8月出生，祖籍黑龙江省齐齐哈尔市。1947年在东北参加革命，作为民主联军曾参加过辽沈战役和平津战役，并南下参与了解放广州战役。1952年调到海军航空兵工作。1978年年底，由部队调到北京第二外国语学院分院。1979年担任北京联合大学旅游学院党委办公室主任，1979年任机关党支部书记。1994年离休并任离休干部党支部书记。1996年担任北京市老干部活动中心合唱团及和平之声合唱团团长。

梁燕、郭鹏（以下简称"访"）：王老师，您好！首先感谢您接受我们课题组的访谈，我们想了解一下北京第二外国语学院分院及旅游学院的一些历史。现在请谈谈您是哪年来到二外分院工作的？二外分院建院初期的一些情况是怎样的？

王常基（以下简称"王"）："文革"之后，北京为了大力发展本市经济，为成立分校做人才上的准备，当时成立了36所分校①，二外分院是其中之一，开始叫第二外国语学院分院②，之后才改成了北京旅游学院③，也是为了发展北京市旅游事业。那时候全国80%的游客是外国人，但没有旅游业相关人才。市委在考虑其中一个学院能够转成旅游学院，拿二外分院开始试点，筹备了一年多，首届培养出来的学生都不错，就转为正式的北京旅游学院了。

王常基近照

北京旅游学院，是全国第一家专门培养旅游人才的大学。其他大学，比如杭州大学、中山大学，都做的是旅游系、酒店系。南开大学也是，他们有旅游一个系。但是真正叫旅游院校的，就只有咱们旅游学院。旅游学院最初招了500多个学生，当时叫二外分院，有三个系、三个语种，日语、英语、法语。学生都是一些插队回来的知识青年，恢复高考以后，300分就能录取。插队的知识青年平均年龄都比较大，都是25、26、27、28的，还有30多岁的，甚

---

① 1978年中共北京市委、北京市政府利用一些中、小学和企业的校址、厂址办起36所分校。参见熊家华主编《北京联合大学志（1978—2000）》，第4页。

② 1978年建立北京第二外国语学院分院。参见熊家华主编《北京联合大学志（1978—2000）》，第548页。

③ 1980年初，在中央和北京市政府领导下，成立了"北京旅游学院筹备处"。廖承志同志亲笔题写了"北京旅游学院"的校名。参见熊家华主编《北京联合大学志（1978—2000）》，第548页。

至还有35岁的，所以当时比较好管理。为什么呢？首先是学生比较少，其次是他们都经过了插队锻炼，纪律方面都非常好。还有就是上大学不容易，经过十多年插队、兵团工作，现在终于有个学习机会了，他们觉得很难得。所以，那时候学生相对于现在来说，总体比较好管理，思想、素质都比较好。

建院初期的时候，是自力更生的。怎么自力更生呢？校址是撤销的73中的校址[①]，7亩地左右，特别小。那里有一个很小的操场，有4层楼，不管上课还是机关办公，都在那一栋楼里面。机关干部还发动了一部分同学，我们一起动手。墙抹灰是我们自己抹的，打扫院子、清理渣土也由我们来做，反正当时挺困难的，不像现在都和装修公司签订合同。那时候叫艰苦创业。我是1978年底转业到二外分院的，亲历了二外分院创办、调整、发展的过程。

访： 包括二外分院在内的36所大学分校是在较短的时间内建立起来的，当时二外分院的干部、教师的来源是怎样的？

王： 机关工作人员是这样的，73中学留下来一些干部，市委也调了几个干部，我就是市委调来的。我在部队转业，正好大学要成立分校，我就去了。领导分配我去哪就去哪，属于市里分配的干部。二外支援给咱们一些干部，加上工友一起，一共是30多个人。是这样的情况。

另外师资的话，分校本身没有老师，清华分校、北大分校、一外分院、二外分院、北航分院都得从本校提供老师。刚开始还没有搞旅游的专业，那时候英语、日语、法语三个系的老师都是从二外临时调来、配备的，但本校只解决教师问题，领导干部归教委管理。本校不管分校的行政工作，财政的拨款也不由本校负责，只负责解决老师、教学问题。

访： "文革"结束后，北京社会经济处于恢复时期，大学分校又是因陋就简建立起来的。请您介绍一下二外分院领导小组的构成情况，当时办学面

---

① 1978年建立的北京第二外国语学院分院，位于北京东城区新中街，是原73中所在地。参见熊家华主编《北京联合大学志（1978—2000）》，第548页。

临的最大困难是什么？又是怎样克服的？

王：改成旅游学院之后，愿意留下的老师就留下了，我们留下了一批、走了一批。最大的困难是什么？没有老师，谁上课？没有人懂。而且，教材也是个很大的问题，我们这边没有教材，全国也找不到一个与旅游业有关的教材。所以应该怎么办呢？成立旅游学院以后，领导层不叫分院的院长，也还没成立党委①，也不叫党委书记副书记，叫领导小组②，即二外分院领导小组。领导小组由5个人组成，一个叫陈苏光，他是组长，是市委组织部从曙光电机厂党委书记调来，当领导小组组长。第二个叫雷文，是第二外语学院的一个副院长。他临时调过来当领导小组成员，负责教学工作。还有一个李越然，是二外的教务处长，也分管教学。雷文很少过来，只有李越然长期盯着教学，具体负责教学以后就变成了院长。还有一个叫赵生富，他是东直门街道办事处的党委书记，他调到这来以后，当领导小组成员，负责政治思想工作。还有一个叫张质夫，他是光华木材厂厂长，调到这以后负责后勤工作，也是领导小组的成员。以后改成北京旅游学院，这个领导小组又领导了两三年，才成立党委，有了院长、副院长，有的也回本校了，比如李越然，老师也跟着回去一部分。

刚才讲了最大的困难，一个是老师问题，一个是教材问题。老师方面，旅游经济、经济管理，老师都是过去从北大调来的，也开始从北京市经济学院自己调来几个老师。外语基本还用本校老师教，其他旅游专业的课程，则由外面调来的一些老师教。教材方面，我们的老师都自己编写教材，请示教

---

① 1980年6月，《关于北京市大学分校领导体制若干问题的规定》："大学分校在建校初期，暂由领导小组负责全面工作。要积极创造条件，建立党委，实行党委领导下的校长分工责任制"。参见熊家华主编《北京联合大学志（1978—2000）》，第8～13页。

② 大学分校建立之初均采用党政合一的领导小组体制，这一体制运行时间不长，一般运行到1979年年底或者1980年。领导小组直属北京市委领导，负责分校的筹建及办学初期的日常工作，成员来自市委、市政府有关机关部门，相关业务局、研究所和相关的大学本校。参见熊家华主编《北京联合大学志（1978—2000）》，第8～13页。

委，他们都同意我们到国外去考察，去考察澳大利亚、美国、法国的旅游业，以及它们旅游业的教材都是什么样的。我们搬来现成的，之后就回来翻译。还有日本的旅游业入门，也是翻译过来的。我们还从外面调来一些地理老师，搞旅游地理，比如，最初咱们的一些老师到金山岭长城去调查、研究以后，觉得可以就作为旅游资源，还有野三坡也是这样调查的，我们就是这样编写的旅游地理。据我了解，现在咱们的旅游专业，包括旅游经济学、饭店管理、旅游文学、旅游地理等教材，都是由咱们的老师编写的。变成了旅游学院，还多了一个旅游管理系，把法语专业撤销了。那时法语不太好分配，就变成了两个系，分别是旅游导游系和旅游管理系，当时就是这样的情况。

访：您前面提到，二外分院的教师的来源很多，师资队伍建设应该是很重要的一项工作，请您介绍一下这方面的情况。

王：当时培养教师的方法有两个，一个是到老大学进修，另一个是到企业实践。他们可以到广州中山大学学习，老师都是那时候送出去学习的。也送好多老师到杭州、广州、天津去学习，方便他们回来以后教学生。另外，为充实老师的专业知识，我们还派了一些老师到各大主要饭店考察，包括长城饭店、北京饭店还有新桥饭店、前门饭店等，有的甚至可以代职当副总。还去一些大旅行社比如国旅、天马旅行社等当副总，让他们亲自带一带团，也算是实地考察，就这样又编写了一些教材。学校科研组也做了专门研究，理论和教学上都做了很多调查、编写一些教材，整个旅游业、全国的旅游业应该怎么发展，都由旅游科研组做，编了不少书。之后出了旅游学刊，这本学术杂志在全国的知名度都很高，这吸引了一些外省市的人来进修。咱们虽然是在给北京市培养旅游人才，但是因为是全国第一家旅游学院，他们都会来学习。旅游学院对全国旅游事业、旅游教育事业的发展确实做了很大贡献，一些老院长、书记还有教务处长，对学院付出了很多，对旅游业的发展起了很重要的作用。

访：二外分院和旅游学院的人才培养目标非常明确，就是培养社会急需的旅游人才，那学生的毕业分配情况怎样？毕业生的社会评价如何？

王：咱们学院最初是独立的大学本科，也是一个局级单位，也是本科四年。学校培养出来的第七届、第八届学生毕业以后，分配到全国各地哪个地区的都有。经过用人单位调查反馈，可以说80%到90%的学生都很合适，有的不到两三年就被提升为副总，有的都提为老总了。可以说，这些毕业生基本都成为了行业的骨干。再就是外语专业。咱们学校强调口语课，口语必须过硬，经过北京外事局的批准，咱们可以从国外聘请一些老师，那时候已经开始有外教了，我们的外语老师也跟着学，学完以后教学生。毕业生的口语都受到社会的广泛赞扬，外国团夸我们学到了他们当地的口音，极其赞扬这些学生，总体来看，教学质量相当不错。那时候的楼道里、小操场上都回荡着朗朗的读书声、外语对话声。二外李越然是教务处长，他教俄语，很有教学经验，口语相当不错，给咱们国家领导人当过翻译。他说在我们这里进校园两年以后就都不用说汉语了，见面以后，同学之间就可以用外语互相交流。但旅游专业还稍微差点，因为才刚刚建立。但是也确实不赖，因为到各大饭店实习，我们也懂得一些饭店和旅行社的操作流程。总之，无论分配到旅行社，还是各大饭店，反响都很不错。

访：请您介绍一下，二外分院改成旅游学院之后，学院的隶属关系有变化吗？具体怎么样呢？

王：据我了解，国务院教育部不承认当时北京的这36所分校，因为院校太多，不了解教学质量，就没批。之后，市委就想辙了，因为最初社会反响很好，培养出了很多人才，其他分校培养出来的学生也都很不错。但也不能撤销了，所以教委就想辙分校，成立一个北京联合大学[①]。换句话说，我们变

---

① 1984年6月，北京市政府向教育部呈报《关于在大学分校的基础上成立北京联合大学的函》，1985年1月获得教育部的批准。参见熊家华主编《北京联合大学志（1978—2000）》，第3页。

成了一个二级大学，对外就是一个联合大学。现在已经建校快40年，那么最初成立的时候和联大是什么关系呢？联大基本是个松散组织，虽然各学院与联大也是领导和被领导的关系，但从整个行政教学的各个方面来讲，并没有很好地研究联大可以管多少方面，只能先把大学成立起来再说。所以联大究竟管什么呢？管经费，经费不能直接拨到每个分院，由联合大学拨。如果教师不够的话，协调教师也管一管，而教学计划没法管，一个学院一个专业，该怎么制定教学计划？联大有了，但刚开始基本是个松散组织，是慢慢才落实的；它现在才变成了一个实体，有些东西该收就收，甚至有些东西都统一领导起来了。

旅游学院跟旅游局也有关系，是什么关系呢？中间有一段时间发展旅游事业，教委也很难实行具体领导，现在要想很快培养出来旅游人才的话，就可以归旅游局领导，他们在业务上可以给予指导。另外也可以交流，就是老师到各大饭店、旅行社代职，老师代职当副总，就相当于实习，可以实习一年到两年，由饭店经理当客座教授，讲讲将来饭店和餐饮具体怎么管理的问题，就好解决了。最后，上面达成了协议，就归旅游局管。旅游局和我们是领导和被领导的关系，那几年管理并不松散，经费、党政工作和人事调动都归他管。

这段时间联大和旅游局也管，名义上是双重管理，但它是一个院校，也不是什么旅行社。旅游学院的经费，联大和旅游局都管，有时候开会通知我们去。但是联大管得很少，有时会请示旅游局。经费从旅游局给，干部也从旅游局调配，有一些懂专业的老师和干部都调来。那时干部比较充实，是从旅游局的战线上调来的，经费也加上了。另外，也需要与各大饭店、旅行社的干部交流，旅游局也都管。

联大形成实体有一个过程，形成实体以后，就涉及到旅游学院了，出现了一个旅游学院归谁管的问题。有一段时间要和二外合并，二外不同意，这一关就过不去。现在，二外虽然挂了中国旅游大学和北京第二外语学院两个牌子，但只有一个系，即旅游系。经研究，它是一个教学单位，仍归教委管，还是被编入联合大学了[①]，和旅游局脱钩，我们现在只和旅游局有一些业务关系[②]。

访：二外分院规模不大、专业不多、易于管理。请您谈谈二外分院和旅游学院干部、教师以及学生管理方面的情况。

王：那时候管理很紧张。不管是国外还是国内外聘的老师，学生都很尊重。当时的机关干部和教师，发展了30、50个人，学校管理非常严格。那时候，工作非常重要，要求也很高，二外的教务处长到这里负责教学工作，要求机关干部都得懂得外语。一周给我们安排了三次课，用了三个半天学外语，学得还挺不错。学了两三年以后再让外教教机关干部，我也跟着学过，自己选择想选的语种，但基本都报的是英语和日语，没人报法语，我们还跟学生学了两年外语。说到学生管理，当时学生都是走读的，走读了几年之后才是住宿。当时一直有人提意见，如果住在比较远的郊区，比如顺义、怀柔等，这就很难办，当然最后教委批了，还在潘家坡的一个小院盖了个宿舍楼。那时候走读学生挺好管的，素质都不错，都经过了插队锻炼，学生年龄不同，也能一视同仁。经过批准，还会收一点外省学生，都是自己找饭店、旅馆、自己亲戚住，大部分都到亲戚家住。不过那时外省市招生控制，不让招太多。

后勤管理这方面总的来说还可以。由张质夫管后勤，主要是食堂，有时候他还亲自下去抓食堂工作，让学生吃好。咱们这几个学校在朝阳潘家坡的

① 根据1985年3月6日市政府下发的《关于建立北京联合大学的通知》，旅游学院挂靠北京联合大学，仍为相对独立的实体。参见熊家华主编《北京联合大学志（1978—2000）》，第548页。
② 1985年3月6日，旅游学院纳入北京联合大学，党的工作1990年之前归市高教工委领导，之后归市商贸工委领导，其教学科研等业务工作归联合大学领导，行政领导隶属于市高等教育局，1989年之后归市旅游局与市高教局双重领导。参见熊家华主编《北京联合大学志（1978—2000）》，第549页。

时候，张质夫亲自领导大家碎砖头碎瓦、带头装车，搞校园清理。后勤还有车辆保障，因为咱们自己没有运动场，要到外面租场地开运动会，他都从光华模具厂借10辆大卡车，来拉学生。当时后勤保障特别尽力，一直做得很好。

访：您前面谈了二外分院的创办和调整、领导小组和干部情况、师资队伍建设和教材建设，以及教师管理和学生管理等内容，您还有什么需要补充的吗？

王：那就补充一点文艺活动的情况吧。咱们学校原来每个系还有一个歌咏队，现在没有了。一到周五，老师没有课了，大家就聚在一起一起学唱歌，再搞点比赛。因为我陆军的时候在44军文工团工作过，也在海军文工团待过一段时间，很有经验，所以有时候也会让我出面帮忙搞文艺活动。有一次歌咏比赛，我们在旅游局管的26个院校当中得了第二名，很不简单，好多歌星都来了，第一名是建国饭店或昆仑饭店，第二就是咱们，可能还有奖牌。联合大学30多个院校①的时候也搞过一次歌咏比赛，咱们得过一等奖，这也很不简单。当然，我过去干过文艺这个专业，干什么吆喝什么，我跟党委一直建议，把校园的文化生活开展起来，成立一些学生喜爱的活动社团，给学生一定的时间搞活动，在联大的歌咏展示当中，对我们的评价是比较高的。我今年都82岁了，让我回来指挥了，可是我身体不行，便拒绝了，可是学校也找不到其他合适的人了，所以我还是回来帮忙了，因为不排名次，要求相对较低，所以唱得很好。校园文化生活相当重要，大家活跃一点，工作气氛也就变好了，历史上咱们搞得都很辉煌。在情感上，我把旅游学院当成我的第一家，因为那里有我们共同的耕耘与收获，有我们共同的付出与

---

① 校正：教育部批准市政府1984年8月关于将12所大学分校组建成北京联合大学的请示，于1985年1月建立由15所分校组成的北京联合大学，此处30多所分校应为1978年中共北京市委、北京市政府利用一些中、小学和企业的校址、厂址办起36所分校。参见熊家华主编《北京联合大学志（1978—2000）》，第3～4页。

荣耀！

访：您从二外分院建院之初就来这里工作，一直到现在退休，都还在为联合大学工作，发挥余热，这种精神值得后人学习，请您再谈点个人体会。

王：好！学校今后应当加强德育教育。说实话，我本身不是搞教学的，专业是政治方面的，因此我没有亲自搞教学。我在岗的时候，就特别关心学生素质问题，咱们大学培养的学生，特别要加强德育教育。从小学、中学到大学，青年人的人生观在不断形成。如果你的人生观还没有完全形成，甚至行动上没有落实，但是至少你在理论上，需要知道什么是正确和不正确的人生观。现在有些学生稀里糊涂，根本说不出人的最高思想境界是什么，所以大家需要从理论上知道一些东西，比如最高的理想是什么，清楚问题以后，再去行动，世界观将来就会转变，这样大学的教学才算是成功了。咱们把关，青年出去以后，专业知识是一方面，但精神世界方面也是一个主要方面，也非常重要。大学没有做好的话，将来学生走上社会以后，就需要自主指导了，就很难办了，所以咱们现在应当加强德育这方面教育。

另外，学生还应注意加强养成教育，因为我在部队待过，部队很注意这一点，大学也应该很注意这一点。什么意思呢？就是如果出现一件事情，应该怎么正确地处理这件事呢？做什么对，做什么不对？需要经常提醒这些事情，比如丢纸、吐痰、在校园里面搂搂抱抱等，这些就是养成教育。系的总支书需要把养成教育好好抓起来，相当重要。

时事政治教育课也得开，支部书记可以开、总支书记也可以开这种课，他们也不能脱离社会和时代。如果并不了解国家今后的走向、大政方针，哪怕专业课学得再好也不管用。我们要从大处着眼、从小处着手。时事政治教育如果不能安排在马列主义教研室，安排在公共课教研室也行，但是必须安排这门课。如果没有专门授课的老师，就请支部书记一周亲自讲一次，我们每个周五下午都有养成教育课程，进行政治学习，学生也跟着学。十五大、十四大，还有现在学习习近平同志的系列讲话，需要编教材给他们讲。现在恐怕都没有了。但是大学得把好这个关，必须安排这个课，你是为国家培养人才的，是不是？

访：王老师，非常感谢您！为我们讲述了旅游学院的历史和您亲历的事件及很重要的两点体会。

王：别感谢，讲得不对的话你们多批评。我这个人爱活动，我离休以后就到老干部中心合唱团去了，他们知道我的文艺特长，让我管那合唱团，我就一直管着，退休多少年，就管了多少年，现在也在管。明天要到朝阳剧场演出，11月份的时候还要到国家大剧院演出，我们合唱团的水平很不错！

【访谈手记】旅游学院的前身是1978年建立的北京第二外国语学院分院，位于北京东城区新中街（原73中）。1980年初，在廖承志等中央领导和北京市有关领导的支持和关怀下，成立了"北京旅游学院筹备处"。廖承志同志亲笔题写了"北京旅游学院"的校名。根据1985年3月6日北京市政府下发的《关于建立北京联合大学的通知》，旅游学院挂靠北京联合大学，仍为相对独立的实体。1985年4月，经国家教委批准，正式定名为北京联合大学旅游学院，并于1991年暑期迁至现址。①

跟王常基老师相约在王老师非常熟悉的旅游学院接待室，是一个阳光明媚的上午。在这样一个温暖、亲切的环境中，王老师围绕旅游学院（北二外分院）的创建、调整、发展，如数家珍、娓娓道来。既有对旅游学院创办初期所遇困难的感慨，更有对当下旅游学院发展的希望和期冀，那份真诚和深情让在场的每一位同志都为之动容，并获得了信心和力量。

---

① 参见熊家华主编《北京联合大学志（1978—2000）》，第548～549页。

挺直我们的腰板

时　　　间：2014年8月11日上午

地　　　点：北京联合大学应用文理学院一层会议室

被访谈者：牛志民

访 谈 者：李杨（北京联合大学应用文理学院教师）

　　　　　郭鹏（北京联合大学旅游学院酒店管理系党总支副书记）

文字整理：郭鹏

牛志民，男，1948年9月出生，北京人。1961年8月于北京师范大学实验小学毕业，1961年至1968年12月于北京师范大学第二附属中学就读初中、高中。1968年12月至1972年4月到山西省运城县插队。1972年被推荐到北京师范学院（现首都师范大学）物理系就读。1975年7月至1976年10月被分配到密云县上旬子工作，担任过中学物理系教师、班主任、数理化教研室主任等。1977年至1981年4月在郝家台中学工作，担任过教导主任、工会主席、校长和党支部副书记。1981年4月调到中国人民大学二分校教务处工作，1981年4月至1984年7月历任教务处科员、教务处副组长，教务组组长。1985年至1991年任北京联合大学文法学院教务处副处长，1992年至1994年5月任北京联合大学文法学院教务处副处长（主持工作），1994年5月至12月任北京联合大学应用文理学院丰盛校区综合办公室主任，1994年12月至1997年6月任北京联合大学应用文理学院教务处副处长，1997年7月至2002年3月任北京联合大学应用文理学院教务处处长，2002年4月至2008年10月任北京联合大学应用文理学院副院长，分管教学科研工作。2008年10月退休。

任教应用文理学院时期的牛老师

李杨、郭鹏（以下简称"访"）：牛老师好！今天非常高兴采访您，您当时是怎么来到分校工作的，请从您个人的角度，谈谈您在大学分校的经历。

牛志民（以下简称"牛"）：首先非常感谢"北京地区大学分校研究"课题组及其成员来采访我！我作为北京联合大学（前身是大学分校）的一名普通的教育工作者，真的非常感谢！作为一名教育工作者，我做了一辈子，最后从咱们北京联合大学退休，我非常愿意回顾一下咱们北京联合大学之前的分校阶段，即学校从创建到发展的一些过程。我先做一下个人的自我介绍，会涉及到分校一些情况。

我是1948年出生的，到今年66周岁了。我基本上是咱们新中国成立之后成长起来的一代人，从小在北京师范大学实验小学上学，毕业之后考入北京师大二附中的初中，初中毕业之后，在1964年考入了师大二附中的高中。我是民间传统中说的"老三届"，是67届老高二的学生。但是我们北京师范大学二附中到高二的时候，已经基本学完了高三的课程。如果1966年不搞"文革"的话，高三的学生就可以考大学，1967届高二的学生也可以申请考大学。但是因为"文革"开始了，就没有再考。在1968年底，我响应当时中央的号召，上山下乡去山西插队。1968年12月份到1972年，我在山西一共生活了5个年头。应该说，我和农民在一起"战天斗地"了，所有的农活我都干过。

那5年双手落满了老茧，现在30年过去了，我手上的老茧仍然消不下去。因为当时要生存，首先需要解决吃饱的问题。当地的农民对我们知识青年非常好，我们的生产队长过去也在北京当过兵，对我们北京知识青年也非常友好，我们的关系处得不错。这一段历史非常有意思，但不是重点，我只是简单提一下。后来我就被推荐去上大学，在1972年上的。当时学校的招生单位，是现在的首都师范大学，原先叫北京师范学院。当时不存在个人选择的问题，组织推荐你去哪个学校，能够接受你就去，不像清华、北大等学校要报考。组织推荐我去物理系，改革之后叫工业基础系，实际上就是传统意义上的物理系。毕业以后，即1975年到1981年，我又到北京的中学当教师。后来我担任了数理化教研组的组长，当了学校的教导主任、校长、党支部副书记。1981年，为了解决我夫妻两地分居的问题，组织把我调到了中国人民大学二分校。因为在中学的时候，只有音乐课没有教过了。为什么教过这么多课呢？因为有些老师临时有事，我基本都是拿着课本就去代课，体育我都上过，但音乐我不行。后来从事学校的教育教学管理工作，担任主要负责人。

到人大二分校之后，我被安排在教务处工作，从科员做起。我当时在中学担任了校长和党支部副书记，按照现在的级别来看，已经属于正科级干部了。但到了人大二分校以后，给我安排在教务处担任科员，我也很愉快地接受了。我在1981年4月去的人民大学二分校，咱们这一届学生是1979年入学的，要上二年级的上学期。所以，我虽然没有参与人大二分校开头的创建过程，但是二年级以后我就参与教学管理工作了。

牛志民在密云上甸子中学为高中班作讲座

这一届学生在1979年入学，1983年毕业。毕业之后的1984年，学校做了一些适当的调整。人大二分校大多都是文科专业，而我是物理系毕业的。后来我们在学校参与了创建档案系的科技档案专业①，里面有理工科相关课程，比如电工电子学，还有科技档案其他的一些课程。我和人民大学档案系的教师有亲属关系，我对他们的一流教授都非常熟悉，于是我也承担了其中一部分理工科类的课程，当然这个理工科类和传统意义上的理工科有一定差异。因为我刚入人大二分校教务处，是作为教学行政人员编制的，没有作为教师编制进入。当时也可以转入教师编制，我本人也和其他一部分同志写了从行

---

① 档案系成立于1983年2月，设档案学专业（文秘、文书档案、科技档案），为四年制本科。参见熊家华主编《北京联合大学志（1978—2000）》，第256～257页。

政管理人员转成教师的申请书，其他同志们都转了。当时教务处的处长是人民大学一位老同志，他找我个别谈话，他跟我讲述了教务处工作的重要意义，说教务处也非常需要人，希望我留在教务处，不再转为教师编制，我就遵从了当时处长对我的教诲。

1981年我进入人大二分校，在教务处任科员，做一些简单的管理工作，比如管理实验室、学校教材和体育工作等。1982年的时候我就担任了教学组副组长，当时教务处下设组，不像现在是科，相当于副科级。到了1983年，我就担任了教学组的组长。1984年，我参与了教务处的领导工作并担任副处长，原先我是一个普通的基层科员。1978级学生毕业之后，学校继续办学。之后中国人民大学二分校改成了北京联合大学文法学院①，我也在教务处工作，一直担任教务处的副处长。到了1992年的时候，就以副处长的身份主持教务处的工作。1994年底，文法学院和文理学院合并成立应用文理学院②。当时是我们两个学院的教务处合并，组织给我的安排还是教务处的副处长。到1997年的时候，我担任了应用文理学院的教务处处长，在2002年我担任了应用文理学院主管教学科研的副院长。我基本上都是从大学分校时期的教务处的教务教学管理工作做起，后来担任了应用文理学院副院长，成为学院教学科研的主要负责人，如果要了解一下当时大学分校的教务教学管理工作，我应该可以提供一些情况。从咱们人大二分校到了联合大学，我在这所学校工作了一辈子。

---

① 1985年，中国人民大学二分校更名为北京联合大学文法学院。参见熊家华主编《北京联合大学志（1978—2000）》，第2～4页。

② 1994年3月18日，北京联合大学文法学院和北京联合大学文理学院合并为"北京联合大学应用文理学院"。参见熊家华主编《北京联合大学志（1978—2000）》，第2～4页。

位于北京西城区丰盛胡同13号的人大二分校校门

牛志民在人大二分校时的工作证

牛志民在北京联合大学文法学院时的工作证

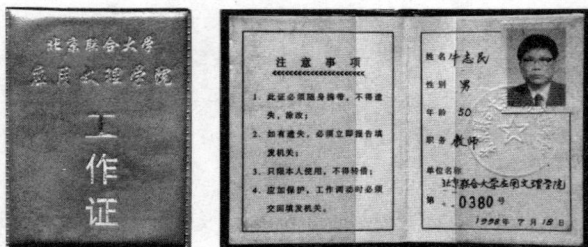

牛志民在北京联合大学应用文理学院时的工作证

访：您在人大分校工作中有没有遇到一些困难？当时做教务工作，请谈谈您对人大分校教学工作、学生和整个学风的印象吧？

牛：今天咱们主要的访谈内容是大学分校时期的教学管理工作，就会涉及到高等教育一些很重要的方面，比如招生、教学管理的全过程，毕业学生的学习，学生的毕业，学生的质量，这些都是会涉及的要点。现在我就来谈谈1978年高等教育改革的有关情况，以及当前教育体制改革有什么可以借鉴的地方。

1977年和1978年，咱们国家在政治上发生了很大的变化，党中央打倒了"四人帮"之后，拨乱反正、解放思想、改革开放，高等教育从1977年开始恢复招生，在1978年底建了大学分校。1977年的时候，全国报考学生有570万，当时录取了27万多一点，录取率是4.8%。到了1978年，报考学生增加到了610万，录取了40万，录取率是7%。1979年报考学生有468万，录取了28万，录取率是6.1%。1978级的学生则在1978年考试，1979年入学。他们都是经过考试入学的，大多数都是老三届的学生。按现在高考录取的情况来说，现在的所有学生都能考上"211"和"985"等重点大学。我个人认为，当时人大二分校和人大的学生，无论是政治思想方面，还是业务学习方面，都没有什么差异。他们这些人以老三届为主，所以绝对高质量，这是我的体会。

第二点体会，就是大学分校建立的起点非常高，这一点需要着重讲一讲。因为现在一提起来联合大学，好多社会上的人都不认可，觉得联合大学教学质量低，好多同行认为联合大学是过去中专演变过来的一所高等院校。因为现在我国有1200至1300所本科院校，其中500至600所是从中专到大专逐渐演变成本科的院校。虽然我们学校入学门槛低，但是出身和起点都是非常高的，一开始就以本科教育为主。虽然我以人大二分校职工的身份来回忆这一段历史，但是其他分校我们也了解，比如清华分校、北京师范大学分校、人大一分校、人大二分校等，因为经常在一起开会。这些分校的全部教学计划都是大学本校（"本校"是指各大学分校的高等院校，当时也称"大学""老大学""大学本校"——编者注）的教学计划。

从教学角度来说，大学分校刚建立时就是当时中国高等教育的高起点，所以绝对不是像社会上说的一样，北京联合大学是过去从专科发展起来的，出身是绝对高贵的。因为都由所有的重点大学扶植建立起来，沿用的也都是重点大学各系、各专业的教学计划，招的学生绝对是当时社会上的精英人才，都以老三届为主，当然也有一些比较优秀的应届高中生。这个想法只是我的个人想法，和我所处的位置有关。从高等院校所承担任务的不同分工角度来看，北京市政府会有不同的安排，我仅仅是作为一个普通的教育工作者或基层管理人员来谈谈我个人的想法。

当时大学分校自己的教师不多，整个人大二分校大概也有几十个自己的教师，主要是基础课教师，还有少量基本理论课的教师和外语课的教师，但是专业课全部由中国人民大学的教师来承担。当时人大二分校的校址在丰盛胡同13号，是一个不到5亩地的小院，前身是一所中学的校舍，有一座4层的教学楼，楼前有两个平房，平房和楼中间搭了100多平方米的教室。教室是木板房，冬天往里边放两个大炉子，学生们就在木板房上课。教室都安了电视，当时学生是900人左右，有20多个教室、15个专业。有的专业比如哲学、政治经济学等都是两个教学班，农业经济、国民经济计划专业、档案学专业是一个教学班，一共是24个教学班。当时基本马列主义等基础课是全校上大课，老师在演播室电视上讲，大家看闭路电视。学生们在学习方面都有文字记载或者视频记录，就不多介绍了。这些青年如饥似渴地学习，整个学风非常好，不用任何人督促。

当时的教学计划都是各专业沿用人大的，统一由教务处管理。人大分校当时按照专业分了四个大组，有哲学类、经济类、历史类等。教学计划是由教务处管理，因为教务处的处长就是人民大学的干部，人大二分校当时没有校长，只有副校长刘正业，他也是人民大学派来的干部。后来有党委副书记孟波，也是由北京师范大学派来的干部。我认为当时的大学分校和本校基本是一所学校。我们作为一个教学管理工作者，就去做一些辅助性或服务性的工作，大家都自觉参与教学计划的制订、实施、检查。当时大学分校的辅导员主要由大学分校的老师担任（人事关系在大学分校），而不是由大学本校的老师担任。大学本校的老师只承担课程（特别是专业课程）的教学任务，而不担任辅导员。本校老师绝大部分都是人民大学的编制，他们每天坐着学校的班车来上课，下课再坐班车回去，周边也有一些老师自己骑车来。冬天有时候也上一些专业课的大课，就在刚才讲的木板房教室上课。冬天很冷，中间安一个大炉子，学生们都围着，他们也很有秩序，都排好队，一行一行坐好上课。氛围非常好，绝对不存在老师上课还要组织教学秩序的情况。

当时我们在教务处做管理工作也非常舒心，大家的志气都很高，都是作为一种事业来完成这项工作。你要说具体困难，那时的教学条件各方面和现在确实是天壤之别，没法比，但是当时的精神面貌确实很朝气蓬勃。看过一些咱们党抗大或西南联大的资料，当时大学分校的办学精神就是不断学习、求知、发愤图强，建设改革开放国家，努力把国家建好，每一个学员和教育工作者都是这种精神。当时大学分校和本校之间就是千丝万缕的关系，我认为这样的一所学校，无非是管理着不同的单位而已。所以到现在为止，据说有些大学把大学分校也作为自己大学校史的一部分来记录，历史的本来面目应该是这样的。但是有些大学可能没有把大学分校作为大学本校的一部分，各家有各家的原因。从这么多年我个人的工作体会来看，我认为大学分校和大学本校的关系，与国外一些发达国家的分校（比如美国）与本校关系相比，也没有太大区别。中国那时的教学质量和现在比也是一流，当时学生录取率在6%、7%，拿到现在来说，他们考"985""211"大学，也是绝对没问题的。

牛志民主持北京联大文法学院教学工作会

访：人大二分校和北大分校合并是在什么时候？当时的具体情况是怎样的？您如何看待这个事情？

牛：合并是在1994年底，咱们先说下整段历史。1983年第一届学生毕业以后，1985年就成立了北京联合大学①。这段历史你们都有过研究，我就不多说了，当时分校30多所变成了15所学院，人大二分校变成了文法学院，北大分校变成了文理学院②，就这样又运作了十几年，在这个过程中，当时大学分校的名称虽然改了，但管理上并没有太大的变化。当时联合大学的各个学院都是独立的法人单位，独立面对北京市教育行政部门——高教局和后来的教委等上级教学主管部门，它仍然是一个比较松散的邦联制组织。之后，教学计划、教学改革开始逐渐为地方服务，教学计划在原有大学本校的基础上也做了适当调整，更加符合北京地区政治、经济、文化建设的需要。

但大学分校的管理体制，仍然是北京市政府委派一部分干部和各大学派一些干部，来组成当时各学院的班子。比如，文法学院当时的书记是由北京

① 订正：教育部批准市政府1984年8月关于将12所大学分校组建成北京联合大学的请示，于1985年1月建立由12所大学分校组成的北京联合大学。5月，又有三所大学分校进入北京联合大学。参见熊家华主编《北京联合大学志（1978—2000）》，第4页。

② 1978年12月，市委研究决定成立北京大学第一分校，5月，北京市人民政府批准"北京大学第一分校"更名为"北京大学分校"，1985年1月，北大分校归入北京联合大学，又名北京联合大学文理学院。参见熊家华主编《北京联合大学志（1978—2000）》，第2～4页。

市派的干部，院长是当时中国人民大学法律系的权威教授许崇德。许崇德教授今年去世了，他是法学方面的泰斗，曾担任北京联合大学文法学院院长若干年，也是国家香港法起草委员会的委员。后来因为他工作繁忙，就不再担任文法学院院长了。人民大学又派了邹家炜教授，也是一个老同志，是档案室派的一名教授，担任了文法学院的院长。所以从教学方面来看，还是有北京地区重点大学的干部，比如，北大分校这边是葛明德，他是北大生物系的系主任和教授。将来你们想要详细做这方面的统计也可以。当时去联合大学做新组建学院教务处处长的，多数来自本校，而且是留校的优秀学生干部。当然也有一部分因为各种事情回去了，比如原来人大二分校教务处的处长江风，他就回人民大学了。但总之到了1994年之前，联合大学各个学院的实体，虽然叫北京联合大学的某所学院，但和原来本校之间的关系还是非常明确的。有一段时间学生发的两个证书——毕业证书和学位证书，可以盖两个章，一个是分校的章，一个是联合大学的章，要盖这两个章，但是只有一两届是这样。当时在生源上，大学分校招学生没有绝对一点问题，绝对第一志愿就能录满。而且国外也承认分校是一流大学，证书绝对值钱，含金量非常高。现在咱们人大分校、北大分校的大学生拿着他们的毕业文凭到美国，他们非常看重这些，当然现在这批校友绝大多数都已经退休了。

　　我开始就讲了，由于人的身份和地位的不同，所主持的工作面和思考点都不一样。十八大之后，有一个重要基本理论的变更是，市场经济在市场改革和经济建设过程之中，由基础性作用改成决定性作用的提法。各个高等院校虽然在社会主义革命和社会主义建设大局之中，有不同安排、使命和作用，但是每一所大学分校也应该在市场中自行参与竞争，而不能完全依靠上级行政来分配，尤其像咱们北京联合大学从发展历史情况来看，起点是很高的，一定要立足于一个合适的位置上，再进行学校的教育建设、改革。现在我已经退休了，不存在一些仕途问题或其他的想法。工作多年之后我发现，从30多年的发展历史情况来看，国家非常重视，投入也很大，对各个大学也非常关心，对我们非常友好，所提供的帮助也有决定性作用。但如果1985年仍然保留几所"大学分校"的办学模式，现在看来，一定是件好事。

牛志民在北京联大应用文理学院（左二）

访：刚才您也提到了一个重要的问题，也是我们很关注的问题，就是教学改革问题，请您再具体谈谈教学管理方面的情况。

牛：在教育教学管理方面，我有这样一些体会。这既是一门行政管理工作，又是一门学术管理工作。做好这方面的管理工作，对于整个教育教学的开展，以及教师思想的解放，都有很重要的价值。我做了一辈子的教学管理工作，和教师之间的联系也很多，我40多岁考上了师大的研究生，后来也在文法学院和应用文理学院的某些文科系承担一些管理学的课程，但我主要还是研究教学管理工作。要作为一名教育管理工作者去更好地从事教学管理工作，我总结了三组词，一共六个字。第一个词叫热爱，第二个词叫能力，第三个词叫风格。

第一个词热爱，不管当老师还是从事教学管理工作人员，都必须热爱这个岗位。现在不能完全以一种就业形式参与教育工作，这样绝对做不好这项工作。你只有热爱这项工作，你才能全身心投入这项工作，不能只想养家糊口，当然客观上从事这个岗位的工作有一定的社会收入。现在教师的收入远远不够，还没有达到中央提出的"有尊严的工作、有尊严的学习、有尊严的生活"的目标。但即便目前达不到，我们作为一个教育工作者，首先也要热爱这项工作，这是最基础的要求。我认为将来的青年不管从事一份什么样的工作，都要先热爱这个岗位。

第二是能力，首先得热爱这个岗位，自己要有本事，没本事不行。学历是重要的基础，现在我们招年轻教师，都招一些博士毕业生。咱们学院每年进教师的时候，学校人事处和系里都会让我听一听青年教师的试讲。我认为博士仅在专业方面又多上了几年学，但一个人的能力是包含多方面的，青年人绝对不光需要书本知识，也一定要有一段时间去校外实习。要走出去，走得远一点，各方面都要提高。举个例子，大学分校的1982年及1983年毕业生，在毕业之前有一个毕业实习，学校想办法联系重要的实习单位。比如，人大二分校的农业经济专业，联系的是丰盛胡同东边大酱房胡同的一个中央农村政策研究室，当时王润生是主任，他在农村政策研究室里担任副处长。教务处的另外一个副处长赵丽珠老师去联系他们系的实习，就是和王岐山联系的。当时王岐山给学生的一个任务就是去山东调研农业经济，经费由农村政策研究室出，那时学生出去就带着任务实习。

当然这批学生的社会经验也丰富，现在的青年学生不能与他们相提并论，他们大多都是老三届，都工作了5、6年，有将近10年的社会经验。举个例子，档案系的学生要去江苏南京档案馆去实习，我当时是教务处的一个组长，按现在的说法叫科长，去和他们系的副主任郝爱存老师一起去看望学生。当时有一批学生在宜兴县，由宜兴县委书记亲自接待，当时就说我们是中国人民大学，不说二分校。虽然我们由分校的老师来看望学生实习，但他们就认为你们是中国人民大学的，县委书记晚上亲自设宴款待我们。这些是实习工作，对学生成才非常重要，学校和社会之间的交往要广泛。做好这些工作，你得有本事，你不仅要有书本知识，还需要有带学生实习的管理能力，得从社会实践中去锻炼。我觉得不管处于哪个岗位上的教育工作者，这个能力都非常重要。

第三，要有风格。比如今年青年教师的教学比赛，青年教师怎么备课，教学计划、教学大纲、教案怎么写，课程应该怎么上，学校都有一个模版，老师需要按这个模版来进行备课，我认为作为一个刚入道的青年教师，这是必要的基本训练，但到一定程度之后，得升华。这种教育模式不应该一成不变，当训练到一定程度之后，要逐渐形成自己的教学风格。

我今天带了一篇文章，给你们介绍一下。这篇文章是许嘉璐先生写的，叫《师门琐忆》，他最高的国家职务是全国人民代表大会副委员长，应该也属于党和国家领导人的行列了。他是北师大中文系的学生，从师大上学留校当老师，在师大工作了很多年，后来担任全国人民代表大会的副委员长职务。他回忆他在师大生活的一些事情和感慨，其中有一段话，我想跟大家交流交流。他主要回忆的是谁呢？是陆宗达教授，他也是一个学者。他叫他的老师先生，他说先生讲课并不写讲稿，只是列个提纲。学生从小学到大学，总是对老师摆在讲台桌上的物品很感兴趣，特别是未经世事、尚存好奇心的年纪较小者。他们对眼镜盒、香烟之类的物件也不放过，讲稿也在其中，但这些老师从来不写讲稿。先生说，如果讲的内容成竹在胸，就不必写讲稿，也没这个习惯。讲课的时候，有时候忽然有新的想法，应该随时发挥，有了讲稿反倒变得拘束了。于是他开始仿效先生，后来逐渐尝到了甜头，习惯也就养成了。许嘉璐先生教了48年书，从来没写过讲稿，他到现在还不会写讲稿，不知道有了讲稿怎么讲课。这种习惯也有尴尬的时候，1964年左右，一切方面都"左"得够呛的年代，忽然传来系里要求每位教师都要写讲稿，而且要检查的消息，这可困难了。于是绞尽脑汁想办法，办法还没想到，这股风就越来越弱，最后变成了一场虚惊。后来就搞"文革"了，就没这事了。当然，我认为我说的也是属于一家之言，新从事这项工作的教师应该做一些基本训练，比如如何准备讲稿、如何组织教学、如何上课。我的意思是什么呢？我们的老师发展到一定程度之后，一定要养成自己的风格。

其实我从事这项岗位工作40多年，也听了上千门课了，授课教师得有几百人。从经验上来看，你讲得好与不好、下没下功夫、备课认真不认真，不完全体现在你的讲稿上，我听一堂课就能明白你有没有认真准备、对学生负责不负责、有没有吃透，都能听出来。老师在教学方面要有风格，在管理上也要有风格。我从事这方面的管理工作，1997年以后，我就担任教务处处长了，也有权了，当时应用文理学院还是相对独立的法人，教务处和联大教务处有一定的业务关系，但是我自己也独立制订教学管理的一些制度，就这样实践这方面的思想。比如我主张学生全面发展，社会是很大的复杂系统。社会不光要书呆子，如果门门课都考5分，走上社会却没有必备的能力，没有自己的特点，就很难在社会中发挥作用，每一个青年人要有自己的"一招鲜"。作为一个高等教育院校，要有一个基本质量要求，只有达到这个要求，才能达到毕业和授予学位的标准。

但是也不能完全按照这个要求来，因为有的学生在某些方面特别有才华，但是在某方面确确实实有困难。举个例子，文学或新闻专业学生的写作能力很强，很早就在报刊上发表文章或研究某些专题，成果非常出色。但他外语四级考试过不去，拿不到学位证书，一辈子就耽误了。后来我就在管理上制订了学生学业管理的相关文件，如果在某方面特有才华、有成果，大家能看到成绩，那么可以适当照顾其他某方面的成绩，当然有一定限制。咱们教学管理的历史档案中应该留存这方面文件，使这些学生在某些方面的才华充分发展，不足不能束缚个人成长。在1997年之后到我退休之前的这一段时间，我们学院内每年大概有二三十名学生受益于这个教育思想，累计起来有100个学生，后来也都为社会做了贡献。总之，要有风格。一个学校是由教师和管理干部组成的，如果每一个人都有风格，学校就有生命力了。

访：在人才培养方面，您还有什么建议？

牛：作为一个教育工作者，教会学生一些知识和本领是必要的，但是我认为目前对于青年人，最重要还是世界观、价值观的良好养成。水平有差异很正常，即这个人聪明、那个人差一点。有人是体育天才，有人是文艺天才。但作为学校教育工作者，培养学生良好的思想品德，是放在第一位的。

现在我们对学生进行马克思列宁主义、毛泽东思想、邓小平理论、科学发展观等教育，我是非常认可。但是随着时代的发展，只有这种口号式的提法完全不行，必须有良好的美德教育。教育出来的学生有本事、没本事是一回事，是否热爱国家、人民、生命是另一回事，我觉得最重要，即教育人的思想情操非常重要。学生就算基本能力差一点，但思想情操非常好，步入社会以后，也会是一个有正能量的人。思想品德、世界观、价值观的教育，在学校中绝对是最重要的教育，它渗透进了所有岗位和学科。

现在我们的老师，要把思想品德教育融汇于课堂教育之中，这绝对不是说口号。首先老师的思想品德就得优良，非常热爱社会，才能够言传身教地关心学生、热爱学生，学生才能从你身上受到教育。从事教育这么多年，归纳起来，做一个人最重要的是什么呢？我认为最重要的还是品德。谁都希望自己的子女将来有出息，但是最希望的还是子女品德好。在这方面我听了一些课程，比如马克思主义基本理论课、思想品德教育，老师们都花费了很多心血。但是，我觉得还有需要研究的空间和内容，这不是僵化的思想，任何社会的进步，都离不开一代人的成长，除了需要知识本身和能力的提高之外，我认为学校的思想品德教育也很重要。我希望学校也抓好这一项。既做知识教育，也要做思想教育，这需要研究和探索。

访：关于大学分校这个话题，您还有什么需要介绍的吗？

牛：北京地区大学分校课题组的研究，是为了当今的改革和发展，我觉得很有意义。我们作为在这个学校工作了30年甚至更长时间的工作人员，都非常愿意配合学校发展、提高。我有这么一句话，咱们关起门来有什么意见都可以提，但是出了校门，凡是遇到说我们学校不好的，不论什么人，都要给予反击。当然不是没礼貌，是实事求是、摆事实讲道理的。我绝对要宣传它的贡献，我觉得这么多年，联合大学的宣传工作还是不够，还要加大宣传。本来做的工作就不少，贡献也很大，为什么不加大力度宣传呢？到现在为止，社会上还有相当一部分人认为咱们是民办院校。不是说民办院校不对或不好，你本身是什么就是什么，你的本来面貌要展现在大家的面前。有时候问你在哪个单位工作，说北京联合大学，就没有说我在北大工作那样有气派，包括过去我北大分校或人大分校的回答。为什么？因为总有一种自卑感。为什么有自卑感呢？因为咱们自己没办好，现在招生还是二本，甚至还降点分，过去都是挑第一批志愿。我希望咱们学校上上下下拧成一股绳，再干几年或是更长时间，循序渐进，一代代发展，一定能够办好。等到以北京联合大学的一员为荣的那一天时，日子就更不一样了。现在重担在你们年轻人的肩上，你们的工作非常辛苦，非常感谢你们。

访：你们那一代人做的贡献更大，学校的基础是你们那一代人奠定起来的。

牛：我们联合大学的人，出门一定要挺直腰板，不管到什么地方开会还是做报告，都要尽我所能付出，我们没有理由自卑。我在这里举个例子，北京高等院校有个高教学会①，北京高教学会下有很多的研究会，其中有一个教材工作研究会，2002年时这个研究会是北京地区所有高校的，并不是市属院校的，从清华、北大、人大、师大到理工大、北航，这些学校所有的高教学会都在内。这个是1989年成立的，成立的时候我在联大文法学院当教务处的副处长，很关心这件事，也参与了它的筹备，当时在中国青年政治学院开了成立会。到2002年时，选我当理事长。不光管咱们北京市的市属院校，还管理北大、清华、人大等所有高校。当时咱们北京市高教学会下的研究会，还有一个是张妙弟（2001年3月—2007年4月任北京联合大学校长——编者注）校长当理事长，剩下的就是从高教学会下的二级的学会，当理事长的没

---

① 北京市高等教育学会前身为北京市高等教育研究会，成立于1981年4月21日，1983年12月23日更名为北京市高等教育学会。学会主办单位原为北京市高等教育局。1996年2月15日，撤销北京市高等教育局，成立北京市教育委员会，接受中国高等教育学会、北京市社会科学界联合会的指导和管理。https://baike.baidu.com/item/%E5%8C%97%E4%BA%AC%E5%B8%82%E9%AB%98%E7%AD%89%E6%95%99%E8%82%B2%E5%AD%A6%E4%BC%9A/2016462 参加百度百科：

有第二个人。我作为北京市属院校来担任这个理事长，一定为大家服务好。后来去南京、上海、复旦这些大学，去江苏研究会开会，要求我去，他们听说我是北京联合大学的，都觉得很奇怪，竟然不是清华、北大的人担任理事长，我说清华、北大是副理事长，清华的是顾问，北大、人大、师大的还有一个首师大的他们是副理事长。

我觉得我们在参与各方面的研究和管理的时候，腰板一定要挺直，就跟国家在世界的舞台上一样，不管是穷是富，都是平等的。北京地区这80多所大学，我们学校的地位需要我们自己去建设、提高，首先要认识到大家都是平等的，谁都不比谁低。但是我们要谦虚，要向别人学习。所以，年轻人出去要自己不断地学知识、长本事，让别人看得起，同时，我们也向别人学习。我认为人品很重要，所以我觉得青年学生应该考试之后，去重点关注成绩为什么是这样，在哪里丢分了，明白自己是什么原因丢的分，是否认真学习了。成天瞎折腾、不务正业不行，但是某方面好一点，其他方面弱一点，我能理解。老师也一样，有的老师某方面能力强一点，有的科研能力强一点，有的讲课能力强一点，不能因为老师某方面能力强、其他方面弱，我就排斥或偏爱你。人各有所长，老师也是这样，管理工作人员也是。对于一个领导干部，要挖掘他的潜能，发挥他的优势，弥补他的不足。多关心。当然这些基础都建立在平等的基础上，在校大家都是普通的教育工作者，只不过是岗位不同而已，当书记、当校长的岗位、当实验员的岗位作用虽然不同，但是价值是一样的，都需要互相尊重。

牛志民作为北京高教学会教材工作研究会理事长参加北京教材建设有关会议

我有个数据，咱们国家的高等教育经历这么几个阶段了。在19世纪80年代末之前，基本上是精英教育，录取率百分之几到百分之十几。20%到50%之间属于大众化教育，录取率在50%以上属于普及化教育。1977年是4.8%。1994年是36%，1999年第一次突破56%，录取率56%。到2012年是75%，去年和今年的数据还没有出来，2012年已经是75%了。美国在1977年的时候，宽进严出，进门容易，出门难。75%、80%的录取率也叫进门容易了，是普及化高等教育阶段了。当然咱们今天主要谈的分校时期的内容已经延伸了很多。

访：辛苦了，谢谢您！

【访谈手记】1978年下半年，中国人民大学响应号召，积极支持中国人民大学二分校的筹办工作，在建立专业、制定教学计划、开设课程、配备教师等方面提供了很多帮助。1978年12月4日，当时的北京市革命委员会正式下文批准成立"中国人民大学二分校"，确定其为市属普通高等学校，局级编制，校址在西城区丰盛胡同原162中学。学校共设哲学、党史、共运史、政治经济学、法律、新闻、档案、中文、国民经济计划、工业经济管理、商业经济管理、农业经济管理、财会、统计、金融15个专业。1985年3月，北京联合大学成立，中国人民大学二分校成为组建北京联合大学的12所大学分校之一，更名为"北京联合大学文法学院"，学院仍为相对独立的事业法人单位，局级编制不变。1994年3月18日，北京市人民政府决定，北京联合大学文法学院和北京联合大学文理学院合并为"北京联合大学应用文理学院"。

访谈牛志民老师的感受是顺畅、提气。顺畅是因为牛老师对于应用文理学院发展（人大二分校）的历史如数家珍，提气是因为牛老师拥有一种联大人的骄傲和底气，这也激励今天的联大人，必须要以老一辈联大人为楷模，增强自信、踏实发展、服务北京、造福社会。

在北京第二外国语学院分院工作的那些年

访谈时间： 2015年6月18日

访谈地点： 北京联合大学旅游学院接待室

被访谈者： 魏庆芳

访 谈 者： 梁燕（北京联合大学高等教育研究中心副研究员）

　　　　　　郭鹏（北京联合大学旅游学院酒店管理系党总支副书记）

文字整理： 王利荣（北京联合大学自动化学院综合办公主任）

　　魏庆芳，女，1935年9月出生，广西桂林人，汉族，中共党员，1949年11月考入中国人民解放军广西军政大学学习。1950年8月毕业分配到解放军一野四军十二师（在甘肃陇西）文化教员训练班培训。三个月后被分配到十二师文艺宣传队工作。1951年部队换防改编为铁道公安部队。1952年被推选为铁道公安部队女子排球队员，参加解放军第一届全军运动会。1954年选调到解放军总政治部"八一"体育工作总队女子排球队队员。1955年从"八一"体工队转业到公安部。随后在公安学院学习三年，分配到公安部武装警察部队；1959年到武警部队政治部报社工作；1964年转业到北京第二外国语学

院，参与筹建，随后在北京第二外国语学院教务处工作；1978年借调

到北京第二外国语学院分院，参与筹建，随后在北京第二外国语学院分院教务处工作，北京第二外国语学院更名为北京旅游学院后，任旅游学院教务处副处长，1992年退休。

魏庆芳年轻时照片

魏庆芳现在照片

梁燕、郭鹏（以下简称"访"）：首先感谢魏老师百忙之中抽出时间来接受我们的访谈，请您先给我们讲一讲旅游学院的历史吧！

魏庆芳（以下简称"魏"）：行，你们给的提纲跟我原来写的情况差不多。首先介绍一下我自己，原来我是北京第二外国语学院的，在教务处工作。我是1964年北京二外刚筹建的时候从部队转业去的。1978年二外分院建校，就把我借调过来了。当时这所分院怎么建立的，你们可能也知道，就是1978年北京市统一扩大招生，林乎加同志提出来，凡是北京市参加当年高考300分以上的学生都能上大学，就在北京成立了36所分校，几乎各个大学都办了分校，北京第二外国语学院也办了分校，就叫二外分院。二外分院筹建领导小组，受北京市委领导。北京市委市政府派人，组建这个学校的领导小

组。当时派到二外分院的领导小组的成员一共就几个人，陈苏光①，原来北京重型机械厂的党委书记；李越然②、雷文，二外的副院长；赵生富，原来东城区的副书记；还有张质夫，北京木材厂厂长，由他们全面领导筹建分院。当时校址选的是北京市七十三中学教学楼，"文革"的时候七十三中被破坏撤销了，东城区教委就借给二外分院办学，就是一个四层楼的房子，没有院子，只有半个篮球场，我们就在那个叫东城区潘家坡一号开始筹建分院。

1978年3月份把我借调过来，我跟李越然同志一起，他带着我筹建分院教学、教务这方面的事。筹建时间是1978年3月份到1979年2月份，1979年2月份就开学了，有差不多半年的时间筹建。除了我们之外，剩下参加筹建的就是原来的七十三中留校的一些教职工。也没有多少人参加筹建，加起来差不多20多个人。七十三中还有几个人健在：李仕贞、魏国良、马士美、孙秀美、郭正媛、沈熹荣、李士坤、杨建道、朱英丽、果正坤、李雨燕。由这些人加

---

① 陈苏光：男，1917年4月出生，山东省临清县下堡寺村（今属河北省临西县）人。农民家庭出身，就读于临清山东省立第十一中学，曾参加学生运动。1937年"七七"事变后中学停办，在家乡参加抗日救亡活动。1939年4月加入中国共产党，并参加革命工作。历任本村党支部委员，中共临清县九区区委委员、区委书记。1940年入冀南区党委党校学习，10月学习结束后，任中共临清县委委员。1942年6月任县委敌工站长。10月调任中共宏毅县委委员、敌工部长兼敌工站长。1945年11月任中共临清市委委员、组织部长。1947年11月至翌年春，参加中共晋冀鲁豫中央局冶陶整党会议和冀南一地委柳林整党会议。1948年3月任中共冀南一地委馆陶县土改工作组组长，8月任中共冀南（临清）地委组织部组织科长。1949年8月冀南区建制撤销，调中共河北省邯郸地委工作，历任地委组织部科长、副部长、部长、地委常委。1954年9月调北京中央国家机关工作，历任国家计委处长，国家建委交通局铁道处处长、农林局处长，中央工业部机关党委副书记，中央华北局办公厅人事处处长，中央组织部干部一处处长。1973年任北京国营125厂（曙光电机厂）党委副书记。1978年8月任北京旅游学院党委书记。1983年3月离休。已病逝。资料来源百度搜索。http://www.wphoto.net/qianbei/show/55372/

② 李越然：1927年生，黑龙江人。1946年从苏联学习回国。1948年在中苏友协工作，不久转至东北铁道部部长室任翻译。建国后到北京，至1965年，为毛泽东和中央其他领导人的外事活动及各种重要会谈、国际会议做译员，并长期参加党中央、国务院重要文献的中、俄文翻译、审订工作。发表过若干译学论文及文学翻译作品。曾任北京第二外国语学院副院长兼中国译协副会长、全国人民代表大会外事委员会顾问等职。2003年7月10日，因病去世。资料来源百度搜索。https://baike.so.com/doc/3753339-3943013.html

上李越然同志和我，还有领导小组的其他四个同志一起筹建二外分院。

访：分院领导小组有了，筹建的相关人员也有了，那教学方面的情况怎样呢？

魏：教学方面，主要是制订教学计划与招生。除了制订教学计划，还要确定教材、安排教师，我们需要根据培养目标开语种，当时二外分院基本上跟二外一样，主要是培养外语翻译人才。十一届三中全会以后，咱们国家的外语人才特别缺。北京第二外国语学院是按照周总理的指示组建成立的。当时，二外分院的教学计划也基本是沿用本校的。

访：教材也是相同的教材？

魏：教材也用的二外的，我们当时就招了第一届学生即1978级学生500名[①]，分为英语、日语、法语三个专业。

访：还是以语言专业为主？

魏：以语言专业为主。跟二外基本一样，我们当时用的教材是二外的，老师也是二外派的。教学设备比如音响等都是二外支援的，还有图书馆的一些图书资料等。那个时候的教学条件比较简陋，学生上公共课用的是闭路电视。

访：在分校时期，师资普遍严重缺乏，不止二外分院，其他分校也是这样。

魏：因为外语教学有它的特点，只能小班上课，不能大班。但要是上公共课就大班上课，都用的闭路电视，由北京市拨。那时候每个教室都有一台闭路电视，刘牧天老师的电教室当时就管播放闭路电视，这四层楼就这三个专业用了。1979年2月份开学，一切都准备就绪。我在教务处除了跟着李越然同志制订教学计划，筹建教学方面的工作，我当时是二外和二外分院的联络

---

① 1978年，北京第二外国语学院分院建立。参见熊家华主编：《北京联合大学志（1978—2000）》，北京，科学出版社，2006年7月版，第548页。

员，二外派来上课的老师工资和他们的兼课课时费，都由我亲自领过来，还给他们算课时费、补贴，凡是涉及教学这方面的工作都是我在处理。除此之外我还要负责每个语种的教材购买和分发，办公室的教材堆得满满的。教学管理、教学运行、编课表等流程完全是我一个人在做，上面的领导就是李越然同志，那个时候挺苦的。我还算年轻，从小就一直贫血，天天头疼，疼得头都要炸了，也没有休息过，依然跟着李越然同志到处奔波。我们制订教学计划，也不能完全参考二外的，就又到北大、北外等学校学习取经。教学行政的管理规章制度，也得着手制定，当时只能参考本校的教学规程、规范，直到1982年才陆续调来一些老师。

我们刚建校时，教师全是二外的，后来分院也陆续调进来一些老师。刚来老师的所有师资管理，都由教务处统一管理，系里不管这些业务。日语和法语由一个主任一起管理，没分得那么细，因为当时缺干部。就是领导小组几个同志，下面各个部门有个办公室，你负责什么，就是负责什么，也没有任命，直接开始工作。后来陆续调来的一些老师，大部分是从北京市各大专院校调来的，也有从中学里面调的老师。当时有一个老师叫刘德谦，他就是中学的语文老师，刚来时教的是公共课，后来才转到专业研究旅游学，后来担任旅游学刊主编。当时教学运行比较顺利，因为有二外老师的支援。当时二外连公共课的老师都派来了，党史、汉语文学等课程都是二外的老师。这是刚开始办学筹建的时候。

招生的对象、招生的规模刚才我也提到了，还有办学形式、专业设置、培养目标这三方面也需要关注。

访：这方面的情况是我们十分关注的，请您详细介绍一下。

魏：招生对象就是当年高考落榜的300分以上的考生，他们之中大部分都是工农兵、知青、返城的工人，还有工作工人和在职职员。当时我们学校招的最大的有33至34岁，留校的孙本爱老师就比较大。有的都结婚了，英语专业单诗敏的孩子都上小学几年级了。也有小的，一般都在20岁左右，不会再小了，因为那个时候插队返城的知青年纪也不小了。现在有一些都已经退休了，比如1978级毕业留校当老师的魏敬安、高苏、刘艳华、李凌鸥等，这些老师都是当时第一届的学生。毕业后留校的这些老师也都是78级的，在学校各方面表现都很好。当时毕业生一共500人，全部都分配出去了，很多学生干了没几年就成了饭店、旅行社的领导骨干。最熟悉毕业生情况的是李雨燕，你们以后也可以问问她毕业生的情况。她也退休了，最早在学生处工作，后来到系里当书记了。她是七十三中留下的一个最年轻的教师。对学生的情况非常清楚，他知道学生毕业时的就业去向。北京市的大饭店、长城饭店、北京饭店、香山饭店、长富宫，老一点的有名饭店，还有一些高级饭店，都有毕业生当负责人。

我刚才也讲了一下专业设置。做翻译、老师的最初培养目标就是培养外语的专业人才，专业也根据这个来设置，因为学校的办学模式是这样的，条件差，学生全部走读。

访：老师也在走教？

魏：是的，最初二外派进来的老师大部分是青年老师，很多都是工农兵学员在二外毕业留校的，大部分派到分院来教课的老师都是。这些老师非常敬业，真是一心扑在教学上，有的干脆住到教研室，晚上都不走。学生虽然走读，有时候晚上十一二点都不走，在老师那里学，跟老师的关系很好。这些老师年轻，跟这些学生的年龄差不多，他们有共同话题，聊得来。老师们非常敬业，业务水平也很不错，留到二外的都是一些尖子生，所以派他们到分院来，对他们来说实际上也是一个锻炼，但是对二外分院来讲确实是一个很大的支援。英语专业共10个班200个学生，只派了10个英语老师；日语分5个班，也派了5个老师，而且也都是水平比较好的老师。法语分3个班，虽然少一点，但也有老教授李胥森在授课。整个分院教学气氛非常浓，学生学习、教师教书的热情都非常高。那个时候只有一栋教学楼，只在附楼上有几个办公室，学生来了以后，也没有地方读书，大家就在走廊里占地方。我们办公室门口有个小走廊，每天早早就有学生在那儿读书，早晨到处都能听到朗朗读书声。外语要求读、听、说、写都要下功夫练，现在学生学习的劲头不如往届学生了。往届学生非常珍惜学习的机会，有的已经为人父母，踏进了工作岗位，但是仍然要学。他们不管多大年纪，都一心一意扑在学习上，跟现在的学生完全不一样。还有一点就是，因为学校条件有限，没有学生食堂，都需要学生每天带饭或在外面买着吃，但也没有热饭的地方。

访：很艰苦，那都是冷食冷饭。

魏：就是吃冷饭，冬天的门房有个炉子，烧开水的地访有个锅炉，锅炉上都堆着饭盒，学生大部分都是自己带饭，门房取暖工人的炉子上也都有饭盒。有一个小食堂，领导、普通教师、外籍老师都在那个食堂吃饭，里面只有两三张桌子。那个时候生活条件很艰苦，开始上班的时候都是干部老师自己坐车来，后来我们租了一个面包车当班车，接送干部老师来上课，陈苏光、李越然等领导都跟我们一块坐面包车。二外的老师都自己过去上课，我们没车可派。

访：据说有在车上办公的情况？

魏：对。领导们坐在车上，就开始聊起来了，会一起探讨昨天的教学有什么问题。那个时候也没有交通补助费，只有二外的老师能得到一点课酬。

访：全凭老师的奉献、敬业精神支撑着。

魏：对。不管是老师、学生、领导，都很少想到加班加点要报酬。我从1978年到分校，到1992年退休，延长到了59岁，才让我退休。这些年寒暑假我都没有休息过，暑假招生的时候，我们招了500个学生，社会迫切需要人才，特别是外语人才。我当时一看这情形，就跟领导小组建议，要办一个寒暑假的短期培训班；暑假时间长一点，有2至3个月，我们就办外语强化培训班。开始有的同志没信心，觉得不会有人来上课，我说不行也得试，就这样办了。招生之后真的令我们意想不到，很多人都来报名。我们从1979年开始办暑假培训班，第一年是短期的，叫英语强化培训班，招了100多学生。日语也招了50名学生，开了一个英语和日语的短期强化培训班，请了二外的年轻老师给学生上课。他们除了正式来给我们上课，分院给他们课时报酬以外，还另外算暑假班报酬。那时候一小时的课酬才给8毛钱。即使这样，有的老师也是盯一天的课，教学效果非常好，有一些社会学生，招来学了2、3个月，出去就能上岗工作了。还有的学了日语，便出国做生意、谈判了。就这样，我们坚持每年的寒暑假都办班，就找了一些愿意奉献的老师，又找了3、5个人办这个班。那个时候一天给我们3毛钱的加班费，就这样一直干到了1984年。慢慢地，就没有那么缺乏外语人才了。除此之外，教务处每年的招生也都是我去。因为教务处也没多少人，就我一个。后来来了两个二外的老师，是来帮助工作的；还有原来七十三中的杨建道老师，我们三个人是做教务处具体工作的。由李越然同志领导我们，我去招生，我在寒暑假几乎没有休息过。

访： 您工作的事情很多，又是全日制的教育，又是寒暑假短期培训，又是教学运行，又是师资管理。

魏： 对，后来我才稍微好一点，再办短期的培训班我就不管了，由系里办。我们转成旅游学院后办的这个班，不是纯外语，而是业务的。纯外语班一直办到1983年，这个时候才把这个学校改成北京旅游学院，当时是一个独立的学院，业务归北京市高教局和北京市旅游局管。1981年，唐凯是他们的副院长，他说非常牵扯精力，现在要改旅游了，跟他们的关系不大了，就把外语老师全部撤走了，自此全部都是北京市的了。所以叫北京旅游学院（筹备处），还没有正式挂牌。

访： 魏老师，这个时候二外已经把师资力量撤回去了，那分院是如何解决师资问题的呢？

魏： 特别困难。马上要开学了，非常需要老师。后来北京市同意我们公开向社会招聘教师，登报招老师考试，请了二外的一些教授来考。法语没有招，只有英语和日语，结果英语一个也没有招来，水平都不大行；日语只招了一个日侨，那个老师叫乔本，是一位老太太，年纪也不小了。

访：是外籍老师吗？

魏：日侨，教日语的。她是日本人，在中国的时间比较长了。

访：那属于外教了。

魏：是外教，日语请了不少专家。北京市外办给我们在国外请专家，请了不少外籍老师来应付教学，所以我们的学生最初全部是用外语上课，听不懂也得听。开始是二外的老师教，1982年以后所有老师都用外语来上课，所以我们学校当时的外语水平，跟二外相比并不差。二外的王文炯教授①一直教我们，我跟他的关系也不错。他说，我们的学生基础理论可能差一点，但是口语比二外强，他觉得口语很重要。那时，北京市经常搞一些外语比赛，举办外语教学比赛或是外语教学水平考试。有一次，北外、二外等北京市的外语院校举行考试，我们学校获得第二名。日语电视台经常搞日语演讲比赛，我们的学生也曾经取得过第一名。当时的日语老师大部分是原来中国的日侨，二外有很多，他们的日语在北京市来讲是拔尖的，因为他们的师资过硬，我们这里教的日语学生也不错，旅游学院的名声比较响。从1983年挂了北京旅游学院的牌子以后，我们的教学计划、培养目标也都变了。于是我们又重新修改教学计划，修订培养目标。我们并没有向社会招学生，高教局同意我们再新建一个旅游管理系，我们就从英语、日语、法语的500个学生里抽了150个学生到旅游管理系。

---

① 王文炯：男，教授，曾担任翻译学硕士导师，享受国务院政府特殊津贴专家。1950年北京外国语学校英文部毕业。1950年参加中国人民志愿军赴朝，直至1953年开始任教；1964年开始在北京第二外国语学院英语系任教，至2000年离休。1987年评为英语教授。1980年至1983年任联合国教科文译审，1981年至1988年为香港"大公报"英文周刊特约撰稿人，1987至1988年在美国贝勒大学任教。1991年被评为北京市优秀教师，2005年获中国翻译家协会资深翻译家荣誉证书，1995年至1997年外文出版社英文翻译顾问，1989年被北京联合大学旅游学院聘为长期客座教授，1991年至1996年任北京市高校英语教师高级职评委成员，2000年前历任北京第二外国语学院学术委员会、院（系）职评委员会委员。资料来源：百度搜索。https://baike.so.com/doc/2020404-2137993.html

访： 现在相当于有这个专业了，以前只有外语专业。

魏： 是的，以前就是外语专业，后来成立了旅游管理系。

访： 这是哪年的事情？1983年？

魏： 好像是1983年。

访： 魏老师，这里可以插一下，我觉得可以说二外分院或旅游学院在办学过程中，1983年是一个很重要的转折点。首先是二外的师资撤了，学院想办法向社会招聘师资，北京的外办也给咱们学院解决了师资的燃眉之急，提供了很多优秀老师。另外就是学院在办学定位、培养目标、专业调整上，也发生了转变，原来是纯粹外语的专业，现在增加了旅游管理专业，即开始走向专业应用，开始培养专业应用人才了，这个非常明确。

魏： 最后我们修订了一个教学计划，是偏重应用的，意在为北京市培养旅游专业人才，叫旅游英语、旅游日语、旅游管理，后来成立了财会、烹饪和餐饮管理等专业。1981年的北京旅游学院筹备处的牌子挂到1983年，那年已经成立管理系了，我们还招了饭店管理干训班。

访： 按魏老师的话说，1983年学校利用寒暑假面向社会招一些人，那短期培训也是从1983年开始的吧？

魏： 没有，那个时候已经停了，1983年我就停止对社会招生了。

访： 就转到系里了？

魏： 以后的短期培训都是专业培训了，管理专业的培训多了，外语的就没有了，所以我们开始办的是专门培养强化外语的，办了两三年。

访： 这是一个节点，有个转折。办了专业培训班，会发什么证吗？比如说以学院的名义，或者是什么？

魏： 短期班发一个证书，某某某同学在什么时候到什么时候在二外分院学习结束合格，类似于学习证书。不能叫毕业证书，也不能发，高教局也不同意，但是有人拿它去了企业还挺管用，企业还认呢。

访： 关键是在短时间内学员学到了真东西。

魏：因为那个时候的人才特别缺乏，1983年，北京旅游学院对外的名声就比较大了，在北京市、全国都有一定的名声。因为当时国内没有办旅游专业的大学。只有上海、桂林各有一所旅游专科学校是培养服务生的。以后的学校比如深圳大学等办旅游专业、旅游系，都是从我们学校取经取走的教学计划，甚至有的教材还用我们学校的。《旅游概论》是王洪滨老师（他是北京大学哲学系毕业生，被分配在二外马列教研室任教，1982年调二外分院任教务处长）编写的第一本旅游专业教材。这是最早的一本，第一代的《旅游概论》一直还在用，我退休的时候也还在用。

访：其实我们旅游学院在1983年的时候应该是一所特色型学院。

魏：对，特色型的，那个时候除了培养导游、饭店和宾馆的管理人才外，餐饮、烹饪和财会这些专业也都有了。

访：改革开放之后，恰恰非常缺乏这方面人才，而我们转型成功了。

魏：我们1983年培养本科生，因为饭店管理人才紧缺，我们申请，北京市高教局批准开办旅游管理干部培训班。1983年开始创办，是三年专科，参加成人高考。它就有学历，最后发毕业证书。

访：这个被归在哪个系？

魏：旅游管理系，放在系里。开始的时候教务处什么都管，连教材和老师都管。慢慢地系里干部就都有了，有系办公室和系秘书了，以后的教学就由系里管了。还成立了教研室，那个时候各个系的各门课程都有教研室，每周教研室都要开会研究，要写统一教案。那个时候的管理非常严，很多人说魏老师你那个时候管理得太严了，我们都怕你。我说你怕我干什么？我就是按照教学规程来的，必须有教研室，上课以前必须有教案，没有的话，就不行。有的时候我不管，就由系主任亲自检查，教务处有时候也去抽查，如果有些老师没有教案，我就提意见。再就是上课，你得按照规定时间上课，得上满50分钟的课，但是不能拖堂和提前下课。有的提前下课了，特别是最后一节课，有时候提前下课什么的，我说不行，就给他们提意见。他们就说魏老师我们都怕你。我说我是那么可怕吗？所以我们都希望系主任检查外籍老师上课的教案，我有时候也会和他一起检查。有的外教很好，但有的外教就不太好。那个时候中国也刚刚开放，请的大部分老师还是比较合格的，有些专家在这工作好多年，前几年他们回国还来过学校，也有一些外教水平不怎么样，发现以后我们就换了，当时北京特别支持，那时候每天都有五六个外教在上课。

访：按照当时分院的规模，五六位外教相当多了！

魏：请得比本校外教多，花了不少钱。那个时候在西郊有个西苑饭店，外教都住在那里，分校租车天天接送他们。

访：那个时候虽然二外分院刚刚创建，但是因为管理制度很完备，执行得也好，加上这些外教水平也比较高，所以教出来我们的毕业生质量非常好。

魏：对，1978级的毕业生，质量真的很好。

访：我看您的书上说咱们的招取比例达到了80：1。

魏：对，那是后来成立的，特别是管理专业，烹饪系第一次招生，招生比例80：1，就招一个班。有很多人报名，后来我们就办厨师、厨师长培训班，不少饭店里头也派厨师长来学习，有些饭店的厨师长也是经过我们学校培训的，有的都当了副总经理。李雨燕特别清楚毕业生的一些情况，她也退休几年了。她是当时留校最年轻的，刚毕业就留校，当时在团委。

访：魏老师，您刚才谈到了北京外办给咱们学院请了老师，北京旅游学院当时的师资非常充实吗？在企业行业这部分，它们对师资有哪些支持？

魏：不是特别缺师资。专业课老师，一个是要请进来，怎么请呢？就是请饭店里的一些比较有经验的老总给学生讲课。再一个就是要派出去，派我们的老师到饭店去进修、学习、取经。一边代职，一边积累资料，好运用到课堂上，有的老师会把这些资料写进书里，蔡万坤老师就写了很多关于饭店管理、餐饮管理方面的书。

访：这是很好的一个模式。现在学校都提倡双师型教师，实际上以前就有了。

魏：我们每年每个学期都有，每个学期学生也都到饭店去实习，我们跟饭店的关系特别好。白祖诚^①当时是旅游局的副局长，也兼任过一段时间的旅游学院院长。

访：旅游局有没有在师资方面派人呢？

魏：应该算没有派过师资，之前从旅游局调过来两个人，没待多久就离开了。我在一篇文章里写过，饭店的大部分干部文化程度都不高，很多都是从基层提拔上来的，不一定有学术水平，但是有实际经验，很能干。因为他们也很忙，不可能调过来，就是临时兼兼课，那些老师每个学期都会请的，真正专业课老师是我们自己培养起来。我们也派过老师到国外去进修，但是不多。再一个就是到饭店里面进修，叫代职（当主管等）。

访：魏老师，这种代职的模式是非常有实效的。

魏：除此之外，还有一个就是老师自费旅游，很多老师是抱着学习心态出去的，他们全国各地到处跑。别人听说是旅游学院的老师来了，都很热情地接待，带着他们到处跑，也学到了不少东西，就能了解很多全国各地的旅游景点，尤其是北京周边。比如北京的慕田峪长城、房山的石花洞等，这些旅游景点都是我们学校的老师帮他们建起来的。密云最早的游乐场，也是我们学校的老师帮忙筹建起来的。刘振理是一个搞旅游地理的老师，他原来是

---

① 白祖诚：1929 年生于北平。后随父母去昆明，入西南联大附中学习。1946 年考进清华大学学习并参加学生运动，1948 年春加入中国共产党。1949 年春调中共北京市委，先后在组织部、纪委、监委工作。1959 年被错划为"右派"下放劳动十七年。1972 年调中学教英语，1975 年到经济学院做翻译工作，1979 年 1 月冤案彻底平反，重回北京市委做重建纪委工作，恢复原纪委办公室主任职务，并兼任市委"两案"审理办公室主任。1983 年春调市旅游局任党委、党组副书记兼北京旅游学院院长。1990 年任市第七届政协委员。还担任过中国旅游协会常务理事和北京诗词学会顾问等职。在文艺旅游等刊物上发表过诗词和文章。1995 年离休后，继续个人写作，出版有《回忆与思考》《藏柏园诗选》《建设有中国特色的旅游事业》《路漫漫》等书。资料来源百度搜索。http://www.haozuojia.com/writer/285376.shtml

一个中学的语文老师，来了以后就改教旅游地理，他和王湘撰写了第一本《旅游地理》教材。他们自己会自费旅游，即有目的的去考察。

访：用脚步丈量出旅程，同时也完成了教学任务。

魏：对，就是这样。出去就能积累资料，回来就能写书和教材。我们老师除了上课就是写教材：《旅游经济》《旅游概论》《旅游地理》《导游规程》《导游知识》等，都是旅游专业最早的第一代的教科书。我们学校自己也写了不少教材，别的院校也在用，之后其他院校才陆陆续续开始自己编教材。1983年旅游管理成立了，除了正常教学之外，这些老师也负责办培训班，培训全国各地饭店的老总，特别是外地的。有些管理干部的文化水平都不是很高，都想来进修，我们学校也承担了这样的培训任务，但是也不能发毕业证书，即培训资格。主要是培训外省市的，我们互相往来学习，我们去他们那里，他们来我们这里。不少省市都办过这样的短期培训班，比如贵州、河北等，当时旅游学院在全国都有一定的影响。

访：您还提到了咱们的旅游学刊，我觉得这个是不能不提的。

魏：《旅游学刊》①是咱们的老师一起创的，就是刘德谦、宋志伟等四个人先搞起来的。刘德谦同志比较清楚，旅游局每年都拨给我们财政一点资金。我不记得旅游学院正式归到联大是什么时候了，因为1992年我就退休了。

访：1985年是联合大学成立了。

魏：那个时候旅游学院还有点独立的财政、人事。开始的时候旅游学院挂靠在联合大学，那个时候还可以自己制定招生计划、自己分配，最后彻底归到联大了。

访：咱们是在什么时候从北京旅游学院改名成北京联合大学旅游学院

---

① 旅游学刊是学院主办的旅游学术刊物，创刊于1986年，原名旅游论坛，1987年改名为旅游学刊。旅游学刊每次都被评选为全国"中文核心期刊之一"。参见熊家华主编：《北京联合大学志（1978—2000）》，北京，科学出版社，2006年7月版，第587页。

的？是挂靠的时候吗？

魏： 挂靠的时候就不叫北京旅游学院了，叫北京联合大学旅游学院了。①后来的情况我就不知道了，但是挂靠的时候还可以自己独立招生、分配，到后来都归过去了。

访： 我看您在书里写，刚成立旅游学院的时候，大家都认为旅游就是吃、喝、玩、乐。大家的这种观念会不会影响招生呢？

魏： 那个时候的年轻人也爱玩，也觉得全国各地都能去，挺好的，反正是热门。那些年招生，我们的旅游学院招生几乎全部是第一志愿，我每年去招生，第二、第三志愿的基本上都不看。1980、1983年都没有再招本科生，1983年办了干部训练班。1984年才恢复招本科生。

访： 那就是说，咱们有一段时间没有招高考生了？

魏： 从1980年到1983年，没有面向应届毕业生招生，因为校舍不够。1983年招了干部培训班两个班，一直到1984年才招应届毕业生。1984年第一届学生毕业了，腾出校舍了。从1978年办学一直到1992年一直在潘家坡。我们是1991年搬到新校舍的，1984年以后才招生，在潘家坡从1978届办到了1984届，第一届招的最多，有500多人，后来就少一些了。后来招生计划就归到联大了，就不太清楚了。二外分院改成北京旅游学院以后，②成立了旅游管理系，开始只有饭店管理一个专业，后来慢慢增加了财务管理、市场营销、餐饮等专业。

---

① 1985 年 4 月，经国家教委批准，正式定名为北京联合大学旅游学院，并于 1991 年暑假从原 73 中校址迁至北四环东路新校区。旅游学院挂靠北京联合大学，认为相对独立实体。参见熊家华主编：《北京联合大学志（1978—2000）》，北京，科学出版社，2006 年 7 月版，第 548 页。

② 1978 年建立的北京第二外国语学院分院，1980 年初成立北京旅游学院（筹备处），1985 年 4 月定名为北京联合大学旅游学院。参见熊家华主编：《北京联合大学志（1978—2000）》，北京，科学出版社，2006 年 7 月版，第 548 页。

访：餐饮也属于旅游管理系里的酒店管理专业吗？

魏：对，酒店管理，开始是在管理系的。

访：酒店、餐饮还在一起？

魏：市场营销是后来增加的，在潘家坡成立了饭店管理、财务管理，是两个系。

访：非常感谢！您给我们讲述了好多很宝贵的历史。

魏：我讲得比较乱。

访：很清楚！刚才看照片，觉得您年轻时英气逼人、意气风发，您的身体素质肯定也很好。

魏：我没上过正经大学，多数是边工作边学习。我不满15岁就去参军，1949年11月考入广西军政大学正式参军。经过近一年军政大学的学习，我被分配到解放军一野十二师（在甘肃陇西），开始在文化教员培训班培训，准备下连队当文化教员，培训结束后却被师部文艺宣传队选去当了文工队员，配合抗美援朝给部队唱歌、演歌剧和话剧，鼓舞士气。1951年部队换防改编为铁道公安部队。1952年全军运动会被推选为铁道公安部队女子排球队队员，参加解放军第一届全军运动会。1954年又被选调到总政治部"八一"体育工作队女子排球队队员。1955年从"八一"体工队转业到公安部，随后在公安学院（今公安大学）学习。

访：很难得了。那个时候"八一"女排专业水平也是非常高的，您的身体素质和技术应该也是很好的。

魏：毕业后调到公安部武装警察部队，也就是现在的武警部队，当时的武警部队不是正规军人，算是公安部领导的公安，边防部队在政治部《武装警察报社》工作。1964年武警部队转为正规军队，将我转业到国家对外文化联络委员会，当年的对外文委承担筹建北京第二外国语学院的任务，正在从全国各地抽调干部、教师。我到文委报道后，就将我分配到了北京第二外国语筹备处，参与筹建二外的工作，随后在二外教务处工作。1978年借调到北京第二外国语学院分院参与筹建分院，1980年正式调到二外分院教务处工作。1983年分院更名为北京旅游学院，继续在教务处工作，之后担任旅游学院教务处副处长。

几十年的革命生涯，我在部队从事过文体工作，唱歌、跳舞、演歌剧和话剧，当过文艺兵、专业体育运动员，参加过全军第一届运动会，与外国军队排球队比拼过。在武警报社从事过通联等文字工作，并参与筹建了两所大学，分别是第二外国语学院和第二外国语学院分院，都是筹建教务处。我跟着雷文一同筹建二外，也跟着雷文和李越然一起筹建二外分院。我从1964年到地方工作，就一直在学校，而且大部分是在教务处，在二外的系里还工作过，时间不长。因为正赶上"文化大革命"，都得到干校去，也待了三四年，之后又直接劳动，当时我们都属于被改造的对象。

访：您的经历很曲折，也很丰富，有很强的时代烙印。

魏：我觉得回忆以前的事情很有意思，尽管出身不好，也没受什么冲击。但是我的兄弟姊妹、表哥表姐那就不一样了，他们在"文化大革命"时期都受到了冲击，就很奇怪为什么我没有受到冲击。我一辈子都在老老实实干工作，从来没有向组织上提过一次个人要求。工作再苦再累，也没有想过要拿个报酬。我只能老老实实干，我也知道自己水平不够。

访：您太谦虚了！您参与筹建的这两个学院，就是非常重要的经历和证明了。

魏：我在跟着学习，我觉得我遇到好领导了。教务处长雷文后来当了二外副院长、党委书记，我一直在他手下工作。最初我连排个课表都不会，大学的门朝哪儿开我都不知道，你们别笑话。我自己都没进过正规大学，我怎么来管理这个大学？这是我的疑问，我根本不知道应该怎么办。所以刚到二外的时候，雷文同志就给了我一辆自行车，让我到处去学习。

访：我知道，那个在定福庄。

魏：是的，定福庄。我那个时候年轻，他给我一辆自行车，我就骑着自行车到处问、到处学。北外、清华、北大我都去过，我就找教务处的同志学，把他们的教学计划拿过来看。到学校来，第一次排课表的时候，我坐在那怎么也排不出来，那个时候也没有计算机，只能拿笔排。雷文同志告诉我，这就是一个运筹学和调度，你没调度好，学校就乱了。二外当时那么多系，有十二个语种：英语、法语、德语、俄语、日语、西班牙语、越南语、阿拉伯语、阿尔巴尼亚语、塞尔维亚语、南斯拉夫语、朝鲜语等，分设英语系、法语系、德语系、亚非系、东欧系等，那么多课还不要冲突，教室、教师都是，我脑袋都大了，一头雾水。后来没办法，我就请教了老教师，他们手把手教我。雷文同志就管得很放松，非常信任我，让你放手去干、去学，做得不好就指点一下，出了问题他负责，并不会劈头盖脸把你批一顿。我就这样在工作中慢慢学习，在教学管理方面也有了经验。

访：您工作真是认真务实，管理严格规范。

魏：那时候大家都比较守规矩，说什么都听。不管是教授还是外国专家，他们都听你的。现在我不知道，因为1992年我就退了。之后刘继红到教务处来当了副处长，那一年她给我打电话说："魏老师学校要搞评估了，怎么评？我都不知道怎么弄？赵院长让你来帮帮忙。"那个时候院长是赵鹏。我说那行，反正我退了也没有事。因为我退了，高教局大学处就把我聘去，我还在他们那工作了一年多。回来后，我和旅游学院离退休老师干部办了一个学校，叫桑榆学校，给北京市及其周边省市办一些短期培训班，或者是我们派老师到他们那儿去上课。我就依托学校一些管理系的老师、外语系的老师，请他们去上课，都是利用他们没课的时候，礼拜天去上课，办了几年。后来刘继红又找我回教务处帮忙，还给我发了一个"顾问"的聘书；后来又到学校的成教部和夜大学干了几年。实际上我在咱们学校返聘当顾问干到72岁。

访：又贡献了十多年啊。

魏：嗯，干了很多年了，我今年满80岁了。

访：真看不出来，身体真是好啊！

魏：我1935年生人，我觉得我这一生过得还挺有意思的。所以他们就说魏老师你的心态好，没什么发愁的事情，我不管老师是否对我有意见，我也无所谓，有意见你就提，提的对的我改，不对的我还坚持。那个时候图书馆、电教都属于教务处这部分。有人说魏老师你也得罪不少人，我说肯定，反正每年到年终评估，对我意见最多了，支部里面开会提意见最多。电教的有些没有评上职称的，还有工资没有提上去的都有意见，都觉得我在控制他们什么。我说你们把我看得太重要了，我管得了吗？我确实参加评职称，但也只是提供你们的外语水平和工作量，我没有评审的权利；我参加评审组，但是我没有表决权，我只提供申报人的资料，不评价。我就觉得挺冤的，但我没有把它放在心里，我心里没鬼我不怕。我就是这样一个人，我觉得我应该尽我所能。虽然我能力不大，也没有什么本事，但我尽我所能了，这就够了。

访：魏老师，今天您给我们讲述了许多有价值的史实，对我们的研究帮助很大。非常感谢您！

【访谈手记】：北京第二外国语学院分院是现在北京联合大学旅游学院的前身，建于1978年。[①]1980年初，成了"北京旅游学院筹备处"。廖承志亲笔题写北京旅游学院校名。[②]根据1985年3月6日市政府下发《关于建立北京联合大学的通知》，旅游学院挂靠北京联合大学，仍为相对独立的实体。[③]1985

---

① 参见熊家华主编：《北京联合大学志（1978—2000）》，北京，科学出版社，2006年7月版，第548页。

② 参见熊家华主编：《北京联合大学志（1978—2000）》，北京，科学出版社，2006年7月版，第548页。

③ 参见熊家华主编：《北京联合大学志（1978—2000）》，北京，科学出版社，2006年7月版，第548页。

年4月，经国家教委批准，正式定名为北京联合大学旅游学院。[1]

　　参与筹办二外分院的过程是艰苦而荣耀的。访谈中，魏老师的举止言谈，透着军人身上具有的革命大无畏精神。整个访谈中，80高龄的魏老师始终精神饱满，思路清晰，记忆力惊人，话音铿锵有力。她勇于挑战，不怕困难，善于学习，工作勤勉，严谨务实，给我们留下了深刻的印象。

---

[1] 参见熊家华主编：《北京联合大学志（1978—2000）》，北京，科学出版社，2006年7月版，第548页。

我的幸福大学时光

访谈时间：2018年6月15日上午

访谈地点：北京联合大学东院五层徐永利办公室

被访谈者：徐永利

访 谈 者：张楠（北京联合大学纪委书记，研究员）

宋丹丹（北京联合大学历史文博系在读研究生）

文字整理：张楠，宋丹丹

　　徐永利，男，1955年2月出生，北京人。1971年初中毕业，1972年至1974年就读于第三师范学校，1979年至1982年就读于北京师范大学一分校中文系。曾任北京市委教育工委办公室副主任、主任，1999年3月调入北京联合大学任副校长。2008年至2015年任北京联合大学党委书记，同时担任北京市政治文明建设研究中心主任，北京市政协委员，北京市科协委员，北京市西城区人大代表。

徐永利接受访谈

张楠、宋丹丹（以下简称"访"）：徐书记好！您知道我们开展了《北京地区大学分校研究（1978—1985）》这一课题研究，您对这项研究不仅给予重视，还给予了很多指导。在这个项目开题时，有专家提出，改革开放初期北京地区大学分校这段历史不长，但很重要，课题组仅就文献开展研究，可能还是有些欠缺的，建议课题组同时开展口述史研究，这样既可以丰富、补充史料，还可以抢救一些历史，内容也会很鲜活。根据专家的意见，2014年我们课题组在进行上述课题研究的同时，启动了这段历史的口述史研究，像陈大白书记、庞文弟局长，还有一些分校领导和教师的访谈，都是从那时开始的。感谢徐书记接受课题组的访谈。

徐永利（以下简称"徐"）：口述史这个事，我听了也很兴奋。我也想了很长时间，确实我们这一代人里像我们这个年纪的，能够上大学真的很幸运，尤其是上大学分校。你想，77级高考，大家都会感觉很突然，来去匆匆，接着就是78级高考。我们说是78级，实际是1979年才开始上学，我印象里是2月报到的。在那种环境下上大学，说句老实话，就像很多文章的回忆讲到的，教育改变人的命运，上大学改变人的命运，确实如此。

我上大学时的条件当然跟现在没法比，那会儿我已经工作，我在海淀区教育局工作，就在海淀镇上，现在已经没有当时那些建筑了。当时院子里有两棵大槐树，这两棵树现在还在海淀的大街上，就是中关村，在这个新城里。我住在集体宿舍，每天坐公交车，从海淀到动物园，再换乘一趟车到东大桥，每天这样来回跑。说实话，我在我们同学里，已经很幸福了。我们班当时最小的是高中刚毕业来的，有十八九岁，大的就是老三届的，年龄非常悬殊。当时，一个是校本部，再一个是其他理工院校，30岁以上的学生都不招，有一些限制；只有师范类院校招生口径是最宽的，招收岁数较大的学生。我当时是在教育系统工作，单位鼓励我们、希望我们报师范类院校，所以就上了师范。在我们班，读书条件最差的就是从平谷考上来的一个老三届的女同学。她每个礼拜的饭都是自己做，每周或每两周从平谷骑自行车到东大桥，在学校旁边跟别人一起租房子，自己带粮食自己做。她还有两个孩子，她可能是我们班生活条件最差的了。当时，我的条件算是好的，不仅能带工资，而且到学校只倒一趟公交车。在当时的那个条件下，能够上大学的我们确实很幸运。

这次访谈，我想来想去，我特想说一件什么事呢，就是我上大学居然在我们系里，在我们一个专业见到了两个以前的同学。一个同学叫周笑添，就是周瑜的周，欢笑的笑，添一笔那个添。他是我小学、中学的同学，到了大学又碰到了，我们都特高兴。还有一个叫祁忠，祁连山的祁，忠诚的忠，是我中师的同学。周笑添跟我是一个村儿的老乡，我们上的是同一个小学，然后一块上中学，从小学到中学的关系都很好。他的父母都在山西，是跟着他爷爷长大的。他很聪明、很刻苦，有好多特长，特别适合上中文系。到了中文系之后，他的特长都发挥出来了。他的第一个特长是写字，书法写得非常好，在我们大学年级里，写字也是数一数二的好。我觉得他受到了他们家庭的影响，他太爷是铜匠，过去在北京城里做铜匠，刻手戳，那个戳是铜的。他太爷住在车辇店胡同，他们家有房子，后来上大学的时候我们去过。他受到了他们祖上的影响，特别喜欢书法，喜欢古代汉语。上大学的时候就发挥出了这个特点，那时候他就喜欢研究红楼梦，和北师大来上课的老师，比如郭预衡先生①、启功先生②等都有交流。周笑添很有才，他上四年级就发表论文，研究红楼梦。

访：家庭环境对一个人的影响很大，他四年级就发表论文了？

徐：是啊，我们那会儿还不太明白"研究"这事，他就能够写论文了、研究红楼梦了。他很刻苦，我们上中学的时候，家里有一辆自行车就很稀罕了。农大旁边有一个125中，我们走路得走将近两个小时，我们到那儿去上学。早上出来碰到一起，比谁走得快。那会儿大家年龄也小，都能玩在一起，也不知道什么叫累，早上起来一跑一玩儿就到学校了。还没到中午，就把带的午饭吃完了，下午很早就饿了，放学后再往回跑，碰在一起就很愉快。周笑添在初中毕业时，被分到了北京石油机械厂，就是当初的石油学院。"文革"中石油学院不是停办了嘛，石油学院院子里有很大一块就是北京石油机械厂，都是翻砂铸造，他就在那里干这个活。那个工厂我还去过，也很清苦。

访：石油学院就是石油大学的前身？

徐：对，现在就在北科大北门外边儿，过去全是车间，就是翻砂铸造，

---

① 郭预衡，1920 年 11 月生，1955 年加入中国共产党。1945 年毕业于北平辅仁大学国文系，1947 年又毕业于北平辅仁大学史学研究所。建国后，历任辅仁大学讲师，北京师范大学副教授、教授、中文系副主任、古籍研究所副所长，北京市文艺学会第一、二届副会长。著有《古代文学探讨集》、《中国散文史》、《历代散文丛谈》等。《中国散文史》（上册）曾获北京市第二届哲学社会科学优秀成果一等奖（1991 年）；他以一人之力，十九年之功完成的巨著《中国散文史》三大卷，160 万字，被学界称为"填补中国文学史研究的空白"，该著作曾获华东地区古籍优秀图书一等奖（2001 年），又曾获北京市教育教学成果（高等教育）一等奖（2001 年）。郭预衡是 1977 年恢复高考北京卷作文《我在这战斗的一年里》的命题者。资料来源：百度百科

② 启功（1912——2005），中国当代著名书画家、教育家、古典文献学家、鉴定家、红学家、诗人，国学大师。曾任北京师范大学副教授、教授，中国人民政治协商会议全国委员会常务委员、国家文物鉴定委员会主任委员、中央文史研究馆馆长、博士研究生导师、九三学社顾问、中国书法家协会名誉主席，世界华人书画家联合会创会主席，中国佛教协会、故宫博物院、国家博物馆顾问，西泠印社社长。其主要著作《古代字体论稿》《诗文声律论稿》《启功丛稿》《启功韵语》《启功絮语》《启功赘语》《汉语现象论丛》《论书绝句》《论书札记》《说八股》《启功书画留影册》。资料来源：百度百科

很苦、很脏。那会儿当工人是很好的职业，比插队要好，但是也很艰苦，劳动条件很恶劣。我想，大家考大学的心情都是一样的，都想要改变自己的命运，改变人生，所以都很刻苦很卖力地学习，但是周笑添的命运一直不顺，我们大学毕业以后，他被分到了石油部，在石油部的办公厅当秘书，因为他很有文采，会写，但是后来也实行实践锻炼，下放。其实他在工厂工作过，当时就给他下放到甘肃，他从甘肃锻炼回来，就去了石油出版社。后来他得了脑癌，之后就去世了。去世的时候，他已经有一个小女儿了。

访：算起来，那时他的年纪也不大啊？

徐：是的。周笑添的去世对我们很多同学触动很大，我们都感到很遗憾，很可惜。好不容易能上大学，他山西的父母都盼着他成才，结果他一点好日子都没赶上。我们这些人后来能够过得好一点，已经是2000年以后的事了，尤其是奥运会以后，家庭生活、住房条件都发生了很大的变化。那会儿要不就是所有条件都不好，要不就是孩子小，要不就是刚结婚，条件很艰苦。等条件好了，他去世了，很多同学都对这个事很惋惜。我上大学的时候碰见过这样的同学，一说我们是小学同学、中学同学，爱好都差不多，都喜欢中文、文学，喜欢看书，我们在上中学的时候就已经有很明显的爱好了，即爱看点小说，爱看点文艺作品，我们经常在一起，他们家跟我们家住得很近，都在一条街上，我们家在东边，他们家西边。

访：小学、中学、大学都是同学的，还真是很难得的呢！

徐：非常难得了。再一个同学就是祁忠，他是我上中专的同学，我们这几个人住的都很近，祁忠就住在清华园。当时清华园在清华大学的南门外边，就是清华园火车站，现在盖的全是楼了，当时那一片最好的地方是在火车站那里，他们家就在清华园那儿。然后上了第三师范学校，我们在一个班，当时我们一个班30多人，就六个男生，我们六个人都是很要好的，结果到了大学我们又碰在一起了。有一张我们的老照片，排在第一个的就是祁忠，因为祁忠在我们同学里边个儿最矮，所以我印象里排座位他肯定是排在最前面的，刚才我说的周笑添的个儿不矮，很瘦、很精神。那张照片很清楚。他后来当了记者，在我们中师毕业之后，就给他分到这个山后。

当时山前山后怎么分呢？这是海淀的土语，大家一说山前山后就是以颐和园为界，就是颐和园的万寿山到圆明园到清河，这就是山前，海淀这一片。山后就远了，一直到北安河到上庄到周家巷（北安河公社）。周家巷那边就是西山山根儿底下了，那会儿山前山后不是以西山为界，一说上山后，那就很远了。那会儿教育局只有两辆车，一辆是吉普车，是局长们坐的；另外一辆就是130卡车。如果上山后去，要么赶上有局长去，要么凑一拨人去，这是当时大家流行的办法。上个世纪80年代，我在市委的时候也是，当时要上延庆、上密云、上平谷，从星期六就开始凑人，大家互相问"你们单位有没有去的？有去平谷的没有？"这样到星期一的时候凑起来的几个人就弄一辆车一起过去，因为去平谷、去密云当天都回不来，就是几个部门的人凑在一起，弄一个车，拉到那儿就中午了，你再去办公，晚上住在那儿。第二天才能回来，有时得在那儿呆两三天，路不好走，而且那个时候距离很远。我后来会开车之后，到平谷去得开将近两个小时。现在有了高速路，来回打车一上午都没问题了。

祁忠学习也很好，他后来在《消费者报》一直当记者。现在想起我上学这段时间，很幸福的事就是能碰见两个这样的同学，一个是中专时的祁忠，一个是小学、中学时的周笑添。到分校之后跟别人熟悉起来，可能得需要很长时间，但是跟我们同学在一起，说事、吃饭、聊天，都是很熟悉的老朋友。这真的是太幸福了。

访：上大学遇见以前的同学，也是一种"他乡遇故知"了。

徐：是这样的。前些日子大家都去通州看看，我们也去了通州。上大学的时候，我们班有一个通州的男同学叫王双启，他毕业后分到了通州。我们当年去通州，那个燃灯塔和大运河地址，说句老实话，因为没人修整，都很原始自然，那会儿我们同学专门去大运河边上，河堤上全都是硬土。我们这些学生虽然岁数很大，但由于是学中文的，都很浪漫，就在河床上聊会天儿。有时候也找人问这庙到底怎么回事？这塔怎么回事？当时是真的没人修啊，不像现在，看起来很庄重堂皇。旧庙很古朴，也很有韵味，那会儿我们看完之后，都觉得应该从文学和从历史上挖掘挖掘。我们那会儿的大学生是很幸运的，念书很愉快、很轻松，大家很爱学习，很刻苦，想尽一切办法，让各种各样的活动都与学习有关，把很多时间都用在学习上，哪怕去通州，也不是纯旅游的玩儿，而是看看有什么故事和典故，一起念叨念叨、温习温习，然后一起说说，还真很有意思。

回忆起上大学那段事儿，我觉得那会儿想学习、想高考的劲儿跟现在的不是一个味儿。我们那会儿没有现在想的那么具体而精确，不会想到这两年学得如何、考得如何，只会想到会不会分配到艰苦的地方或外地去，但真的没有那么怕，也不能说心里很高兴，因为大家都历练过了。

我们班在云南、内蒙古、东北插队的，当过兵的，都历练过了。在云南插队的吕佳林同学到今年已经68岁了，前两天我们同学聚会之前，他还在开车旅游，去西藏、青海、河南，专门走石壁上挂的公路，68岁还在北京跑半马，身体非常好，过得很愉快。他说，我没有想发财，或指望孩子以后能够成名成家，很平和，没有其他想法。现在有的人像个愤青，都60多岁了，这也看不惯，那也看不惯。"物以类聚，人以群分"，我们这几个同学，尤其是比较说得来的，多数人都是很平和的，虽然都过的是普通老百姓的生活，没有那么多房子，也没那么多麻烦，就带一个孩子，不管有没有孙子都不着急，没有非实现不可的宏伟梦想。

我刚才说的这个同学，在大学毕业后去皮鞋厂工作，也没有什么特别的想法。他的业余爱好就是跑步、照相，现在还在玉渊潭里跑，这是一种历练。他高中毕业到了云南，就在红河边上，离越南就是一河之隔。后来还专门回过云南，他对那儿的老百姓、村里的情况都很了解，他在我们同学里属于想得开的了。反正这一辈子最艰苦的事儿也扛过来了，也没事，也好好生活享受生活了，也上大学了，也完整地接受了本科教育，这在中国人的人生当中应该是一件幸事。

访：尤其是在当时的条件下，能够接受完整的大学教育是多少人梦寐以求的事情呀！

徐：当时只有百分之几的人。现在高等教育普及了，接受一个完整的高等教育是难事，尤其是本科教育。但是我想即使是现在，能够完整地接受本科教育也不是一件容易的事儿，你不努力也上不了本科。

我上分校这四年，对我后来的发展非常重要。我虽然认真地上过两年中师，那会儿已经是"文革"后期了，我1971年初中毕业，1972年就到了第三师范学校。第三师范学校已经开始正常运转，它前边招了一点学生，就像工农兵学员似的，只是通过各个方面的推荐，没有经过考试，都是工作过的人到这来上学，之后出去当小学老师，现在看当时的社会已经趋于正常运转了，学校已经开始上课，但没有老师，我就上了中师，中师那会就开始正规上学、正规教课了。第三师范学校又是北部地区最好的一个中等师范，当初它是三所师范——门头沟、海淀、昌平的师范合在一起的，后来又发展，各区县都成立师范，当然后来又调整了，把中等师范都取消了，这当然是与时俱进。我们上那两年师范接受的训练，我觉得很系统，但是它的目的很明确，就是让你当小学老师，而且当时分得更细。细到什么程度？细到会具体分配科目，比如数学班、语文班等，已经到了这种程度。我当时就被分到了语文班，准备去当小学语文老师。语文老师怎么教？从黑板板书到写教案、怎么判作业、怎么当班主任，有专门的一套训练。

我之所以讲高等教育对人的发展的重要性，就是高等教育对人的思想方法的训练，我觉得有比其他教育更独特的地方，别的教育不能够替代。中师，包括高中，就像很多中学普遍反映的一样，就是师范院校毕业的学生，到了学校之后上手很快，就像说联大的学生似的，上手很快，就是接一个班，教一门课，一年之内就可以，很快上手，但是有的时候，综合院校来的，工科院校来的，比如北理工来的，北航来的，农大来的当老师，可能上手不是很快，尤其一些文理科，但是这些学生很有后劲，最后更容易成为优秀教师。所以现在我觉得基础教育扩大师资来源，即谁想当老师，谁就考教师资格证，不一定非得上师范，这是个进步。

前一段我讲师德师风教育的时候，讲最近中央加强师资队伍建设，其中一个很重要的点，就是把师资来源拓宽了，师范院校毕业的可以当老师，也可以不当老师，拓宽了人的成长自由度。你上了师范，如果中间变了想法，不想当老师就别当了。所以现在师范大学招相当比例的非师范生，你就是当了师范生，你退还了国家补助，也可以不当老师；你不是师范生，但是当了老师，国家给你补贴，把该补给你的补给你，比如学费、生活费等，我觉得很公平。

访： 大学本科教育对学生的培养是综合性的，所以国家越来越重视本科教育，教育理念也在不断进步，像您提到的拓宽师资来源。

徐： 是这样。所以大学这段，我觉得非常非常愉快，虽然相对而言东大桥的大学分校条件很艰苦。现在说艰苦，那是跟后来比，当时应该已经是最好的了，能够一下子腾出那么多地方，一下子集中那么多老师，还想要老师的水平有多整齐、有多高，然后上学的环境有多好，我说这个事情都要历史的看，辩证地看。

北师大一分校东大桥校址

当年能够上师范、上大学分校已经很好了，只要能上，哪儿我都去，那会儿的学生异口同声就是这个，没有讲价钱的，说远了不行，说文科不行，说理科不行？没有，就是我能不能上，能上就上，剩下的都不用谈。所以当时学生上大学，在学校里边没有人提什么这个那个意见的，没有对老师讲课提什么意见的，一层楼，一个屋搁一个电视，大家都在这儿看电视，只有一个录播室老师来讲，比如张老师来讲课，我们大家都坐在教室里看，复习的时候就再放一遍，下了课赶快核对笔记。那会儿连讲义都没有，都是后发的，没有书，都是凑的。后来说要跟本校同步，当时也没有书和讲义，都是老师在那讲，讲完使劲记笔记，等快到期末的时候才发一点讲义、提纲。当时上学没有其他的想法，只要能上学，坐下来读书，当大学生，就很知足了。

讲价钱，讲条件，说这也不行，那也不行的，没有！像刚才说的平谷那位同学，都是孩子的妈了。她生活很苦，我们大学一毕业，她丈夫就患肝癌去世了，她一个人带孩子。后来我们再去看她，她家也是很艰苦，但她就顽强的生活下来了。一个女同志骑自行车，背好几十斤粮食，弄到学校这儿，那会儿还没有那么多白面，她自己做饭，比"蚁族"①差多了。那会儿东大桥附近的条件，跟现在没法儿比。所以现在回忆起来那一段，对于当时的我们来说，很幸运、很幸福。大学这四年过得很愉快，能够上大学，一说是大学生了，你想，"文革"前才有多少大学生？第一届77级才招多少？78级没有扩招的时候才招多少？都是凤毛麟角，能够让我们这些300分以上的考生接受高等教育，虽然就是看电视、听录音，很多事情都要靠自己，但是现在想起

---

① 《蚁族》作者廉思，2009年广西师范大学出版社。"蚁族"，是对"高校毕业生低收入聚居群体"的典型概括。该群体受过高等教育，主要从事保险推销、电子器材销售、广告营销、餐饮服务等临时性工作，有的甚至处于失业半失业状态；他们平均月收入低于两千元，绝大多数没有"三险"和劳动合同；他们平均年龄集中在22—29岁之间，九成属于"80后"一代；他们主要聚居于城乡结合部或近郊农村，形成独特的"聚居村"。他们是有如蚂蚁般的"弱小强者"，他们是鲜为人知的庞大群体。资料来源：百度百科

来，这么做是对的。

我们那会儿一下了课，坐电车112就到北海，北海旁边就是北京图书馆，我们进里面看书。你现在想着，上北京图书馆看书多高级啊，上图书馆里那多好啊。但是当时我们那是没办法了，实在是没地方看书。要是有办法，有地方读书，谁不上一个安静的地方，自己有现成儿的书，到那儿就看。那是没办法了，除了北京图书馆，哪儿都没有书，就那儿有书，而且我们是因为正好住在东西南北的人能够坐车过去。现在有些人说很羡慕，能去北京图书馆，那里有木地板，条件多。但是我们是在那种条件下，上哪儿去看书、去学习？而且看的都是最简单的书，只是去学点普及性的一般知识。从另一个角度来说，虽然受到当时的条件限制，只能学点心理学和语言学的常识，查点一般资料，但是确实过得也还挺有意思的。

访： 那一代人能够上大学就是非常幸运的了，在当时可谓天之骄子啊！

徐： 社会上都这样说，但我后来觉得有点自己忽悠自己了。学生终究是学生，第一，对社会还没有贡献；第二，你还没有走向社会；第三，你还是被监护、被教育的对象，是半个人才，还离不开父母、家庭和老师，所以要看从哪个角度去看。当然青年人肯定要出思想，接受新事物，这是一个特殊的群体。但从一般社会和个人成长的角度说，大学生就跟普通人一样，也没有什么跟别人不一样的地方，那些真正成材的人也是因为后来具备了一些条件，就是要专门培养出专才，我觉得现在好像成功的案例并不多。天才都是应运而生的，由于有个人的天赋和知识储备，然后赶上特殊的事儿就成就了一个人才，像现在弄芯片和人工智能，如果真有这方面的人才，这个条件就能够促成。师大一分校、师大分校、大学分校的这段历史我觉得很特殊，但也就仅此而已了，"前无古人，后无来者"。

我觉得，历史发展到现在，对我们如何看社会发展，如何看人生发展的探讨已经很科学了，就像我们以后评价自己的学生一样，只要不给社会和家庭造成负担，只要自己自食其力，只要能诚实劳动，只要能够健康愉快地生活就是人才，这就可以了，不一定非得考博士、当经理。

访：人才的标准，不同的时期有不同的特征，但内核应该是一致的，就像您谈到的对社会的贡献、对家庭的义务、对个人的责任。

徐：再一个就是我们自己也应该不变，为什么我觉得十九大的口号"不忘初心"提得好呢？就是因为从1921年开始，共产党没变，共产党的领导没变，共产党自己的党章没变。只要叫共产党、叫社会主义，初心就是让大多数人过好日子。这个初心不是为了私有制，而是为了公有制。

接受过系统的高等教育之后，即使是过去没研究过的事儿，现在也能很快研究、融入和出成果，所以为什么说西南联大，说大学分校，的最大成果，我觉得应该是训练了一批人，锻炼了一批人，大学分校为改革开放之后的迅速发展、改革和建设提供了需要的各种人才。分校最大的功绩是训练了这么一批有思想、有方法、有知识，年富力强、熟悉生活的人走向社会。当年之所以办大学分校，用现在习总书记的话讲，就是"教育的根本和初心是培养人"。为什么我们那会儿老说联合大学最大的功绩就是我们培养的人都在北京的生产一线呢？因为99%的学生都在北京，为北京发展服务，没出国，没给外国人打工，是值得我们骄傲的！

访：您说得对，而且从1978年到现在刚好是40年，分校这批大学生正好在改革开放这40年里做出了重要贡献。

徐：那会儿我当书记的时候，老想请市里的一把手来咱们学校看看，结果到现在我们这个愿望也没实现。那会儿我去请市委书记贾庆林的时候，我说我们学校的毕业生99%都在北京的生产一线，都是北京自己的建设者，这是我们最大的亮点。当时一说中关村搞计算机维修、营销、组装，都是搞得最好、最多的，连蹬三轮送货的，都是联大的学生，但是现在说起来好像都是很低档的事。当初中关村起家的时候，我们的学生去干这个，那就很不简单了，他们在四通、联想干。那会儿世界一流学校的学生占95%，98%的学生都出国了，有的本科没念完就出国了，都去读美国、欧洲最好的学校去了，他们并没有在这儿劳动，做修马路、挖河、搬砖等工作。当然我不是说出去学习不好，只是说自己的想法。

最后归结到我说的这一点，分校就是培养人。这些人在这儿受到了正规、系统的训练，最后成了社会有用的人才。念书这就算成功，教育这就算成功。

访： 改革开放之初，百废待兴。在国家最急需人才的时候，分校培养出一大批人才，他们有的当过工人，有的当过农民，还有的当过兵。经历过艰难困苦的磨炼，又很幸运地上了大学，对社会作出贡献，又可以过平平淡淡、真真实实的生活，是一种很好的生活状态了。这样的教育是成功的，是受到社会认可的。

徐： 前两天我们同学聚会，系里六个班，每个班都来了人，很不容易，大家全都凑齐了。其中一个是从法国回来的，一个是从美国回来的，我们在一起回忆大学时代的许多瞬间，感到很幸福！

访： 您讲述的一个个栩栩如生的故事、涉及的话题，正是我们课题研究所关注的内容，一些普通人的理想、追求、成长和命运折射出改革开放40年来我国经济发展、社会进步与思想观念更新。这些都具有很好的口述史价值。再次感谢徐书记！

徐： 也谢谢你们！

2018年6月采访时合影

　　【访谈手记】走进徐书记的办公室，立刻被浓浓的书卷气息所包围。书柜里书籍满满，茶几上摞着新书，办公桌上摆放着杂志和报纸。这些书报又被翠绿的巴西木和茂盛的绿萝所环绕。阳光照在书籍和绿植上，满屋的书香与花香。听着徐书记娓娓道来，我们深深地沉浸在过去岁月五彩斑斓的人物和事件中，感受着徐书记的愉快和幸福。

孜孜以求率性人生

访谈时间： 2018年6月13日上午

访谈地点： 北京市社会科学院王岗的办公室

被访谈者： 王岗

访　谈　者： 宋秦（北京联合大学国有资产管理处副处长）

　　　　　　宋丹丹（北京联合大学历史文博系研究生）

文字整理： 宋秦，宋丹丹

　　王岗，男，1955年6月出生，北京人，研究员。1979年春节后进入北京师范大学第一分校就读，毕业后在北京市第八十二中学教书，1985年调入北京市社会科学院历史研究所，曾任历史研究所所长、北京市政协学习和文史委员会副主任。现任北京市文史研究馆馆员、北京古都学会会长、北京师范大学及首都师范大学特聘教授。

2013年王岗在希腊

宋秦、宋丹丹（以下简称"访"）：王老师好！首先感谢您对我们研究工作的支持！您曾经在大学分校就读，是我们的校友，还请您简要介绍您的基本情况？

王岗（以下简称"王"）：我就读于北京师范大学一分校，跟徐书记①在一个学校。他是中文系，我是历史系的学生。我的基本情况比较特殊，小学四年级上完，该上五年级的时候开始"文化大革命"，那是1966年，学校停课了。我父亲是人民文学出版社的领导，被打成走资派，关到牛棚里去了。而我每天没事干，就在社会上闲逛，游离在社会之外。到了1969年，学校开始复课，安排我就近入学，当时给我分到原来叫女14中、"文革"时叫韶山中学的学校。9月份开学后，我刚上了两个月的学，大家伙儿刚认识，还没正式开课的时候，我随父母和家人去了"五七干校"。到了干校以后，我被军宣队派到连队里干活，一直干到了1971年12月，按说我要初中毕业了。大概五六月份时，北京的学校给我们这些干校的孩子发信：你们如果要在干校继续干，那就接着干；你们要想回来参加分配，就回来参加分配。

我们那一拨孩子都收到了通知。有几个孩子拿了通知以后直接买票就回来了，并没有跟军宣队打招呼。军宣队就下令，剩下没走的孩子一个也

---

① 徐永利，北京联合大学原党委书记。

不许走了。但是军宣队又不管分配，就这样到了年底12月份才把我们都放回去。等我们回到北京，这届分配都分完了。1971年90%以上的孩子都分到了北京的工厂，等我一回来，去工厂的名额都没有了。学校（韶山中学——编者注）征求我的意见，说有两个选择，一个是到服务行业，再有一个是去插队。

在干校的时候，我跟大人一块在连队干活。我一想，一个大小伙子，站在柜台边上做服务多寒碜，反正干活我也不怵，于是我1972年插队去了。插队在房山区葫芦垡公社，一下子就是两年多！再后来，北京市招工、招生。1974年，北京市化工学校在我插队的那个村招生，招工农兵学员。这所学校当时是一个中专，一番波折之后，1974年我就到了化工学校。这两年实际上就是当学徒，在北京市化工系统实习，今年在这个工厂干几天，明天在那个工厂干几天，在化工系统轮流转一转。第三年毕业，就算出师了，分到了工厂。所以我现在也还算有一个中专的文凭，但我从来没用过。我学的专业是化工机械，实际上就是到各个厂的维修班、维修车间，看看人家怎么干活、搞维修。我分到的那个化工厂也挺有意思，就在清华大学和北京大学的中间。清华、北大一致反对，要把我们厂轰走。

我是1976年去的工厂，1977年实行高考。我们厂的领导非常好，非常有远见！决定所有的青年工人，凡是报名参加高考的，就给20天假复习。唉，我一想我也没考过大学，就考一回试试吧，20天假期也休息休息。那回考试我也不知道考了多少分，也没有给我通知。我猜测分数很少，因为我也不知道怎么答题、考试。我也不关心考试成绩，因为我觉得我在的工厂特别好，管理也不严格，而且我的工厂是维修的，一年就干一个月活，太滋润，所以我也只是跟风考考试试，不考虑结果。

到了1978年，我又考了一回。当时我觉得这次怎么也得拿点分啊，否则这不是跟厂里的领导那里白套了20天假嘛？于是，我就找了我们厂里的一个好哥们，大家都是青年工人，他的爸爸是中学地理老师。他邀请我到他家，让他爸爸给我讲讲，我答应了。一来，好朋友邀请的，咱也不能不去，二来，我没学过地理，也了解一下。一天下班后，我到了他家里，他爸给我讲了一个晚上，我就听明白了。等到高考之前，他又给我辅导了一个晚上。我就听了这两个晚上！结果1978年考试，分数最高的就是地理，拿了78分。这样一来，我大概也知道怎么答题给分了，第二次高考我还真是拿了一些分数。政治当时是60分，及格分，数学大概二三十分。因为加减乘除学过，一次方程、二次方程就没学过，不会做。另外，我外语没学过，ABC没学过，就申请免考。除了外语免考之外，剩下的五门：历史、地理、语文、数学、政治的分数，加在一起有316分。那年的高考录取分数线是300分。那就报志愿吧，可是我也不会报。我那时候喜欢历史，就想报历史专业。于是，我就打听当时北京哪个学校好，只知道北大、人大、北师大的历史系好。我就把这仨学校列为三个志愿填上了，我也没考虑我自个儿有什么能力。分数下了，也通知我过了录取分数线，但没有人录取我。316分还是少了点吧？少了点就没录取，但是我觉得挺受鼓励的，我虽然都没学过，但是这个分还行，那明年再说。

结果那年运气好，林乎加到北京当市长，他头一年在天津当市长的时候办分校，之后来到北京，就决定让300分以上的考生也都有学上，都上大学分校，结果我就收到咱们北师大一分校的录取通知了。后来我才知道，你的志愿中只要填了师范，统统先给分到师范类院校中，所以当时就给我分到了北师大的一分校。而就在这个时候，人民文学出版社也在招聘编辑，我去考了一次，也考上了，出版社给了通知。我当时挺矛盾挺犹豫的，觉得工厂其实特别好，一年干一个月活儿，以后估计很难找到这么好干的工作了，因此不太愿意走。我父母当时在广西，我就给他们写了信，告诉他们我现在面临的情况，询问他们的意见。我父亲说去出版社，上不上学没关系，以后你自学也可以成才，只要你努力就行，他就是人民文学出版社的。但是我母亲说不合适，说我还是应该去念书，虽然我岁数不小，20多岁了，但是念书太少，也就小学正式念了四年，后来一直没有念书，家里也不指望我挣钱，还是再念四年吧。我一想，那就念吧，正好我也喜欢这个专业，我就上了北师大一分校。

那时候我24岁，年纪正好在我们班的同学里居中，年纪小的是应届毕业生，大概十七八岁，大的当时已经三十一二岁了。当时北师大一分校有三个系：历史、中文和政教，学校校址就在东大桥那边，原来是一所小学，但是搬走了，空出来给咱们。于是我第二次踏进校门，小学上四年，大学再上四年。没想到我在社会上晃荡了十几年以后，又进入校门了。

访：您刚到分校的直观感受怎样呢？

王：我原来没怎么上过学，所以刚开始根本找不着上学的感觉，也没有觉得特高兴，因为我的个性比较随性。到了学校一看，这些同学来自社会各个方面，有工人、农民、解放军还有商人，老师也来自方方面面，大家挺合得来的。

北师大一分校的历史系78级有4个班，当时给我分的是一班。在一班有一个好处。当时在分校授课的是咱们北师大的老师，当时分校刚刚成立，还没有师资。那时分校班级多呀，历史系4个班，中文系6个班，政教系是5个班，我们基本是这么一个情况。有四个班的学生要上课，又没有那么大的阶梯教室。那怎么办？解决办法就是，每个班在各自教室上课，教室都安装了闭路电视，北师大的老师在一班教室里头讲课，剩下三个班看电视。我分到一班，是现场听课，另外几个班的同学看的是转播。虽然内容都一样，但是我们可以接触老师，有什么问题，我举手就可以问，别的班就没有这个优势了。但是我上大学时就已经24岁了，不习惯坐在这个教室里听老师讲课。一开始还听，因为刚上课新鲜。老师除了教材之外，还给我们发讲义。听了几堂课以后，就觉得不对劲了，老师说的都是讲义上的内容，我看一眼不就得了吗？坐一堂课45分钟，上四堂课就得坐半天，没意思，我就不想听了。头一堂课还在教室里坐着，坐一下就出来了，去了学校的图书馆。分校当时已经有图书馆，尽管图书馆的书很少，但再少也还是比家里的书多一些。我去分校上学，图书馆就开始有些书了，不过这些书都是怎么来的，我没关注。我跑图书馆，喜欢看什么书，就看什么书，考试的时候有讲义在，我看一遍讲义就好。我又要求不高，60分就满意了，达到60分还是很容易的。那时候没有学分制。如果有学分制，我一学期就把这四年的学分都给弄下来了！可惜没有。就是这样，基本上不听课，只是自己看书。

访：那时候对学生没有考勤吗？

王：没有，没有考勤。发现有考勤的时候，我就找一个同学帮我代签。当然有的大牌教师不到分校来上课，因此有一些选修课就要到本校上课，那个时候我就委托一个同学，反正谁也不认识谁，就让他在考勤表上帮我勾一下，本校的课我基本也是去听一两次，要见见老师什么样儿，对吧？是怎么个路数。我基本不听课，属于野路子。野路子有野路子的好处，但是没有受过系统训练，跟我们班的很多好学生是有差距的，他们那笔记做的，真是非常详细。有同学开玩笑，连一个咳嗽都能给你记下来！一到考试，全班同学都借那个人的笔记看，我从来不看。高考我不也有经验了嘛，我在答题的时候，会算算答这个题能得多少分，只要够60分就不答了，直接交卷，最后分数都是六七十分，但也有一次出了点问题。什么问题呢？因为我也没听老师的课，每次考试之前我都得问一问讲课老师，问问考试范围在不在他的教材和讲义的范围之内，他说在我就踏实了，讲义翻翻就明白了，对吧？老师要是说不在，我还得找同学借笔记本看看怎么回事。到考试的时候，坏了，有两道十几分的题没在讲义之内。旁边同学说你抄我的，我说我不抄，就给老师空了这两题。因为我是照着60分准备的，这一下我就亏了20多分，小30分。最后分判下来了，50多分，给了我一个不及格，后来我就拿着卷子去找那位老师了。我说我在考试之前问过出题会不会出圈，您答复的是没出圈。那这两道题，您在教材里给我找找，找不着啊，最后老师把分数给我补上了。我这人办事认真啊，习惯认真。我问了出题范围，我也明白，所以我知道，当然我抄一下分也够了。文科考试不是那么特别严格，不像高考。同学给我一抄也就行了，但是我不抄。总之，我在上学的时候基本上还是以自学为主，因为从小没有受过这种（课堂式的）教育。

当时在学校里还是过得很愉快。虽然有各种各样的事情，但我在学校里也挺自豪。大二、大三两年我们分校组织论文竞赛，我是唯一一个两届论文竞赛都拿第一的学生，分校大二、大三就开始培养学生写论文了，大四要写毕业论文，就没组织。论文竞赛是什么形式呢？就是题目不限，你自个儿选题目随便写，只要跟老师教的历史相关的内容都行。写完以后，论文交上去，把学生的名字都贴上，让所有历史系的老师阅卷，觉得好就在论文上画圈儿，最后数谁的圈儿多，两次都是我的圈多，排第一个。大二的那篇论文是关于王安石变法的，给了我第一。大三那年写了资本主义萌芽，是经济史方面的东西，又给了我第一。系里的同学们都觉得很奇怪，因为我平常不太听课，在课堂上见不到我，也不参加复习。他们就问我秘诀，我实际上没有秘诀。我上学之前，在社会上磨炼的时候总结出一个经验，即不论干什么事情，一定要抓住原理。所以，我在学校上学期间为什么不听课呢？我觉得老师讲课只是把讲义给你重新说一遍，讲义看两三天就明白了。而我在上学期间，就开始琢磨这些顶尖的历史学家是怎样研究历史的。我不着重看他研究的内容，而看他研究的方法，看他通过什么方法和思路来研究历史。只要按照他们的这些方法和思路写论文，效果就会不错。

到毕业时，又出现了一个问题，北京市教育局把不带工资上学、不算工龄的毕业生档案统统拿走，统一分配，给我分到北京八十二中当老师。但是我这个性格不适合当老师，我是随便惯了的人，不能把别人孩子都教坏了，我就跟校长说我干不了。校长说话比较绝，他说你干得了干不了我不管，上课铃响了，你到时给我站着去就行。我又跟他说我要走，这个工作不适合我做，我去干别的工作，他也不同意。当时人民出版社又在社会上公开招聘编辑，之后我考上了，结果学校还是不放我，也不同意我辞职。后来经过我的努力，终于同意放我走了。当时许多单位都要人，高校、出版社、博物馆和研究院都缺人。我经过再三斟酌，还是觉得研究所（北京社会科学院历史所——编者注）好，因为这儿自由，适合我这个性格，我适合搞研究，结果我就到这儿来了，从此我就没再挪过地方，到现在干了30多年了。

我觉得我属于比较有追求的人。虽然当时中学老师的工资比这些单位都高，而且讲课也很轻松，但是对于我来讲，体现不了我的人生价值，所以我就坚决要出来。学校不重视历史课，它是副科。那个时候，我并不是从金钱上选择工作，主要还是从个人的性格、价值观念上选择，所以到研究所来以后，路走得还是比较顺的。

访： 在您看来，大学本校对分校的支持体现在哪些方面？

王： 当时的大学本校对分校的支持确实很多，都是一线最好的老师来咱们分校讲课。咱们分校78级是头一批，第二批是79级，开始陆续有自己学校的老师讲一部分课，到80级的时候，本校的老师就基本不来了。北师大也有校友会，他们的校友会就把我们78、79级两级的学生认定为北师大的校友，80级往后就不承认了。

而且从80级毕业之后，北师大一分校历史系就没了，后来师大一分校、二分校也合并了，[①]之后历史系就不再招学生。现在校庆我们再回学校去，就没有历史系了。我觉得本校老师对当时办分校还是非常支持的。虽然条件很差，但是学生们思想都很活跃，各有各的想法。一般来讲，大概百分之七八十都是有追求的，很少有混饭吃的，那时候他们都是想要有所成就的。我是北师大和首师大的特聘教授，给他们讲过课，现在的孩子就和那时候的不一样，都太年轻，太不成熟了，讲究实用。

关于培养人才，比如刚才我说的论文竞赛，学校还是想了一些办法，支

---

① 1983年9月，按照北京市政府调整大学分校的部署和安排，北京师范大学一分校和二分校合并成为北京师范大学分校，后更名为北京联合大学职业技术师范学院并入新组建的北京联合大学。参见熊家华主编：《北京联合大学志（1978—2000）》，第405页。

持力度挺大，分校办得很不错，出了许多人才。

访：您进分校时英语是"零基础"，那您能介绍英语课程的学习吗？

王：进分校后，第一年英语是必修课，不管你以前学到什么程度，英语都要从ABC开始学，班里的应届高中毕业生也是这样学。第一年是必修，就从ABCD开始教，第二年开始就是选修课了。我性格比较随性，必修课我就得学啊，不学也得学呀，因此第一年我就必修了一年，等到考试合格以后，第二年我就再也不念英语了。当然这个对于学生的发展还是有影响的，但是每个人追求不一样，理解也不一样。当时也有一些像我这种情况的同学，就是原来一直都没有学过英语，也没怎么上过学的人，第一年必修课没过，结果最后毕业没有毕业证（只有肄业证），没有学位证书。我当时也想不学了，后来我们那班主任老师说你的脑袋瓜儿够用，你赶紧学，我听劝了，第一年必修我过了，再不及格，我的学位就没了。好在我也算比较走运，我评副高职称的时候，用的是许国璋英语，很基础，标准很低，能凑合及格。评正高的时候呢，还得考外语。那个时候就要考大学英语，我肯定一点戏都没有了。但是当时有一个很好的规定，可以考第二外语，考第二外语就比第一外语简单很多。刚好中国社科院办了一个班，就是标准日本语的班，我去学了三个月，之后参加职称外语考试，考了70多分，永久有效，以后就再也不用考外语了，真的很幸运了。

我觉得在分校这四年，对我的帮助很大。这四年没有发生什么事情，我就念书了。课有老师讲，教材中有什么疑问、不懂的地方，我可以问老师；同时，我自己又在史学研究方法和思路上下了四年功夫，所以在此后的工作上，我一直觉得比较轻松，太累的工作我也干不了。目前的研究工作对于我来讲很轻松，时间还自由，想干什么干什么，科研部门不像行政部门那样，需要坐班，我只要科研任务完成就可以。另外，我上分校这四年，认识了很多同学。分校一共是15个班，也是人才济济啊，这四年当中我结识了很多一辈子的好朋友。

访：作为师范类的院校，分校是如何组织毕业实习的呢？

王：临毕业以前，学校在小学或中学里组织了一个月到两个月的毕业实习，当时我在的学校是北京一中，我教历史。北京一中的历史老师还是挺强的，对我们讲授历史课的帮助还是很大的，很不错。

分校配备老师带学生去实习，但属于管理型的老师，业务的指导都是所在实习学校的老师。如果毕业后去当中学老师，实习还是很有必要的。虽然时间不长，但是对于没有当过老师的人，体验当老师的过程，还是非常有必要。实习的学生有教课、判作业、当班主任的。不是说每个人都当班主任，我就没当过，只是选了部分学生担任班主任。我那时候都二十七八了，也就不想再当班主任了。在学校实习时，要怎么讲课、备课，包括教辅相关内容怎么安排进课堂，那个学校的老师都给你讲得很清楚。北京一中的历史老师还是不错的。

访：除了实习外，有社会实践课吗？

王：我们系那时候还没有。

访：那分校教学手段和方法上有哪些特色呢？

王：那个时候基本都是按照老大学的一套。那些老师基本上还都是按照传统的教学方法，也不像现在会运用多媒体。那个时候电脑都见不到，还都是传统的东西，通过闭路电视的教学，当时已经很先进了，教学上没有其他的新方法。

访：当时的师资队伍能否保障教学呢？那您觉得当时的教学质量怎样？

王：我觉得从教学上来讲，我们这一批同学基本上都是本校老师讲，所以教育水平没有问题，相当不错。但是从79级开始，有一些课就由分校自己招来的老师来上课，这些老师和北师大的老师是有差距的。本校的老师都是精英，都是在各个学术领域、历史学领域有名的人物，79级的大多数老师还是从本校来的，少量老师是招上来的。到1980年之后，基本上全都是分校这边招的老师来上课，再往后的情况我就完全不了解了。

访：本校老师走教，如何对学生进行辅导？

王：本校老师们很辛苦，两地奔波，有些老师岁数也都不小了，他们来讲课，讲完课就走，学生可以在课堂上提问，也有在课后提问，没有安排专门的时间来答疑。但有一个情况，就是我们同学当中，有几个兴趣相同的人，比如说有五六个同学对先秦史比较有兴趣，那就这几个同学约好一起到北师大老师的家里去拜访、求教。我们的同学里也有北师大的子弟，要通过他们约一下老师，那个时候也没有什么钱。去老师家里坐坐，请教一些问题，就耽误半天功夫，但也不知道给老师咨询费、辛苦费等费用。

访：除了正常上课，咱们分校是不是也邀请本校的老师来做一些讲座呢？

王：学校有安排讲座，但内容倒不一定是课本上的。比如北师大那时候的著名教授刘乃和，她是陈垣的弟子，给我们开了一门课，就是中国古代史常识，实际上就是分成十个讲座，每一个讲座讲一个大的概念，而不是说某一段历史，例如中国古代历上的避讳，写字缺笔少划，改字的现象；又如行政区域，大九州、小九州的概念，以及发展变化。它是一种系统的系列讲座。还有会邀请北师大在某一个领域名声很大的老师，请他做一次性的讲座。比如启功先生，他的书法非常好，就专门开了一次书法讲座，学校也要求师范生的板书得规范。好多学生听说启功先生来了，都准备好纸和墨，请先生题字。

访：分校如何抓学生思想政治教育呢？分校的校风如何？

王：我感觉那个时候的思想政治教育还没有抓得那么紧，不像现在。那个时候大家也没有什么很复杂的思想，都很单纯，都是为了好好学习。印象中分校也没有组织学生集中的政治学习。

我觉得一所学校的校风是多方面的。一个是老师的作用，再一个就是学生的作用，这两个东西合在一起，才是校风。老师怎么教学生，他怎么来传授知识，这是一个方面；同时他还应该传授学生怎么做人，这是咱们校风当中很重要的部分。我现在看北师大和人民大学的校风就不一样，北师大注重学术，基本没有人考虑政治上的因素。北师大历史系的老师，有一个非常显著的特点，就是在社会上不张扬。北师大历史系现在是教育部的"双一流"，在全国的历史系院校排第一，排在北大等名校的前面，但是没有广为宣传，很低调，他们在学术上很下功夫。北师大分校的历史系后来没了，①就体现不出校风了。

学生的学风也很重要，学生在学校的行为，都直接影响到校风。你到学校来，想在事业上有追求，在人生价值上有明确目标，学风就会很好；如果是来混饭吃的，学风就会非常不好。这两个方面的内容实际上就构成一个学校的校风。领导提倡是一方面，但是还得通过老师和学生体现出来。我认为那时候的学生极少数是想混饭吃、混日子、混文凭、混工作的，绝大多数的学生都是有追求的，当然最后追求结果如何另说，但是上学时候大家都很认真学。

访：咱们分校的社会认可度怎样呢？

王：认可度，我觉得可以吧，我觉得这个认可度实际上是看学生毕业以后的发展。有些同学不愿意说自己是分校的，觉得低人一等，我没有这种感觉，事实上也没有必要，其实在于你自己个人学术上的影响，在工作上的贡献。

上学的时候和本校的学生基本没有接触。就是毕业到了社科院以后，才跟北师大历史学院的一些老师接触比较多，他们也没有说你分校毕业的学生怎样怎样。上分校上学挺好的，对我来说是多种人生方式中的一种体验。在北师大一分校学习的四年让我终身受益，我至今仍对那些为我们授课的老师们怀有深深的感激之情。

---

① 1986年6月，北京市高教局、北京联合大学召开联席会议，决定停办职业技术师范学院历史系、化学系。参见熊家华主编：《北京联合大学志（1978—2000）》，第541页。

访：您在分校求学期间面临最大的困难是什么？

王：最大的困难就是觉得书太少。在当时的条件下，图书馆的书太少了，不像现在可以从互联网搜寻知识。那时候什么都没有，只能读纸质书。那时候本校图书馆不给我们开放，我没去过，我去的是分校的图书馆。图书馆不大，常用的书都有，可是你如果要找一些稍微有点深度的、专业性强一点的书，就找不到了，因为它是综合图书馆，只有政教、中文、历史各方面的书。我当时印象最深的就是这点，书太少了。

访：在那样的环境和条件下，您学有所成，可见您是一位善于学习、善于思考、善于钻研的人，十分难得。感谢您接受我们的访谈，支持学校校史的研究工作！

王：谢谢！我也很高兴。

王岗接受访谈

【访谈手记】当我问起王岗老师分校读书期间，印象最深或是影响最大的人或事时，他笑着提到了那位没有批准他入党的党委书记，说那位书记的决定改变了他人生的路径。听到王老师介绍他求学和工作的经历，我们仿佛回到了那个渴求知识、呼唤理性、回归真实的年代，并感叹分校的诞生对于他们那代人佼佼者的重要性。王老师的谈话睿智、真诚、风趣、犀利，让我们受益颇丰。愿王老师学术之花常开，随性率真常在！

分校时光

——难忘的大学生活

时　　间：2018年7月30日

地　　点：北京联合大学师范学院2号楼2303办公室

被访谈者：陈志刚

访 谈 者：孙晓鲲（学校师范学院教务处副处长，副研究员）

文字整理：张楠（北京联合大学纪委书记，研究员），孙晓鲲

　　陈志刚，男，教授，1983年2月毕业于中国人民大学一分校（1985年更名为北京联合大学经济管理学院）政治经济学专业，留校工作后先后担任校团委书记、学生处副处长；1990年随学校并入北京工业大学，先后担任北京工业大学实验学院副院长、校学生处处长、校党委常委、组织部部长；2001年到北京舞蹈学院工作，任校党委副书记兼纪委书记；2010年到北京联合大学师范学院工作，任党委书记。

2006年拍摄于人民大会堂

孙晓鲲（以下简称"访"）：陈书记好！今天很荣幸对您做一次访谈。您作为北京地区大学分校的校友，想请您先介绍一下当时报考北京地区大学分校，以及就读的一些情况。

陈志刚（以下简称"陈"）：1977年国家恢复高考，这一年我正好高中毕业，本来都做好了上山下乡的准备。后来恢复高考了，我就报名参加了。在1977年高考录取的时候，分数线划了高低两档，已参加工作的社会考生录取分数线低，应届高中毕业生的录取分数线高，所以第一年我没有考上。1978年我再次参加高考，考了327分，而这一年北京高考的文科录取线是330分，差3分，我再次失去了上大学的机会。就在这个时候，北京市委、市政府在林乎加市长的倡议下，做出利用北京高水平大学多的优势创办大学分校的决定，把全市300分以上的16000多名落榜生都接收到分校里，这样我就有了上大学的机会，这对于我们大学分校的第一届学生来说都感到特别的荣幸。当时我报考的是中国人民大学第一分校，政治经济学专业。

访：当年这个分数还是挺高的，当年是考五科吧？

陈：对。

访：平均分就是60分都应该上大学？

陈：毕竟招生名额和办学条件有限，当时的高考录取率也就是参加高考人数的百分之五六，能够上大学的人很少，而国家又急需大量的专业人才，正因如此北京才扩招，办了分校。

访：人大一分校的地址在夕照寺吧？

陈：是的，在崇文区的夕照寺，也就是原来的117中学。当时分校都是利用原来的中学、小学的校舍办起来的，每个区都有一个分校。

访：您刚入学时学校的办学条件如何？

陈：因为大学分校都是在原来的中学、小学校舍的基础上办的，当时中小学的条件不像现在这样好，人大一分校也就十几亩地，所以一下招了近800名学生，办学条件是比较艰苦的。当时我们班有87名同学，是两个班的编制。但是由于教学条件有限，除了英语课两个班分开上以外，其他课都是87个人在一个大教室上。

同学们来自北京的四面八方，我们班除了密云之外，其他各个区县的都有，而且年龄差也比较大，我跟我的同桌相差12岁，他比我整整大一轮。大一点的同学来自工厂、农村，也有部队转业的军人，还有的同学原来在机关工作，有工作经历的同学占了大多数，像我这样直接从中学考进来的相对来说是一小部分。

访：在教学和师资方面，大学分校得到本校的大力支持，您当时就读的人大一分校，这方面的情况怎样呢？

陈：当时办分校的时候，分校只有一些行政管理人员，真正的专业教师可以说一个也没有。因为是第一届，教师完全依靠大学本部，这些老师可能上午在人民大学给本校学生上课，中午坐上班车来到分校，下午就给我们上课，基本那边（人民大学）上什么课，有什么老师，我们这边也上什么课，有什么老师。比如，经济学课，我们大家都知道的著名教授徐禾①、宋涛②、吴树青③、卫兴华④、胡钧⑤等都给我们上过课，可以说从师资上绝对是有保障的。

访：您当时学的是政治经济学专业，人大一分校还有哪些专业您能简要

① 徐禾（1925—2002），河北乐亭人。中国著名的马克思主义经济学家，中国人民大学政治经济学学科重要奠基人之一。资料来源：百度百科

② 宋涛（1914—2011），安徽利辛人。中国马克思主义政治经济学的奠基人，中国经济学界的宗师和泰斗。历任中国人民大学教授、政治经济学系主任。他主编的《政治经济学教程》从1984年至今已出到第八版，发行上百万册。他还主编了《马克思主义经济理论全书》、《资本论辞典》、《中国对外经济关系的理论与实践》、《市场经济体制与问题探索》、《社会主义市场经济读本》等有重要影响的经济理论读物，对马克思主义政治经济学在中国的传播、普及和发展作出了重大贡献。主要著作包括《社会主义经济理论探索》、《当代帝国主义经济》、《当代国家垄断资本主义》、《宋涛选集》、《宋涛文集》、《宋涛自选集》等。资料来源：百度百科

③ 吴树青（1932年—2020年1月10日），男，江苏省江阴人。中国共产党优秀党员，著名经济学家，北京大学原校长、哲学社会科学资深教授、经济学院教授，教育家，1989年8月至1996年8月担任北京大学校长一职。其生前是北京大学经济学院顾问委员会名誉主席。主要著作有：《经济改革名词解释》（副主编，1981—1985）、《政治经济学常识》（1981）、《政治经济学入门》（主编，1982）、《社会主义经济理论专题讲座》（参加编写，1982）、《中国社会主义建设》（1986）、《略论股份经济》（1986）、《模式·运行·调控》（主编，1987）。资料来源：百度百科

④ 卫兴华（1925—2019），男，中共党员，山西五台人，中国人民大学经济学系原主任、教授，中国著名马克思主义经济学家，"人民教育家"国家荣誉称号与"最美奋斗者"荣誉称号获得者。曾任国务院学位委员会经济学科评议组成员。长期从事《资本论》研究，为马克思主义政治经济学中国化作出重要贡献，主编的《政治经济学原理》教材是全国影响力和发行量最大的教材之一。他提出的商品经济论、生产力多要素论等，在经济学界影响广泛。荣获孙冶方经济科学奖第一、二届论文奖。著有《卫兴华经济学文集》（三卷）、《政治经济学研究》（二卷）、《我国新经济体制的构造》、《市场功能与政府功能组合论》、《理论是非辨析》等著作（含主编、合著）共40余部。资料来源：百度百科

⑤ 胡钧，1928年生，山东省烟台人，中共党员，中国人民大学经济学院荣誉一级教授教授、博士生导师、著名经济学家、马克思主义理论家。主要从事社会主义经济理论与实践、《资本论》等方面的研究，并在科学研究上取得了较突出的成果。他积极参加政治理论课的教材建设，与宋涛等同志合作作为副主编参与编写教材《政治经济学》社会主义部分；受国家教委聘请，与吴树青一起主持了公共理论课《中国社会主义建设》教材的建设工作。论文《公有制与商品经济兼容问题的思索》获人民大学1991年优秀论文奖，他主编的《社会主义经济及结构、运行和管理》（山东人民出版社1990年版）获1991年第五届中国图书二等奖，《中国社会主义市场经济获研究》获2000年中国图书二等奖，和北京市2001年社会科学研究成果优秀奖。资料来源：百度百科

地介绍一下吗？

陈：好！当时分校第一届的时候，几乎校本部有什么专业，大学分校就办什么专业，人大一分校和人大二分校还略有区别，比如，我们一分校当时有哲学、党史、政治经济学专业，经济管理类专业有工业经济、农业经济、商业经济、会计、统计、国民经济计划，还有法律、新闻、中文等专业。我知道当时人大二分校有档案学专业，人大一分校没有这个专业。

访：刚才您列举了这么多专业，感觉还是比较多的，对于培养社会急需人才的大学分校来说还是十分必要的。除了采用老大学的一些模式外，从您的角度看，分校在保证教学质量方面有哪些做法呢？

陈：我觉得当时学校办学最突出的一点，就是把人才培养质量放在第一位，特别重视教学工作，领导和老师们常说"课大于天"，我们当学生感受最深的一点就是老师的敬业精神。学校的各种活动都要给教学让路，把人才培养放在第一位。当时学校的办学经费有限，经费主要用在聘请教师上，如为确保第一届毕业生的毕业论文质量，学校充分利用各种社会资源聘请名师，来做我们的毕业论文指导教师。拿我来说，我们系领导给我和我们班另一名同学找的共同指导教师是北京大学经济系主任刘方棫教授[①]，真是特别荣幸！当时我们几次坐公交车到刘老师家，听他给我们指导毕业论文，我的毕业论文写的是关于教育对生产力的促进作用。在刘老师的指导下，我的毕业

---

① 刘方棫，1931年生，北京市人，祖籍山东蓬莱，北京大学经济系毕业，1952年留校长期从事教学与研究，1954年毕业于中国人民大学政治经济学研究班，现为北京大学经济学院教授，博士研究生导师，院教学指导委员会成员，在社会学术界兼任中国经济规律研究会会长，中国生产力研究会副会长，中国劳动学会常务理事，中国区域科学协会理事。主要著作有《政治经济学》《消费经济学概论》《生产力经济学教程》《90年代中国市场消费战略》《当代中国学术发展史》《生产力论邓小平经济理论的基石》《支撑经济增长》等。其中大部分代表著作曾先后获得中央宣传部，北京市及北京大学等多项奖励。其代表性论文载于《刘方棫选集》中六十余篇（山西经济出版社2000年出版）。他在教学方面，已工作半个世纪，参与和培养了几十位硕士和博士研究生，迄今他仍锲而不舍的勤奋笔耕，并参与校内外研究生的部分教学活动，继续发挥着余热。资料来源：百度百科

论文得了优秀！再比如，我们班另一位同学的论文指导教师是萧灼基教授^①，他是我们国家很有名的一位经济学家。我是人大一分校的学生，但我的毕业论文指导教师是北大经济系刘方棫教授，他和我们的系主任是人大研究班的同学。还有北大厉以宁教授^②也到我们人大一分校来上课，开设《西方经济学》讲座。就是这样，分校通过各种关系发掘和利用社会资源。

访：这么说来，当时大学分校的教学质量是有很好的保障的，教学中不乏名人授课呢！

陈：是的，学校充分利用各种社会资源来保障教学质量。比如，我们在天坛体育场上体育课，因为人大一分校位于崇文区夕照寺，往西不远就是国家体委，刚上大学时我们有的体育老师就是国家体委的教练，他们利用业余时间给我们上体育课。

---

① 萧灼基(1933—2017)，广东汕头人，著名经济学家，知名社会活动家，北京大学经济学院教授、博士生导师，著有《马克思传》《恩格斯传》《萧灼基选集》《纵论股金》等专著十六部，主编《我国经济建设与经济体制改革》《股份经济学》《中国证券全书》等著作十六部，在《北京大学学报》《经济研究》《经济科学》《人民日报》《联合早报》等国内外报刊发表论文数百篇，曾荣获包括"国家有突出贡献专家"、首届"孙冶方经济科学奖"、首届"陈岱孙经济学著作奖""中国企业改革与发展'金三角奖'"等数十个奖项。萧灼基是第九届全国政协委员、经济委员会委员，第十届全国政协常委、全国政协社会和法制委员会副主任委员，第六、七届中国民主建国会中央常务委员、特别顾问、民建经济委员会主任，北京市场经济研究所所长，《经济界》杂志社社长、主编、名誉主编等。资料来源：百度百科

② 厉以宁，1930 年 11 月 22 日出生于江苏南京，祖籍江苏仪征，经济学家，北京大学战略研究所名誉理事长，北京大学光华管理学院名誉院长、博士生导师，中国民生研究院学术委员会主任，中国企业发展研究中心名誉主任。厉以宁于 1955 年从北京大学经济系毕业后留校任教，历任资料员、助教、讲师、副教授、教授、博士生导师；1985 年至 1992 年担任北京大学经济学院经济管理系主任；1993 年至 1994 年担任北京大学工商管理学院院长；1994 年至 2005 年担任北京大学光华管理学院院长；1988 年至 2002 年担任全国人大第七届、八届、九届常委；2003 年至 2018 年担任全国政协第十届、十一届、十二届常委；2013 年获得第十四届 CCTV 中国经济年度人物·终身成就奖；2016 年获得第五届吴玉章人文社会科学终身成就奖；2018 年获得改革先锋称号、奖章。厉以宁的研究包括：管理制度和管理哲学、社会主义经济理论与实践、国民经济管理学、社会主义政治经济学、宏观经济学、比较经济史、西方经济学、中国宏观经济问题、宏观经济的微观基础等。因论证倡导中国股份制改革，被尊称厉股份。资料来源：百度百科

访：在经费方面，大学分校办学有充足的经费做保障吗？

陈：当时经费是很紧张的，但那个时候学校在行政办公方面很节俭，能少花钱就少花钱，把主要的经费用在教学上。当年聘请这些专家的费用并不高，在我印象中，现在相当于大师一级的老师给我们指导一篇毕业论文，可能也就给40或60块钱，这在当时人们的心目中也算比较高的了。

访：当时人大一分校是否安排社会调查这样的课程，如果有，是怎样开展的，效果怎样？

陈：有的，我印象最深的是毕业实习，而且是紧密结合专业的社会实践。我们是学经济学的，所以我们实习的单位都与经济专业紧密结合，比如我们班有一个组到北京市农委去实习，因为上世纪80年代初是改革开放初期，特别是农村联产承包责任制在全国正在兴起，北京作为首都，联产承包责任制怎么搞，也要做一些调研，所以当时的实习组，就到了北京市最偏僻、最贫困、条件最差的怀柔区的喇叭沟门做社会调查，看那样的地方适不适合先搞联产承包责任制，写一个调查报告。还有的组到了北京市的纺织企业，去了解北京纺织行业今后怎样发展。我实习的单位是国家工商总局合同司仲裁处，我们这个组需要了解的是国家刚刚颁布的《经济合同法》在企业经济活动中的应用情况，还存在哪些问题。我们的毕业实习题目都是真题，很有针对性，也有实习单位的一线导师做指导，同学们收获很大。毕业之后，有的同学分到了北京市农委，有的分到了北京市委政策研究室，有的还分到了国家发改委和国务院农村政策研究室从事研究工作，这和我们的专业实习是紧密联系在一起的。

访：当时实习与专业的结合、与社会现实的结合还是很紧密的。在实习过程中，有没有什么事情给您留下比较深的印象？

陈：因为分校的专业教师有限，所以毕业实习主要是靠实习单位的专业导师，学校的老师主要从行政管理、组织安排上负责落实。比如我们到国家工商总局合同司仲裁处实习时，处里围绕我们调研的主题进行安排，其中有一段时间安排我们到北京市西城区工商局调研，因为西城区工商局是全国抓经济合同法落实的先进点。这些实习单位的专业导师工作特别认真，对我们非常关心爱护，因为当时大学生数量少，所以到了实习单位之后很受重视，他们把指导学生实习当成一个很重要的工作来安排，这一点我的印象是很深的。

访：当时大学分校和农委、国家工商总局这样的合作，这样一种联系的机制主要是通过学校资源，通过老师的个人资源，还是在人大本校的帮助之下实现的？

陈：当时主要是通过分校的领导、老师、同学的一些资源，有的同学社会关系也比较广，所以各种渠道都有。

访：我们之前做过的一些调研，包括《谭元堃文集》也介绍一些比较有特色的做法，就是当年大学分校对学生实践能力的培养，很值得进一步去学习和推广。当时实习单位对大学分校学生评价非常高，从中能够感觉到分校对学生实践锻炼是给予充分重视和支持的。刚才您介绍了很重要的背景，一个是大学分校以教学为中心；第二个是同学的年龄相差很大，在这样一个班集体中，课外活动有哪些值得您回忆的地方？

陈：当时分校虽然办学条件有限，但是学生的课余生活还是特别丰富的。一个是学校通过老师包括学生干部广泛联系各种社会资源，邀请专家来校讲座或做报告，如刚才提到的厉以宁教授，还有一些文学、艺术、哲学、美学等方面的大师都来学校做讲座，使我们开阔了视野。另一个是文体活动也特别丰富，当时校园条件虽然有限，但是篮球、排球、各种文艺社团如话剧队、乐队、合唱团等相当活跃。学生参与的积极性也非常高，所以整个校园的文化氛围特别浓。另外当时的党团活动既有思想性又有教育意义，而且还很丰富，所以大家觉得大学生活特别充实。

访：大学分校和本校学生之间有哪些交流？

陈：有，但是不是太多，因为本校和分校之间距离较远，但有些活动如人民大学的校庆我们都参加了，对人民大学从陕北公学发展过来的校史我们都很清楚。

访：当时分校教学条件有限，有没有一些课程在大学本校上呢？

陈：一般的课没有，有些讲座我们可以去听，但是毕竟距离太远，去的人不是太多。分校的学生主要还是利用分校自身的条件和社会图书馆，比如没有课的时候，学校的图书馆、阅览室经常是很早就满员了，没有地方去了怎么办？我们就去社会图书馆，如当时北海的北京图书馆、国子监的首都图书馆，还有崇文图书馆、朝阳图书馆等大家常去。有时下午没有课，学校又没什么活动，我们就坐上公交车或骑上自行车直奔图书馆了，晚上可能就吃一个面包当晚餐，一直看到闭馆。

访：一些资料记载，那时的学风是很好的，请您具体介绍一下。

陈：当时学风的确是非常好的。举个例子，比如我的同桌，还有我的入党介绍人，他们都比我大十多岁，他们在中学的时候学的是俄语，但是到大学之后需要学英语，等于从零开始，他们特别刻苦，比如我的入党介绍人，他来自房山，当时学校给郊区县的同学挤出来两间宿舍，就是两个大教室，一个宿舍住二三十人，为了不影响别人休息，宿舍熄灯后他就在楼道里借着灯光学外语。当时，同学们学习都很刻苦，都很珍惜来之不易的上大学机会，学习热情特别高。

访：我看过一些资料，说大学分校的思想政治教育工作还是很有特色的，就是结合走读的特点，特别是利用课间，包括课后的一段时间做了很多工作，请您介绍一下这方面的情况。

陈：对，确实是这样。从校系领导到班主任和老师，他们的工作责任心都特别强，经常和学生谈心、谈话，了解学生的思想和学习生活情况，工作耐心细致到位，对学生的帮助是很大的。另外就学生本身而言，有一种自强不息的努力奋斗精神，再加上学校创造的条件，两者结合在一起，整个校园就充满着一种积极向上的氛围。

访：大学分校是以走读为主，当时学生是怎样处理课后参加集体活动和走读的关系的？

陈：对于课外活动同学都是根据自己的需要来选择，尽管是走读，但在大家的心里没有早点回家这个概念，参加活动晚了就晚点走，没有因为走读影响校园文化活动的开展。

访：那学校和系里组织活动是不是会担心来的学生少了？

陈：不会的。那时候的校园活动非常火爆，一个讲座可能连教室门口、窗台上都站着或坐着人，因为学校没有礼堂，大教室只能容纳一二百人，所以大教室总是爆满，不存在学生不愿意来的情况。

访：大学分校从1978年建校到今年已经40年了，您认为分校的哪些精神值得联合大学传承下去？

陈：一个是艰苦创业的精神，二是学生发自内心的刻苦学习的劲头，三是学校里边的学术氛围，这些都应该很好的继承和发扬。那时候的办学条件和现在根本无法相比，食堂、操场、教室现代化程度都很差，但同学们只有一个心思，就是把书读好。当时的校领导和同学之间的接触也特别多，有时候端着饭碗在操场上和学生就聊上了，那种氛围特别好，我觉得这种精神也值得提倡和传承。

访：在大学四年中，您感觉遇到的最大困难是什么？哪些事情很值得留恋？您印象最深的事有哪些？

陈：四年当中最大的困难就是学校没有宿舍，因为走读，每天在路途上要占用一定时间，另外那时的家庭住房大多是平房，面积也不大，所以回到家里，学习环境和效果都会受到影响。为了解决这个问题，我和另外两个同学在离学校不算太远的北工大附近租了一间房，而且还可以到工大的阅览室去看书，这还真是挺好的。

四年中特别值得留恋的，就是校园里同学们刻苦学习的氛围，还有在这四年中我先后担任班里的团支部书记和系里的团总支书记，当时团员中很多人像我一样是从中学直接考入大学的，怎样通过团的活动帮助团员青年增长才干、丰富社会实践经验，成为工作的一个重点，围绕这个目标开展了一些活动，为大家创造了开阔视野的机会，这些活动也很受同学们的欢迎。

要说在大学期间至今给我印象最深的一件事，那就是在1981年大学三年级的暑假，我和我们班吴敬昊、苑建文两位同学骑自行车到山东泰山，往返路途骑行了9天。我们的这次骑行一方面是锻炼和旅游，另一方面也是一次社会调查，我们是学经济学的，当时就想了解一下农民对联产承包责任制的态度是怎样的。沿途我们见到农民就问，大家都一致说好。这次泰山之行对我们来说很有意义，毕竟过去没有骑车走过这么远的路，也没有连续骑行这么长的时间，对我们的毅力、体力和社会实践能力都是一个锻炼。

居中为陈志刚

访：这次活动是自发的？

陈：完全是自发的，我们三个人都是从中学直接考上大学的，我们很想找机会锻炼自己。1981年是中国共产党成立60周年，在"七·一"纪念大会上时任党的总书记胡耀邦在讲话中讲到了登泰山，受讲话的启发，我们三人商定利用暑假骑车去泰山。第一天我们骑到了天津，用五天骑到了泰山，爬完泰山我们又骑车返回。路途中我们就住宿在中小学里，当时我们拿出学生证给值班的老师，人家一看，知道我们是从北京来的大学生，就把教室打开了，不收一分钱。我们把桌子一拼、雨衣一铺就当床了，沿途遇到的每个人对我们都是特别热情，感觉那时候的人特别朴实。这一段经历对我来说很有意义，也是很难忘的。

访：挺值得现在学生学习的。

陈：对，那也是挺锻炼人的。当时第一天出发没有经验，顶着大太阳，穿着背心、短裤，骑了一身汗，结果第二天就全骑不动了，为什么？因为晒得太厉害了。实际上应该是穿运动的长衣长裤，尽管出汗会把衣服湿透，但是皮肤不会被晒伤。由于皮肤被晒伤了，第二天再骑车的时候胳膊和腿一碰针扎似的痛。后来我们总结了经验，早上起来，天刚一亮那时还比较凉快，就赶紧骑一段，等到太阳晒的时候就不骑了，中午买点干粮吃，吃完以后把雨衣往树底下一铺，躺那儿睡会儿，等到下午三四点钟阳光不太强的时候再接着骑，到一个镇或一个地方找个学校住一宿，往返就是这样的。

访：这个经历还挺丰富的。

陈：挺丰富，有意义。带上打气筒和修车的工具，路上车胎被扎了，赶紧就地补胎，这也是一种锻炼。我们现在的大学生真应该在这些方面加强锻炼，虽然他们现在的书本知识、网络知识比我们那个时候丰富多了，但是在社会实践锻炼、意志品质锻炼上还需要提高。

访：今年是学校建校40周年，请您对学校未来的发展提一些祝福或希望，也以此来结束今天的访谈。

陈：大学分校从创立之初就是为了满足北京市的人才需要，所以是应运而生，应社会发展需要而生，而且从培养出来的学生看，也达到了当年创办分校的目的。我们毕业之后，大部分同学分到了北京市的各委办局和基层单位，后来都成为了单位的骨干。有的到了国家机关，现在做了部委领导和国务院领导，这说明分校的办学符合人才培养需要，而且培养出的学生质量和素质达到了国家和社会的要求。

今天的北京联合大学提出了面向北京，服务北京，建设高水平有特色北京人民满意的城市型、应用型大学的建设目标，我觉得今天的办学定位和大学分校创办的目标始终是一脉相承的，在这条道路上我们实践探索了40年。今天的北京联合大学要实现新的建设目标，就要根据北京新的四个功能定位，来调整我们的办学和专业设置，符合北京的社会需要，这样才能更好地服务北京。在市委市政府的领导和支持下，我们还应该发扬分校时期的一个好传统，就是充分挖掘和利用各种社会资源，建立学校与用人单位广泛的社会联系，因为要服务北京，必须和北京的产业、行业的社会需求有紧密的联系，这样学校的办学和在北京的地位就能得到认同，自身才能够得到更好地发展。

访：感谢陈书记！

陈：你们也辛苦！

【访谈手记】陈志刚书记平日工作繁忙，与陈书记预约多次后，访谈时间最后确定在2019年暑期的7月30日。在整个访谈过程中，始终能感受到陈书记对大学分校时代怀有的深深眷念，每每提到一些人物和事件的细节，陈书记仿佛又置身其中，感动、兴奋之情溢于言表。本篇访谈也从一名优秀大学分校校友的视角，再一次地追溯了大学分校的办学历程和对北京经济社会发展所做的贡献。

北京大学第一分校的当年记忆

时　　间：2017年7月8日

地　　点：北四环校区3B楼0403

被访谈者：梁怡

访 谈 者：张楠（北京联合大学纪委书记，研究员）

文字整理：张楠

　　梁怡，女，1956出生，北京人，北京联合大学马克思主义学院教授。北京联合大学海外中国学研究中心首席专家。1978年底北京大学第一分校历史系学习，1983年留校。1991年获北京大学历史学硕士学位。2004—2010年任北京联合大学人文社科部主任，兼任中国近现代史史料学学会副会长。中国中共党史学会常务理事。中国国际友人研究会理事。北京中国抗日战争史研究会副会长。先后在美国、俄罗斯、德国等国的20多所境外高校访学和交流。主要研究方向为中国近现代史、中共党史，尤其侧重对国外中国学研究成果的追踪和评析。主持完成国家社科项目2个，北京市重点项目、市委组织部和市教委面上项目各1个。参与完成多个国家级、省部级项目。现主持国家社科基金重点项目1项。共出版著作、合著13部，发表论文70余篇，半数以上被CSSCI期刊、人大复印报刊资料、中国共产党新闻网等及相关网站转载。专著《国外中共党史研究述评》《国外马克思主义中国化研究评析》分别获北京市第9届、第14届哲学社会科学优秀成果二等奖；参写的《国外中国近现代史研究述评》获国家教育部普通高校优秀教材二等奖。

2018年7月7日中国国际广播电台直播

张楠（以下简称"访"）：梁老师好！您是大学分校第一届校友，是"文革"后国家恢复高考第二年上大学的，请谈谈您当年高考的情况。

梁怡（以下简称"梁"）：1977年，国家恢复高考。我们在农村的知识青年得知消息后蠢蠢欲动，毕竟已经在广阔天地里战天斗地4年了，每天辛苦农活劳动后，大家都趴在炕上复习功课，捡回知识。考试那年冬天，我正参加全公社在顺义县箭杆河河边挖河。直到现在，每次回插队的村里和老乡团聚，有个一起挖河的女社员都说这样一句话："人家梁怡容易吗，白天挖河，晚上点油灯复习，我们俩一被窝，还总是给我掖被子。"1977年考试当天中午，整个县城大街上都是"无家可归"的知青，那一年，我们全生产大队有一个知青考走了。半年后，又获悉78级考试的消息，当时考大学还被认为是不安心农村劳动，且这期间，我还得负责全生产队粮食入库、交公粮等麦收时节着急的事情，队长嘱咐我，复习功课不要让大家看见，因此，每天早上去生产队的路上，我拿着书，走田埂，平时5分钟的路，借着庄稼地的"掩护"走20分钟。晚饭后，再把白天遇到的问题请教学习好的同学。遗憾的是，我担任生产队的出纳员兼保管员，腰上别着全生产队的钱和粮，不能回城参加补习班复习，直到最后阶段，只好"豁出去"，到县城三中听几次串讲。终于，我成为了北京大学第一分校历史系的首批学生，那一年我22岁，正是该大学毕业的年龄。

1986年在颐和园

访：刚刚恢复高考，您就考上了大学，可以说是你们那一代人中的幸运者了，请详细介绍一下入学后的学习、工作和生活情况。

梁：1979年1月，大学分校陆续开学。北京大学有两个分校，第一分校在西城区阜外大街最西边的华侨补校，是裁撤了原来的第183中学又加以改装的；北京大学第二分校归属电子工业部，以后被接收，现在是北四环路上的北京信息科技大学。报道的那一天，在学校门口见到同一个生产大队的女知青，她在为我们的校门砌围墙，二人互相打招呼时有些尴尬，以后我们再也没有见过面。

我们历史系全系120人，分4个班，我们班的年龄差是12岁。报道之后，系里先召开学生党员会，主持人是来自海淀区团委干部的张宝贵，他穿着军绿上衣，胸前别着团徽。大家纷纷发言，异口同声感谢市长林乎加建分校，要是没有林市长，我们这些过了分数线，但是没有名额上学的大龄青年，可能就错过这辈子最后一次学习的机会了。

同学们来自工农兵学商，有人曾经操刀卖肉，有人曾经是掏粪工人，有现役军人，有直接应届高中毕业生。出自名门高干的与普通市民子弟同班学习，我的同桌就是当年延安《白毛女》的作曲、著名音乐家马可的女儿；同班同学还有著名民主人士王芸生的外孙；中文系的陆莹同学，是北京大学原校长陆平的女儿；图书馆系的沈正华，是北京大学原副校长沈克奇的女儿。她们都是品学兼优的大龄好学生。

大家好不容易上了学，走读又占时间，人人都想多学习，当时的口号是"把被'四人帮'耽误的时间抢回来"。每个班党员不是很多，都要为班里做事情。我们班有3个党员，一位是全班老大哥，家里刚刚生了孩子，算无职一身轻，其实他要帮助系里做很多事情；一位是工厂来的女青工，担任党支部书记。本来系里安排了一个男同学当班长，开学不久他被查出肾炎，得休学（再后来毕业没几年就病逝了），只好换我顶替上去。分校人事处长吕桂叶老师说：我们看过你的档案，你是公社的劳动模范、知青队长，每个共产党员都得做些事情，要服从组织安排，于是，我就担任了一班的班长。半年后，全校选举学生会干部，13人中选11人，选票上的名单按姓氏笔画排列，我名字正好排第11位，就被划上了。因为是女生，被安排任学生会生活部部长，负责全校每月一次的卫生检查等工作，班长也得兼任。

北大一分校的系主任们统统是北京大学各系挑选委派来的，老师们多数是由北京大学各系安派来上课。生物系主任葛明德后升任分校校长，历史系教授楼开炤后升任分校党委书记。教辅人员中有一部分是"文革"期间正在校学习的，知识不完整，办分校后被各系招揽英才回京，边进修边做辅导员，物理系骆武钢老师后升任副院长；还有一些是北大毕业的工农兵大学生或教职工的亲属。行政人员有一部分是原183中学留任的，如党委副书记关兆兰是廖承志的外甥女，对于维持分校在甘家口校区起了很大作用；我的前任、团委书记孟凡英老师也是原中学的留用干部。

北大一分校甘家口校址

北京大学各系对我们分校的教学计划和安排与本校的学生完全相同，历史系任课教师、教材、课时安排、考试题目全一样。应该说，没有北京大学历史系的教育，我们都不能有今天的出息，每位老师讲课的情况我都较为详细地写在建校30周年出版的《心中的记忆》[①]里了。

上大课是大学特点。我们的中国通史、世界通史课是和中文系、图书馆系一起在华侨补习学校大礼堂上的，老师用投影仪写、画板书。记得祝总斌老师讲古代史第一讲，先从人种学讲起，他介绍甲骨文和出土文物，都是在大屏幕的投影上画图。专业课是全系一起上，在改造后的原183中学的教师食堂里上，前面上课，摆横排桌椅；后面是吃饭的方桌和条凳。讲台较高，简易木板搭的台子，主要方便后面的同学看到黑板。冬天，前后的中间过道

---

① 徐永利，柳贡慧主编，《心中的记忆——纪念北京联合大学（大学分校）建校30周年》，北京出版社，2008年

有两个高大的铁炉子，每个班轮流有人早到校，生火、打扫卫生。课间，学生们一定会上讲台围着老师请教问题，同学间经常就某一个政治问题展开争论，特别有学习氛围，也显示出当时大学生对国内外政治形势的关心。被问的比较多的教师之一是哲学系李世坤老师。一般情况下，女同学坐前面的多，占座的多以班内好友为一小群体。有一次，我来晚了，坐后面食堂方桌，发现一个男同学居然蹲在条凳子上，叼着烟袋听课，非常逍遥从容的样子。

北京市给每个教室安装了4台电视。有的课，看电大的同步课，比如英语，大多数同学由于"文革"上山下乡没有学过英语，或者英语底子比较差，就在各班教室跟着电视里屠培和陈琳老师上课，从ABC开始学，叫慢班。学校通过考试，给历史、中文和图书馆成绩好的同学还各搞了一个老师面授的英语小班课，叫快班。大学二年级英语课结束后，又考试，办全校文科英语快班，全校有约40人，合在一个班里上高级英语，专门请外交学院老师当面授课。我有幸一直在快班学英语课，老师之一是外交学院的教授，曾经在板门店谈判翻译兼联络官，给李先念、古牧副总理做过翻译，有时候他出国回来，就直接用英语给我们介绍出访的情况，学生们都很尊敬他，我们课代表身高一米八五，坐在第一排，老师板书一满，他马上上去擦黑板，课前课后给老师打热水。快班的英语要难多了，词汇量特别大，好在咬牙坚持下来了，后来，我在北大历史系读硕士研究生时才发现，这本北大的研究生英语课本，我们在本科已经学过了。

有些课，老师在演播室里讲，学生们在教室看电视。演播室现场里要有几个学生，让老师有课堂讲课的感觉，张注洪[①]老师讲了3个学期中国史史料学，我有幸现场聆听，我们的师生缘就此结成，后来我就跟随张先生读研究生，直到今天，92岁老先生还指导我的学术研究。因为教室里有电视，我们也占一些小便宜，比如课间可以看看新闻、球赛之类的。当时中国女排热得风起云涌，有一次决赛，老师就只好应求说今天停课一次，大家看直播；还有对越自卫反击战的信息，大家课间看新闻，热烈讨论。有的课，分校不具备教学条件，比如游泳课、滑冰课，还有理科的实验课，就安排在北大上了。首届全校运动会也在北大五四操场开的。

当年的电视教学

---

① 张注洪，山西万荣人。1926年12月生。1946年至1952年就读于清华大学外语系、历史系，后分配至北京大学历史系任教，担任助教至教授职务，从事中国近现代史、史料学、中外关系史教学工作，指导硕士研究生和外国高级进修生。历任中国现代史学会、抗日战争史学会理事，《北京党史》、中国埃德加．斯诺研究中心顾问，国际友人研究会常务理事，中国近现代史史料学学会名誉会长。著有《中国现代革命史史料学》、《国外中国近现代史研究述评》（合）（以上二书先后获国家教委高校教材优秀奖）、《中国近现代史史料学述论》、《新民主主义革命史研究述略》、《中国现代史论稿》、《燕园求是集》、《国民革命的兴起》（合）、A Guide to Material on the Chinese Communist Movement（Vol. I - III）（M.E.Sharpe, Inc.N.Y.US, 1990—1991）。主编《中美文化关系的历史轨迹》、《国际友人与抗日战争》。合遍恽代英、瞿秋白、鲍罗廷、维经斯基、米夫等人的文集。论文有《中国共产党国情研究的历史考察》、《继承和发扬孙中山珍贵的精神遗产》、《斯诺访问新中国与中美关系的发展》、《毛泽东生平、思想文献史料学初探》、《邓小平生平、思想研究的进程与展望》、《延安精神与中国传统文化》、《学界对国外中国学研究的回顾与思考》等百余篇。资料来源：《国外研究中国近现代史的进程与述评》，中共党史出版社，2015年

访： 当时大学分校是在很短的时间内创办起来的，虽然集社会多方面的力量，但条件还是比较艰苦的，请谈谈你们在学习、工作和生活中遇到的问题和困难。

梁： 当时，学习中最不方便的地方，就是分校的图书馆馆藏有限。一部分原183中的图书不适合大学学习所用，尽管从北大图书馆调拨一些图书，但还是不能完全对应上任课教师安排读的书目，同学们就各显神通借书，于是，在北海西侧的北京图书馆、国子监的首都图书馆等，随处可见学校乃至各个分校的大学生们。大家对学习的渴望和勤奋程度是今天大学生想象不出来的，为了夺回农村失去的四年时间，大学四年期间，我每天准时5点起床，夜里12点睡觉，全年就休息初一、初二两天。每天家里和学校两点一线，也因此患了"时间癖"。

第二个突出问题是学生们的年龄参差不齐，却很有意思地生活在一个教室里。岁数大的同学，社会经验丰富，多知多懂，自理能力强，什么事都能自己做，让系里老师省心、省时、省力不少；应届生尽管聪明，入学成绩高一些，也只是被看成小屁孩儿，随大流。今天，我们班当年的老大哥们已经年过古稀，尽管有的人当年曾叱咤风云，也早已退休赋闲在家；而仅存的那些当年的应届生，却都还在退休边线上当着局长。最难的是结婚生子，学校里年岁大的同学有人自嘲，与自己的子女同为三好学生；系里有几位30岁上下的女同学，上学期间不得不怀孕生孩子，每天大着肚子挤公共汽车，看着就辛苦。

第三个困难是吃饭。走读学生来自北京城四面八方，全校2千多人，午饭是大问题。开始，学校旁边有家小饭馆，学校联系他们送午饭，头天登记好人数，次日中午用平板车拉若干大热水桶到一楼楼道，各班排队再用水桶打饭，铁桶打汤，班长或者生活委员负责分发，经常是分到最后，可能就没有班长自己那份了。我因为离家近，每天骑车回家吃午饭，听说还有个男同学笑话我，说你们知道班长为什么回家吃饭吗？因为她是农村来的，吃的多，你们女生一顿吃2两就行了，她得吃6两，她不好意思当着你们面吃饭。现在同学们见面每次说起这个事都哈哈大笑。

访：这些困难你们不仅克服了，还得到不少磨炼。为培养适应北京经济建设需要的人才和提高办学质量，大学分校从建校起到1985年组建北京联合大学，经历了多次调整，从某种意义上说，大学分校存续的八个年头，是一个在发展中调整、在调整中发展的过程。请谈谈分校调整对你们的影响。

梁：办分校时，北京各高校鼎力支持市政府，全市办了30多所大学分校。北京大学第一、第二分校，中国人民大学第一、第二分校等，专业齐全，仿制总校，但一是与本校没有区别，二是如何适应北京市建设发展就直接关系到学生毕业去向了。大学二年级基础课将结束时，北京市做了一次调查，历史、中文专业的学生不需要那么多，而法律人才缺口大，于是，经过动员学生们转学法律，我们有一半的同学都转学法律了，学期延长半年，实习代替毕业论文。历史系就剩了两个班，我任二班班长，兼系学生会主席。可是，有意思的是，至今，我们的同学聚会，仍然是以历史系四个班为单位，当年毕业时，我们一边制作《同学录》，一边约定，谁留校谁负责召集同学聚会。2014年7月，我召集全系聚会，学校校友会和应用文理学院院办帮我们做了大量准备工作，四个班长都精神饱满地上台，代表各班同学接受了现任系主任和当年系里司美丽老师发放给同学们的"学籍卡"；我们一起为故去的朱耀庭老师和李佳宁、徐建同学默哀。估计这也是最后一次大聚会了。同学们30年后见到自己当年的成绩单和指导教师的评语，非常珍贵。遗憾的是，仅仅两年后，四班长阴松生就离我们而去了。

1983年1月北京大学第一分校历史系78级毕业照（前排右一为梁怡）

访：毕业后您就留校工作了，请介绍一下当时工作的具体情况和感受。

梁：1983年1月，我们首届历史系学生毕业了。我和冯雷同学被留校在团委工作，后来他去了农民日报社，团委就我一个人撑了一段时间。最清楚的记忆是，职工发的红色校徽改为"北京大学分校"了。曾经看见过校办赵淑琴老师找了各种毛主席的墨宝，选相配与"北京大学"字体接近的"分校"二字。当时赵老师说，用主席给江西共青林场的题词比较贴近。

我在共青团两年，主要承担了一件重要的任务——国庆35周年游行方队的训练和晚会的彩排。我从初一就参加国庆游行活动，35周年大庆是我最后一次参加了，由于冯雷调到农民日报社，两个多月的训练，包括队列行进和晚会舞蹈都由我一个人负责。到了国庆节当日，夜里带队到天安门东侧候场；下午3点再组织晚会同学出发去广场联欢；回来之后，人如同瘫痪，多日起不了床，但心情是激动的、澎湃的。半年后，法律系毕业了，赵东平来团委，可惜，没多久他也调走了，又剩下我"一个人的团委"。

1985年北京大学一分校团委书记梁怡讲话

带着学生种树、参加附近公社的麦收也是历年团委的工作。刚一工作，3月份我就带着学生们乘卡车去西山林场种树，因为法律系推迟半年毕业，所以我的第一批学生，就是我原来的同学们。

共青团是党的助手和后备军，为党的事业培养有觉悟的革命接班人是我的责任，也是我的使命。组织好学生活动是日常工作的重要环节，我请学术名家侯仁之先生①给全校学生做专场讲座，当时一场讲座费是20元钱，侯先生说分校如本校，坚决不要；请殷之光②朗诵艺术团给学生们朗读革命诗篇，其中有著名的朗诵艺术家金静迈老师；我带着学生干部走访著名英雄，其中就

---

① 侯仁之（1911—2013），男，生于河北省枣强县，籍贯山东恩县（现山东德州平原县恩城镇），中国著名历史地理学家，中国科学院院士，曾任北京大学教授。1936年毕业于燕京大学，1949年获英国利物浦大学哲学博士学位，1980年当选为中国科学院学部委员（院士）。代表作《历史地理学的理论与实践》、《历史地理学四论》和《北京历史地图集》等。1999年获何梁何利基金科学与技术成就奖。资料来源：百度百科

② 殷之光（1934年11月— ），男，1934年出生于上海，我国著名朗诵艺术家，现任北京朗诵艺术团团长，国家一级演员，北京演艺专修学院客座教授，北京市政治协商会议第六、七、八、九届委员。代表作《我骄傲，我是中国人》、《周总理办公室的灯光》、《雷锋之歌》、《可爱的中国》和《有的人》等都给广大观众留下了深刻的印象。殷之光同志是一位深受人们喜爱的朗诵艺术家，是中国朗诵艺术的普及者和倡导者。资料来源：百度百科

有被盛誉"中国的保尔"的吴运铎同志①；还参与组织全体大学分校学生团干部培训班，当时的工作还是做得有声有色。我在团委工作两年，却将关心青年成长视为终生"兼职"，其原因之一是参加了1983年夏天，市教委在香山组织的全市高校团干部培训班。

改革开放初期，国家各个方面都需要人才，想回专业是多数留校团干部中存在的普遍思想问题，培训班就是为解决留校学生工作不安心的问题。300多人的团干部培训班，我与北大团委、北京理工学院（今北京理工大学）团委干部们分在一个组。12天里，我们接受培训，听中央首长讲话，甚至有时激烈地辩论问题，更认识了自己的使命和肩负的责任，也与北大团委许多干部从此成为朋友，北大几届团委书记和部长们都给我很大帮助。除了迎国庆等活动得自己组织外，北大的学生团干部冬令营等培训活动，总校（指北京大学）团委都同意分校学生干部参加。北大的学生素质高，活动质量高，对我们的学生干部们产生的影响很大，因此，我要深深感谢的单位，除了北京大学历史系，就是北京大学团委，关于团委这一段经历我写在2017年出版的《春风化雨》里了。

组织的培养对我的成长帮助很大。按规制，团委书记要列席学校党委会，对于26岁的我来说，这是向老领导学习的好机会。党委书记胡聚长参加过"一·二九"运动，他夫人是北京市纺织局一把手，老胡同志一心只为革命工作，有一天全校党员活动，看电影《巍巍昆仑》，从电影院出来后，他

① 吴运铎（1917—1991），男，祖籍湖北省武汉市，出生于江西省萍乡市安源煤矿。1938年参加新四军，1939年加入中国共产党。曾任中南兵工局副局长、机械科学研究院副总工程师、五机部科学研究院副院长等职。吴运铎是新四军兵工事业的创建者和新中国兵器工业的开拓者，新中国第一代工人作家，被誉为中国的"保尔·柯察金"。吴运铎撰写的自传《把一切献给党》，鼓舞了一代代青年人。前苏联人民在莫斯科高尔基大街14号建立了"中国保尔纪念馆"。1991年，吴运铎被命名为全国自强模范。2009年，吴运铎被评为100位为新中国成立做出突出贡献的英雄模范之一。2019年9月25日，吴运铎获"最美奋斗者"个人称号。资料来源：百度百科

悄悄跟我说，一下午又少看好几份文件。校长李椿教授来自北京大学物理系，师从周培源先生，从事基础物理课教学，深入浅出易懂，是北大"文革"前晋升的年轻副教授，时任联合国物理学会理事，主管范围是东南亚高校。他是洋派人物，见过世面，北大分校在西土城建新校址时，他在教师大会上说，我们这个礼堂与全东南亚高校的礼堂比，也是最大的。党委副书记彭永华，人称老红军，资历最牛，是李先念红二方面军的，特别朴素。党委副书记曹芝圃来自北大物理系，原是38军的转业干部，虽一脸原则、不苟言笑，但特别重视培养年轻人，时不时把我叫去谆谆教导。副校长贾世起管财务，敢说敢当。副校长吴代峰原是我们的系主任，后来调到国家博物馆任党委书记。接替胡书记任党委书记的刘文兰老师，毕业于燕京大学经济学系，学贯中西。经过她的努力，燕京大学校友会相当长的时间设在北大分校，还复刊了《燕京大学学报》。校友会不仅从美国水运几千本外文原版图书援助了分校图书馆，还派出教师帮助创办了"国际经济与财务"专业。有时想来，自己因为大环境而轻视搞行政工作，其实当年追随他们工作是我们多么大的荣幸和机遇呀。

梁怡访问革命老前辈吴运铎

访：分校的发展，倾注了那么多前辈的心血！从学校校志上看，北大分校的隶属于其他大学分校有些不同，具体情况是怎样的？

梁：北大分校拥有其他分校不具备的条件。首先，北京大学分校在所有当年大学分校中是与总校脱离最晚的，北京市教委和北京大学双管北京大学分校五年的协定，在此期间，留校教师被安排到总校进修，两年内为分校快速地培养了一批年轻教师。每一位员工还有10张一套总校图书馆的借书卡；北大还给分校教师安排集体宿舍，解决因为出城办事或者做实验，晚上回不了城里的老师的住宿问题。

当时，所有留校生为两部分人。做教员的基本直接安排到北大进修，有的人就接着在职读研了，这是双方稳住教师队伍的约定。分校人去本校读书，不用交培养费，只交答辩费，完全跟北大青年教师一样培养，仅此一项，北京大学为分校培养了第一批自己的教师队伍。另一部分人留在机关工作，与校总部（指北京大学）也有较为紧密的工作联系，机关干部有条件的也可以转为教师或兼职任教，因此，读研究生是每个留校生最好的提高机会。我考研后，曹芝圃副书记专门找我谈话，他说，北京大学分校的干部队伍也不可能永远是本科水平，学校党委同意你去学习，储备起来，将来还要为学校工作。

为了保证教学顺利，分校每天早中晚有三次班车接送北大的老师们到分校上课，当然，分校的老师去北大办事、个别住海淀区的学生搭车回家也都统统可以坐班车，所有人，无论校长还是工人，一律班车解决问题。后来分校有了自己的家属楼，老师的孩子们就搭早、晚班车到北大附小、中关村一小去上学，这也算北大分校的一项大"福利"。

30多个大学分校的迅速建立，给北京市教委等各部委增加了很大的工作量。各个分校用旧厂房、中学校舍改造出来的校园，条件简陋、空间狭小。本来市里给了北大分校新校址，但是在等待建设期间廖承志副委员长去世了，使北大分校再坚持一段时间，在华侨补校继续办学的计划受到影响，于是，全校举迁到海淀区后八家的清河中学过渡，等待迁入新校址，这是北大分校办学最为困难的阶段。一个不通公共汽车的乡村中学，一座小楼、一个小院子里搭一排临时教室，西面是火车道，没有安全栏防护，非常危险，曾经有学生开玩笑却真的卧轨而亡。学校四周被稻田包围着，我们戏称之为"早稻田大学"。夏天蚊蝇乱舞，住校的年轻教师晚上赴约都困难。学生每天坐大通套公交车送进来，下午统一拉出去；老师的班车接送北大老师来上课倒是仍然一天三趟。应该说北大的不离不弃，令身在"孤岛"的分校师生还因有与北京大学的依稀联系，而心存希望和慰藉。刘文兰书记、李椿校长不仅亲自参加搬家劳动，还经常召开教师会，介绍情况，给大家鼓劲。终于有一天，我们到北航对面的一块麦地里拉起铁丝网、钉下水泥桩，知道"最后的胜利存在于再坚持一下的努力之中"的道理，心才踏实下来。

1985年分校合并，改称北京联合大学，校名由老市长彭真同志题写，联大办公地址先在中山公园，后来移到花园路宾馆。当时，只允许我们同时保留原"北京大学分校"的校名，仍然由市里和北大双管。实话实说，在相当一段时间里，北大分校的普通教师基本没有什么联大成员的概念，当然，我个人"沾光"，以此校名得到美国美中学术交流委员会的资助基金，1993年至1994年到美国威斯康星–麦迪逊大学作历史系访问学者，美国人不知道北京大学的分校有多么小，却视之为加州大学伯克利分校，与同期去的天津大学、东北师范大学的老师们比，我的待遇要高不少，有自己的办公室，当然，奖学金也是比公派留学生高很多。

北京大学历史系培育的学术基础和共青团培育的历史使命感，是我40年初心不改、刻苦努力的精神源泉，责任心始终是前进动力。40年间学习、任教、做项目、出访美德俄等国，不敢停歇、不敢懈怠，特别是长期的双肩挑，除了担着一份单位几十人发展的责任，还要挑着照顾老人、培养孩子的担子，唯有坚持，方得始终。

访：您的经历丰富，又擅长思考、研究和总结，您谈的这些内容，对于学校口述史研究很有价值。您还有什么特别想说的吗？

梁：这个访谈由张书记来做，我感到很荣幸，也是对我为联大工作至今最大的肯定，鞭策我继续发挥余热。在建校四十年之际，感慨良多，我有这样几点体会：

第一，办学条件的艰苦，一直伴随着历届分校的领导班子，也磨炼着教职工乃至学生的韧性。除了校址、校舍、实验设备等硬件条件，校名和专业设置、招生规模、毕业生质量、教师发展规划等软件条件也始终环绕大家，这也是新时代联大发展中将会得到进一步科学化解决的问题。

第二，分校与总校、老大学与新大学、市属高校与部委高校到底建立什么样的关系才合适，这是相当长一段时间分校和市里探索的问题。为了分校的生存，来自北大的分校系主任们没少费心，他们用搞科研的精神分析和尝试着建设适合北京市人才培养需要的办学思路和教学设计。历史学是基础学科，社会需求量有限，为了把历史系办下去，办出特色，分校历史系三任系主任谭胜安、吴代峰、朱耀庭都煞费苦心，特别是朱老师，将自己的聪明才智发挥到极限，不仅把与历史有关单位里老同学、和我们这届的毕业生都调动起来安排学生实习，接收毕业生，还在招生广告上做文章，用加括号的办法，增添培养文博、旅游等特色实用人才的专业，既保住历史系的名号，还保证招进来学生；他还带着老师们写作、出书，笔耕不辍。直到病逝前，他还签了24本书的写作合同；在ICU病房，他嘱咐我转告系里，出院后安排学生给他写作做口述记录。

正是有这样一批来自北大、心系分校的系主任，北大分校，即今天的北京联合大学应用文理学院才一直在各个分校的各个方面，尤其是在科研方面独占鳌头、硕果频频。正是借助北京大学的力量，北京大学分校才得以发展成为既有北大风骨又有北京风格的综合类院校。

因此，借校庆40年，续写分校的老校情，无论从校史发展脉络寻根溯源，进一步寻求老校所需的援助，还是从跨学科、跨校际、跨领域的国际性教育科研发展大趋势角度，都有积极的现实意义。

第三，现在人们常有提问，北京联合大学是什么样的大学。我告诉他们，就是北京市属、与改革开放同龄的大学。改革开放多少年，我们就建校多少年。2008年在俄罗斯莫斯科大学历史系讲学，齐尔列赫·列娜教授让我同时介绍北京联合大学与北京大学（因为我的学习和工作与这两所学校有交集），我说，如果你想学地道的北京话和北京文化，就先到北京联合大学来，之后，如果你想学高精尖专业，就去北京大学。这就是我对北京联合大学的认知，也是我叙述北京大学分校阶段历史的由头。

访：谢谢梁老师！

梁：应该谢谢你们课题组！

【访谈手记】我与梁怡老师相识在学校2013年筹建校史馆期间。学校向校友和社会各界发出征集史料和实物的通知后，梁老师很热情地捐赠了她读书期间的珍贵照片，我们就这样认识了。我们接触最为密切的是国家社科基金重大项目"赴苏重要中共党史人物档案资料初编与研究（1919—1943）"的申报，梁老师是项目负责人，我是其中一项子课题的负责人。申报书是由梁老师和北京大学仝华教授共同起草的，在修改阶段我参与了一点工作。给我印象最深的是提交申报书的前一个晚上，那晚6时许，梁老师、仝老师来到学校，我们就在综合楼四层会议室修改申报书，一直到凌晨一点多，两位老师认真的态度、严谨的学风和旺盛的精力令我钦佩。梁老师已经退休七年了，却一直忙于学术研究，校内校外，东奔西跑，好像有使命牵引着，总有做不完的事情。每次见面，我对梁老师必说的一句话就是：一定要多注意休息！

此次总算找到了一个合适的时间作访谈，梁老师欣然接受。梁老师的话匣子一打开，就像时光机一样，十分清晰、流畅地回放着她在大学分校就读与工作时期的激情岁月。

我在清华二分校的求学岁月

访谈时间： 2018年5月8日

访谈地点： 北京联合大学工科中心会议室

被访谈者： 王利亮

访 谈 者： 宋秦（学校国有资产管理处副处长）

王利荣（学校工科中心综合办主任）

文字整理： 王利荣

　　王利亮，男，1959年6月出生，汉族，讲师，1979年3月至1983年2月在清华大学二分校机械工程专业读书，1983年3月毕业，留校任教。任教期间学校曾多次更名，清华分校，自动化工程学院，电子自动化工程学院，自动化学院。工作期间，王利亮曾于1986年9月至1987年8月到美国密执安州兰新学院作为访问学者工作学习一年。2001年11月至2003年7月公派到埃塞俄比亚巴哈达尔职业技术学院任教。2004年8月至2005年3月外派留学到英国东伦敦大学。2014年转岗自动化学院音响工程实验室工作。

宋秦、王利荣（以下简称"访"）：王老师好！非常感谢您接受我们的访谈，请介绍一下当年您在分校上学时的一些情况。

王利亮（以下简称"王"）：我是78级的，第一届学生，在沙子口，清华二分校，黄化门是清华一分校。二分校主要是两个系，一个是机械系，还有一个是建筑系。我学的是机械专业，当时的系和现在不一样，当时我们一个系17个班，系里又分了小专业。我们班普遍岁数大，那个

2006年自动化学院工作时的王利亮

候我们班最大的上学时都31岁了。我是我们班最小的，我们班有的人现在都70多岁了。当时高考录取线是350分，后来降到300分，分校扩招了。给我们上课的都是清华的老师，上完课后，中午在学校吃饭，下午给我们答疑。我们做实验都上清华去做，所有的教材都是清华直接负责的，也不用花钱。那时候比较享受，并且我们还有助学金，是北京市政府发放，我一个月有12块钱助学金。

访：当时校址是在沙子口？

王：是的。原来是一个小学，沙子口小学。很小，就一个楼，就跟咱们旅游学院原来的楼一样大，基本上办公的地方就是老师的休息室，体育课在旁边北京师范小学那个操场上。当时有食堂，但是食堂很小，主要靠外边饭馆给送饭来。这是机械系17个班，一共五层楼。还有建筑系，分15个班，一共是30多个班。当时没有图书馆，平时看书要去北京图书馆、清华图书馆，主要是清华图书馆，它对我们开放。当时我们有清华大学的借书证，与清华大学学生资源共享。教学方面主要是清华负责，咱们分校管理人员很少。一个系管教学的有三四个人，还负责考试、阅卷子。

访：清华二分校首届毕业生安排有毕业实习，当时是怎么做的？

王：我们那时候毕业实习和现在不一样，我直接去北京分离仪器厂实

习，由工程师直接带。班主任负责一个班，他平时不下厂子，就是去检查，相当于全部委托给当时的工程师带了。那时候给工程师点酬金，也就是三四十块钱。一个工程师顶多带三个人，因为北京分离仪器厂是大厂，资金比较雄厚。我们实习在北京一机床、二机床，假期的时候待上一个月，是集中实习课程。

访：上大学的机会来之不易，同学们学习的热情都很高吧？

王：对啊，有的30多岁的女同学带着孩子，人家刻苦学习，我们觉得有榜样的力量，激励着我们努力学习。那会儿是走读，我们家离学校近。为什么选择二分校？我就住天桥，离沙子口就几站地，一刻钟能到学校。有很多同学还是挺远的，得早早起来往学校赶。

访：学生走读，下课就回家，思想政治方面的老师如何开展工作呢？

王：那时没有思政课。那个时候，一个班主任管三个班、五个班的，也没有辅导员之说，全部由一个班主任管理。因为当时大家都比较好学，也没有心理这方面的问题。班干部起的作用特别大，比如郑坚，他四年都是生活委员，给学生发助学补助，年纪大一点的就会照顾人。我当时是课代表。

访：当时的课后答疑是怎样安排的？

王：老师来上课那天，上完课就不走了，进行课后答疑。当时有电视教学，英语就是电视教学，有一个辅导老师，是从本校那边派过来的，要进行课后辅导答疑。我上初中、高中学的是西班牙语，英语都不会，上大学下的功夫就多。那时候清华有课，我从天桥蹬自行车去清华，需要一小时十分钟的时间，我随身带一个像砖头一样的录音机，骑车的路上就听英语，翻两次录音带，骑到西三环那儿时正好听两遍，上完课蹬回来再听，我都是利用这个时间听英语的。

访：除了英语课，还有别的课程采用电视教学吗？

王：有啊，比如力学、材料力学等，这些课由清华老师录像，放给分校学生看。录像讲课的这些老师，都是清华比较有名的，教学质量挺好的，当时大家也比较认真，不像看电视，就像与老师现场教学似的。

访：您能谈谈那会儿对您影响比较大的老师，或印象比较深的老师吗？

王：好！这样的老师很多了。印象最深的就是力学老师，他上课随手画一个土豆、箭头、圆圈，"看我怎么给你算平衡"，啪啪啪就展开了。他教我们说，我不是教你们知识，我是教你们方法，教会你们怎么分析问题、解决问题的方法，就因为有这种方法，再学习其他的知识也不觉得难，即使改行也是这样的。大家都知道大学学的知识，不用就浪费。如果你把这个技能掌握好就很有用。

访：您刚上大学的时候有什么职业目标吗？

王：那时候中国挺贫穷的，大家都想振作起来振兴中华，就想改变中国贫穷的面貌。那时候，我们全都属于国家分配，毕业分配专业绝对对口。因为缺人，一般都分配到仪表行业、北京电视机厂、变压器厂、首钢等，那个时候学校声誉还真不错。

访：在大学精神方面，分校是不是也继承了清华大学的一些精神呢？

王：是的，分校继承了清华朴实、扎实的精神。我们一些老师都实打实干。王宪魁老师，他那时候都带着我们讲课，讲完了就做实验，工厂也带着我们去，手把手教我们。我们的动手能力都特别强。我们机械专业比较注重实践方面，当时学了机械原理、设计机械、制造工艺等课程。跟现在的课程设置不一样。现在课程设置时间比较短，那时候一般都到120学时。我认为时间长点好，有些东西不是说你学就行。当时我们画的是大图版，都是画的。我毕业设计画一百多张图呢，最后得一百分。看我那时候的设计是一个原子能枪。

访：那会儿实践课是怎么安排的呢？

王：当时实践课必须参加，算学分，要给成绩的。

访：王老师，您毕业后一直都在教课吗？

王：是的，我1983毕业一直到现在都在教学，都35年了。学习能力其实还是上大学的时候形成的。我想直说一点，清华老师要求确实严格，他跟你讲就是60%不及格，70%不及格，就给你挂科了。老师就是这种要求。

访：分校的办学条件很艰苦，您当时感觉怎样？

王：我当时没有感觉苦，因为我们都是苦孩子出身。真的和现在不一样，那时候都苦的，中国人都苦的！大家插队考上大学回来了，怎么会感觉苦啊？！大多数都是工作过的，应届的少，所以应届的受他们的影响也都能吃苦。

访：您作为当时分校的学生，如果用一句话来概括，您如何概括大学分校呢？

王：珍惜学习机会，真的非常珍惜。

访：谢谢王老师！那我们合个影留作纪念吧！

王：好！

2018年5月采访时合影

　　【访谈手记】清华大学一、二分校于1978年12月成立。1982年，市委、市政府对大学分校进行调整，将两校合并为清华大学分校。①1985年3月更名为北京联合大学自动化工程学院。1994年9月，根据市委、市政府的决定，自动化工程学院与电子工程学院合并，成立北京联合大学电子自动化工程学院。②2002年成立北京联合大学自动化学院。在与王老师交谈过程中，王老师声情并茂、真情流露，我们能深切感受到王老师对学校的热爱之情，也真切领略到王老师身上的朴实之风、扎实之精神。

---

① 参见熊家华主编：《北京联合大学志（1978—2000）》，北京，科学出版社，2006年7月版，第1462页。
② 参见熊家华主编：《北京联合大学志（1978—2000）》，北京，科学出版社，2006年7月版，第1463页。

后 记

为丰富北京地区大学分校的历史研究素材，挖掘大学分校的人文精神和文化元素，张楠教授带领"北京地区大学分校研究（1978—1985）"课题研究团队的部分成员，对经历北京地区大学分校创办工作的市领导、分校领导、教师和学生进行访谈，并对其口述内容进行了系统地整理，选取18位口述人中，有关教学运行和管理、师资队伍建设、学生思想政治教育、办学条件、师生关系等方面的内容，编辑成《北京地区大学分校口述研究》一书。

本书在策划、选稿、编辑、出版过程中，得到了接受我们访谈的老领导、老教师、老同志的大力支持。他们不仅认真准备了访谈内容，还逐字逐句地修改稿件，并对本书的选编提出宝贵意见，对北京联合大学的发展给予了美好祝愿。

张楠教授担任本书的主编，亲自策划访谈提纲，并逐一仔细审阅了每篇稿件。孙晓鲲、宋秦、郭鹏、王利荣、宋丹丹等同志承担了访谈、整理和选编的大量具体工作。北京联合大学离退休人员工作处党委书记王育红同志提供了许多工作便利，保障了学校离退休老同志访谈任务顺利完成。

由于编者水平有限，书中难免存在不当之初，欢迎大家提出宝贵意见。

本书编写组

2020年2月 日